역사가 지폐를 만날 때

역사가
지폐를
만날때

아메리카
오세아니아
아시아

모지현 지음

드레북스

역사가
지폐를
만날때

1쇄 발행 2025년 9월 22일

지은이 모지현
펴낸이 조일동
펴낸곳 드레북스

출판등록 제2025-000023호
주소 서울시 은평구 통일로 630 래미안 베리힐즈 203동 1102호
전화 02-356-0554 **팩스** 02-356-0552
이메일 drebooks@naver.com
인스타그램 @drebooks

인쇄 (주)프린탑
배본 최강물류

ISBN 979-11-93946-54-1 03900

- 이 책은 저작권법에 따라 보호받는 저작물이므로 무단 전재와 무단 복제를 금지하며, 이 책의 전부 또는 일부를 이용하려면 저작권자와 드레북스의 동의를 받아야 합니다.
- 책값은 뒤표지에 있습니다.
- 잘못된 책은 구입하신 서점에서 바꾸어 드립니다.

지폐 도안 속 인물로 읽는 교양 세계사

프롤로그

"한 국가의 문화와 전통, 기술력의 총체적 결정체."
"각 나라의 역사와 경제력이 집약된, 말이 없는 외교관."

'돈'을 정의한 글귀 중에 지폐가 이렇게까지 거창하게 표현될 수 있나 싶다. 돈은 그것으로 소유할 수 있는 무언가, 쓰이는 곳의 가치, 그를 통해 느끼는 만족 또는 상대적 박탈감 같은, 그런 '어떤 것'과 '상태'를 위해 지불되어야 하는 '대가'이니 당연하다.

그렇지만 지폐 그 자체만을 놓고 곱씹어보면 정말 옹골진 표현이라 수긍이 가는 것은 나만의 시각일까? 한 국가경제의 진수인 만큼 가짜가 통용되면 안 되니 지폐에는 '위폐'를 막기 위한 최첨단의 기술력이 반영되었을 것이다. 자국 화폐가 세계 기준 화폐와 교환되는 비율은 한 국가 경제력의 가늠자가 될 수도 있다. 지폐를 사용하는 내국인뿐 아니라 외국인에게 국가의 전통이나 역사가 알려지는 셈이니 '외교관'이라는 표현 역시 과장이 아닌 듯하다. 특히 지폐의 도안과 관련되어 그러한데, 국민 모두 노상 사용하니 지폐 도안은 국민적 합의를 거친 것이어야 하고, 이는 대개 그 국가의 문화나 역사를 반영하고 있기 마련이다. 특히 인물의 초상인 경우가 많고 그가 주로 그 나라 역사에서 한 획을 그은 인물이곤 하는 까닭이다.

더 나아가 지폐 도안의 변천 그 자체 역시 국가적인 역사 흐름을 담고 있기도 하다. 예를 들면 인도네시아의 독재자 수하르토는 지폐 도안에 올랐다가 축출되기도 했고, 여성 모델이 등장했던 지폐가 25일 만에 유통 정지된 한국은 5만 원권 인물로 신사임당을 선택했다. 게릴라로 여겨졌던 체 게바라가 쿠바 지폐의 초상이 되었고, 유럽연합 이전 수많은 유럽 국가는 도안을 국왕이나 정치 지도자에서 작가, 음악가, 과학자 등 문화를 이끈 인물 초상으로 변경하기도 했다. 지정된 뒤 거의 변화가 없는 미국 지폐 도안은 달러의 경제력에서 원인이 찾아지기도 한다.

이런 까닭에 지폐는 여러 면에서 한 국가를 대표하는 얼굴이며 역사가 담긴 그릇이라 할 수 있다. 지폐 도안 속의 인물과 그 흔적들을 통해 세계 역사를 살펴보고자 한 이 작업에 욕심이 부려진 까닭이다. 분명 고단할 것은 명약관화하나 보람은 그보다 더욱 클 것이라 기대되었다고나 할까.

'현금' 사용이 점점 줄고 있다는 점 역시 지폐를 통해 역사를 바라보려 하는 또 다른 동기다. 표면적으로 드러나지는 않지만, 일명 '현금과의 전쟁'이라 불릴 만한 일들은 이미 전 세계적으로 보편화되고 있다. 이는 현금 폐지에 초점을 맞춘 활동으로 현금 결제 인프라를 서서히 무너뜨리고 그로써 막대한 이익을 얻고 있는 기업 같은 집단들의 움직임을 보면 알 수 있다. 현금으로 결제하는 사람에게는 억제책을 적용하는 대신, 전자결제 수단을 이용하는 사람들에게 혜택을 제공하면서 이들에게 '편리함'과 '앞섬'으로 그들의 행위를 꾸준히 긍정적으로 피드백해주는 것이다. 그 결과 '현금', 지폐나 동전은 우리가 의식하지 못하는 사이 꾸준히 지갑 속에서 자취를 감추는 중이다.

물론 현금이 없는 사회는 편할 수 있다. 운반, 보관 등 불편함이라는 현금의 단점들은 분명 존재하니 말이다. 그러나 그런 사회를 추구하는 가장 강력한 목소리를 내는 집단의 실체와 그들이 진실로 추구하는 것, 그리고 그런 현금 없는 사회를 향한 실험 대상이 선진적인 사회가 아닌 대개 개발도상국이나 빈민국이 많은 아프리카와 남서 아시아였다는 점은 그런 사회로의 변화가 여러모로 상당히 고민할 만한 문제라는 것을 알려주기도 한다.

개인적으로는 '현금'으로서 지폐가 존재했으면 하는 바람이다. 물론 개인정보에 대한 권력의 통제나 은행 등 재정 시스템의 독재적 결정에 맞설 수 있는 개개인의 힘으로서, 혹은 적어도 마이너스 금리를 막을 수 있는 수단으로서 그랬으면 한다. 디지털 문맹들을 소외시키는 시스템상의 문제 등등 여러 정치 사회 경제적 비판 때문이기도 하다.

하지만 역사가로서 인문학적으로 보아, 지폐에 그 나라의 역사에서 기억해야 할 인물 등이 들어가는 이유를 생각해볼 때 현금으로서 지폐를 보기 어려워지는 것이 아쉽다. '돈을 어떤 마음으로 써야 할지 보여주기 때문'이 '현금의 존재'를 바라는 가장 큰 이유라고 한다면, 낭만을 넘어 해망쩍게 보일까?

지폐 속의 인물치고 개인의 영달만을 위해 산 사람, 남을 희생시키고 자신만 우뚝 선 사람, 조국을 팔고 자신의 이익을 추구한 사람은 거의 없다. 그랬던 인물이 때로 자신의 욕심으로 지폐 위에 앉았을지라도 언젠가는 내려와야 했고 그 결과는 부끄러움으로 남곤 했다. 건국이나 조국의 독립을 위해 자신을 희생했거나, 정치, 사회, 문화적 발전에 탁월한 흔적을 남겼다고 공통으로 인정받아 적어도 그 나라의 국민이라면 기억해야 할 그런 인물들. 지폐에는 왜 그런 인물이 새겨지고, 혹 공감을 잃으면 교체하는 길 위의 걸음은 왜 그렇게 빠를까?

세상에서 돈보다 소중한 것은 많지만, 그래도 돈만 한 것이 없다고들 한다. 우스갯소리로 돈으로 살 수 없는 것이 있다면 돈이 모자란 것은 아닌지 살펴보라는 말도 있을 정도다. 이 세상의 그 무엇보다 유용한 것으로 평가되고, 사람마저도 그에 따라 가치가 매겨져, 돈을 벌 수 있다면 뭐라도 한다는 마음에 쉽게 돌을 던질 수 없는, 그런 시대상을 대변하는 표현일 것이다.

그러니 지폐 속의 귀한 인물들을 보며 적어도 지폐를 사용할 때만큼은 그의 마음을, 고귀한 정신을, 역사를, 사상을 떠올리면서 '정승'처럼은 아닐지라도 써야 할 곳에 바르게 쓰고 싶다는 마음을 한 번쯤은 가지면 좋지 않을까? 지폐 도안이 된 세계 인물들과 그들을 통한 역사를 다루어보고자 마음먹은 또 하나의 힘은 이런 바람이 시작이었다. 꼭 필요한 것으로 우리 주변에 항상 함께해 공동체의 정신을, 역사를 기억해나가고 알릴 수 있다는 의미에서 역시 '현금'으로서의 지폐가 계속 존재했으면 하는 마음과 함께 말이다.

언제나 그렇듯 이번에도 역시나 많이 부족했던 작업이다. 인물이나 약간의 흔적들만으로 국가 역사 전체를 다 어우를 수 없으니 다루는 부분에 한계가 있을 수밖에 없음도, 그런 제한 속에서 그들의 가치만큼 맑고 정결하게 담아내고 싶은 의욕에 비하면 턱없이 모자란 나의 능력이 미안하다.

그럼에도 이 시간을 통해 각자의 역사를 지켜내려 한 인물들의 눈물과 기쁨을 함께 맛보고 그것이 그 나라에는 어떤 의미가 되었는지 느끼면서, 그들과 이전보다는 조금이라도 더 가까워졌다고 책을 덮을 때 웃을 수 있다면 좋겠다. 그래서 언젠가 결국 그 국가에 발을 딛거나, 어떤 장에서든 그 나라 사람과 만났을 때, 조금은 더 교감과 이해를 나눌 수 있는, 그리하여 각자의 세계가 더욱 풍성하게, 깊게, 넓게 열릴 수 있는, 작지만 의미 있는 계기가 될 수 있으면 한다.

차례

프롤로그

1 세계를 쥔 달러, 역사를 품은 페소

**달러에 새긴
위대한 실험
_미국**

대서양 넘어, 새로운 세상의 탄생	025
미국의 길을 묻다	031
분열과 통합, 강철 제국의 여명	036
초강대국 미국의 탄생	039

**거인의 그림자,
단풍잎의 꿈
_캐나다**

빙하의 땅에서 연방의 깃발까지	045
캐나다 연방의 새벽	048
하나의 깃발, 두 개의 영혼	052
세계대전 포화 속 싹튼 자긍심	055
중견국, 미래로 나아가다	060

**남십자성 아래,
다운 언더 이야기
_오스트레일리아**

텅 빈 대륙 위의 시드니	065
오래된 미래, 빼앗긴 시간	068
아웃백을 향해 노래하고 날다	072
안작 정신과 다문화국가	075

꽃의 전쟁에서 라쿠카라차까지 _ 멕시코	신들의 도시에서 독수리, 스러지다	082
	누에바에스파냐, 페소가 그린 낯선 풍경	087
	멕시코를 깨운 두 사제의 외침	088
	시련의 멕시코, 사포텍의 아들	093
	총과 붓으로 쓴 현대 이야기	096
조각 난 그랑 콜롬비아의 꿈 _ 베네수엘라 · 콜롬비아 · 에콰도르	새로운 그라나다의 열망	103
	해방의 서곡, 엇갈린 꿈	106
	법의 수호자와 라 비올렌시아	113
	키토의 저항에서 달러 시대까지	118
잉카의 영광, 다시 잇다 _ 페루 · 볼리비아	은금 위에 선 페루 부왕령	126
	마추픽추의 영광과 공화국의 고뇌	128
	포토시의 눈물, 다문화국가를 향하여	135
은빛 강물의 자유, 안데스를 넘어 _ 아르헨티나 · 칠레	변방에서 심장으로	142
	하얀 아르헨티나, 그 혁명의 노래	145
	길고 좁은 땅에 새겨진 역사	152

2 태초의 땅, 역사가 선택한 화폐

원과 엔 사이 엇갈린 자화상 _ 한국·일본	되살아난 전통의 영광	177
	근대화라는 광휘	188
	같은 시간, 다르게 새겨진 역사	195
두 얼굴의 불안한 공존 _ 중국·대만	대륙의 역사 중화의 기억	200
	하나의 뿌리, 두 가지로 뻗다	208
인도양을 잇는 찬란한 은 이야기 _ 인도네시아·인도·파키스탄	아르키펠라고 연대기, 1만 7천 섬의 파노라마	217
	인더스에서 갠지스로, 간디에서 진나로	227
중앙아시아, 민족을 새기다 _ 키르기스스탄· 카자흐스탄·우즈베키스탄· 투르크메니스탄	솜에 새긴 영혼, 역사를 노래하고 춤추다	240
	초원길에 꽃핀 지혜, 텡게 속으로	247
	실크로드의 심장, 티무르의 영광을 품고	254
	마나트에 흐르는 튀르크의 피	261
제국의 영광, 사막의 믿음 _ 이란·이라크· 사우디아라비아	페르시아의 영혼, 시아 이슬람을 외치다	270
	두 강 사이 문명, 그 영광과 비극	280
	사우디 왕가, 수니파 이슬람 그리고 석유	287
지폐도 화해하지 못하는 땅 _ 시리아·레바논·이스라엘	모든 길은 다마스쿠스로	296
	빈 얼굴의 지폐, 주인은 누구인가	304
	귀환의 꿈, 상실의 기록	309

에필로그

참고문헌

1

세계를 쥔 달러, 역사를 품은 페소

앵글로아메리카와 오세아니아에 속한 나라는 달러를 쓰는 곳이 대부분이다. 특히 미국과 캐나다, 오스트레일리아(호주), 뉴질랜드가 대표적이다. 이들의 공통점은 모두 한때 대영제국의 식민지였다는 것. 당연히 차이점도 있다. 미국의 혁명가들은 식민지라는 전통 유산을 의도적으로 외면하며 영국에서 벗어나 새로운 나라를 세웠다. 반면 캐나다와 호주, 뉴질랜드는 형식적으로나마 아직도 영국연방에 속한다. 여전히 영국 국왕을 국가원수로 모시고 있다는 뜻이다. 그들이 겪어 온 역사 위에서 실용적이면서 신중하게 나라를 건설하려 한 노력의 결과였다. 그런 신중함은 정치적으로 영국연방에 속하지만 경제적으로는 파운드 대신 달러 단위를 사용해 영국과는 또 다른 길을 걷는 데에서도 발휘되고 있다.

이 가운데 현재 세계경제를 움직이는 힘은 '녹색 종이'로 불리는 미국달러에서 나온다. 흔히 달러라고 하면 미국달러를 가리키는 이유다. 얽힌 사연도 다양한데, 우선 이름이 그렇다. '달러'라는 이름의 기원은 뜻밖에도 미국이 아니다. 16세기 유럽, 현 체코 지역에서 만든 은화 '탈러(Thaler)'에서 왔다는 설이 유력하다. 탈러는 유럽 전역에서 널리 쓰였고, 아메리카 대륙으로 건너온 에스파냐 은화, 그 유명한 '스페인달러' 역시 이 영향을 받았다. 미국이 독립한 후 1792년 자신들만의 화폐 체계를 만들 때, 당시 가장 익숙하고 신뢰받던 스페인달러를 기준으로 삼으면서 자연스럽게 달러를 이름으로 채택했다. 탄생부터 글로벌한 배경이었다고 할까.

캐나다, 호주, 뉴질랜드 등이 달러를 쓰는 이유도 비슷한 역사적 맥락에서 찾을 수 있다. 주로 영국의 영향권 아래에서 화폐단위를 정하거나 기존 스페인달러의 영향 때문이었다. 하지만 이름이 같다고 다 같은 달러는 아니다. 미국달러는 기축통화이기 때문이다. 국제 거래에서 기본이 되고, 각국 중앙은행이 외환보유고로 쌓아 두는, 말 그대로 전 세계가 '믿고 쓰는' 돈이다.

당연히 기축통화라는 지위를 아무나 얻을 수는 없다. 제2차 세계대전 이후 폐허 위에 세계 경제질서를 새로 짜야 했을 때, 압도적인 경제력과 금을 보유한 미국이 중심 역할을 맡았다. 이때 금과 함께 달러를 세계무역과 금융 기준으로 삼기로 한 브레턴우즈체제가 만들어졌다. 달러가 미국 화폐를 넘어 세계경제의 혈맥 같은 존재가 된 순간이다.

물론 닉슨 대통령 시절에 금과 연결고리는 끊어졌다. 그러나 이미 구축된 체계와 미국이 지닌 막강한 힘 덕분에 달러의 지위는 흔들리지 않았다. 예를 들어 석유 거래는 오직 달러로만 할 수 있다. 이른바 페트로 달러. 국제 채권 발행 기준이자 위기 시 사람들이 가장 먼저 찾는 안전자산이 미국달러의 위상이다. 달러 가치가 흔들리면 전 세계 경제가 휘청거릴 정도다.

그래서 흥미로운 현상이 벌어진다. 에콰도르, 엘살바도르, 파나마 같은 나라는 아예 자국 화폐 대신 미국달러를 공식 화폐로 쓴다. 이를 달러라이제이션이라 부른다. 공식적이지 않더라도 자국 화폐가 불안정한 나라나 세계 주요 관광지에서는 달러가 통행증처럼 통용되기도 한다.

100달러 지폐로 발생하는 독특한 현상도 마찬가지 이유에서다. 미국 안에서는 신용카드나 앱 결제가 널리 보편화해 생각보다 현금, 특히 100달러 뭉치를 쓸 일이 많지 않다. 현금인출기에서 뽑아도 주로 20달러짜리가 나온다. 이 100달러 지폐 상당량이 미국 바깥, 전 세계 어딘가를 떠돌고 있다는 것이다. 불안한 자국 화폐 대신, 혹은 불신하는 금융 시스템 대신 사람들이 가장 확실한 재산 보관 방법으로 미국달러, 특히 부피가 작고 가치가 큰 100달러 지폐를 택하기 때문이다. 옷장 안이나 금고 속에 달러 뭉치를 숨겨 두는 식이다.

지하경제 그림자도 그렇다. 안타깝게도 달러의 익명성과 편리성은 검은돈의 흐름에도 이용된다. 마약 거래, 무기 밀매, 비자금 조성, 탈세 같은 불법 거래에서 고액권 달러는 매우 유용한 수단이다. 추적이 어렵기 때문일 것이다. 미국 정부가 고액권 발행에 신중하고 위조 방지 기술 개발에 열 올리는 이유다.

마지막으로 소소하지만 재미있는 사실 하나. 우리가 만지는 달러 지폐는 사실 종이가 아니라고 한다. 면 75퍼센트와 리넨 25퍼센트를 섞어 만든 특수섬유다. 그래서 잘 찢어지지 않고 물에도 강하며 질기고 오래간다. 게다가 위조를 막기 위해 숨겨진 그림(워터마크), 특수 잉크, 미세 문자 같은 첨단기술이 잔뜩 들어가 있다. 이제 스마트폰 결제가 대세라고 하지만 여전히 전 세계 수많은 이들의 주머니 속에서, 때로는 비상금으로, 때로는 중요한 거래 증표로, 심지어 전쟁터나 재난 지역에서도 이 녹색 섬유 조각은 꿋꿋이 살아남아 제 가치를 한다.

또 다른 아메리카, 라틴아메리카의 주인공 화폐는 '페소(Peso)'다. 멕시코, 아르헨티나, 칠레, 콜롬비아, 쿠바, 심지어 아시아이지만 과거 에스파냐의 식민지였던 필리핀까지 생각보다 많은 나라가 페소를 화폐단위로 사용한다.

여기서 잠깐. 라틴아메리카라는 명칭을 짚고 넘어가자. 사실 앵글로, 라틴아메리카라는 명칭보다는 북아메리카, 중·남아메리카로 말하는 편이 직관적이기는 하다. 하지만 그 경우 멕시코의 위치가 곤란한데, 북아메리카에 속하지만 화폐단위는 분명 페소 권역이며 문화적으로도 영국적인 앵글로 계열과 차이가 크기 때문이다. 부득이 앵글로아메리카와 라틴아메리카라는 분류법을 사용한 이유다. 라틴계 혈통을 이어받은 나라들에 의해 통치된 아메리카. 멕시코에서 대륙 최남단의 티에라 델 푸에고까지, 앵글로아메리카를 제외한 아메리카 전역이다.

페소는 어디에서 왔을까? 짐작했겠지만, 에스파냐제국의 유산이다. 16세기부터 아메리카 대륙을 식민 지배했던 에스파냐는 본국 화폐제도를 그대로 가져왔다. 당시 에스파냐에는 '레알(Real)'이라는 기본 은화 단위가 있었다. 특히 '8레알' 짜리 은화, 즉 '레알 데 아 오초(페소 두로, 페소 푸에르테)'는 국제무역에서 엄청난 위력을 발휘했다. 이것이 '스페인달러'의 원조 격이다. 페소라는 말 자체가 에스파냐어로 무게를 뜻한다. 당시에는 은 무게가 곧 돈 가치였으니 아주 직관적인 이름이었던 셈이다. 이 강력했던 은화는 라틴아메리카 전역에서 통용되었고, 이후 각 나라가 독립하면서 자연스럽게 화폐단위로 페소를 선택한 것이다.

하지만 페소 역시 이름이 같다고 다 같은 페소는 아니다. 호주달러와 미국달러가 다르듯 멕시코페소, 아르헨티나페소, 칠레페소 등은 모두 별개의 화폐이고, 가치도 천차만별이다. 게다가 미국달러가 상대적으로 안정적인 가치를 유지하며 세계 기축통화로 군림하는 것과 달리 많은 라틴아메리카 나라의 페소는 불안정한 역사와 싸워 왔다. 물가가 미친 듯이 오르는 인플레이션이 더욱 그랬는데, 그 싸움의 바탕에는 복합적인 이유가 얽히고설켜 있다. 수백 년간 이어진 에스파냐 식민 지배 구조, 독립 이후 잦은 정치 혼란과 군부독재, 석유나 구리, 커피를 비롯한 농산물 같은 특정 원자재에 지나치게 의존하는 경제구조, 막대한 외채 부담 등 이유는 갖가지였다.

물론 라틴아메리카에 페소만 있는 것은 아니다. 각 나라의 역사와 문화를 담은 다양한 화폐가 있다. '헤알(Real)'은 라틴아메리카 최대 경제대국 브라질의 화폐다. 포르투갈의 식민지였던 브라질 역시 과거 엄청난 인플레이션으로 고통받으며 크루제이루, 크루자두 등 여러 번 화폐를 바꾸었다. 하지만 1994년 '헤알 플랜'을 통해 비교적 안정적인 헤알을 도입하는 데 성공했다. 헤알은 포르투갈어로 '왕의', '진짜의' 라는 뜻을 담고 있다.

볼리비아의 '볼리비아노'는 이름에서 바로 알 수 있듯 남미 독립 영웅 시몬 볼리바르의 이름에서 따왔다. 국가 정체성과 역사 인물에 대한 자부심을 화폐 이름에 직접 드러낸 경우라고 할까. 페루 '솔(Sol)'은 에스파냐어로 '태양' 이다. 잉카제국 태양신인 '인티(Inti)' 숭배와 연결되는, 고대문명에 대한 그들의 자부심을 보여주는 이름이다. 물론 과거 인티를 화폐단위로 쓴 적도 있다.

이렇듯 라틴아메리카 화폐에는 라틴아메리카의 각 나라가 걸어온 영광과 좌절의 역사가 고스란히 담겨 있다. 에스파냐 식민 지배의 흔적, 독립 영웅에 대한 존경, 고대문명에 대한 자부심, 그리고 불안정한 경제 상황 속에서 끊임없이 안정을 갈망하는 사람들의 모습까지.

세계경제의 심장과도 같고, 혹은 어두운 욕망의 통로가 되기도 하는 달러. 저마다 사연을 간직한 채 때로는 격정적으로, 때로는 애처롭게 자신들의 역사를 노래하는 라틴아메리카의 화폐. 각 지폐에 새겨진 도안이 내보이는 이야기에 귀 기울이다 보면 그 안에 담긴 그들 삶의 복잡한 결을 읽어낼 수 있다. 달러만큼 강력한 나라의 사람들, 페소처럼 다채로운 역사를 품은 사람들을 만난다는 뜻일 것이다.

그들은 어떤 고민 속에서 역사를 만들어 왔을까? 그들이 한 선택들은 오늘 우리에게 무엇을 말하고 있을까? 미국달러에서부터 그 답을 찾아가 보자.

달러에 새긴 위대한 실험

미국

미국 하면 어떤 모습이 떠오를까? 자유의 여신상, 할리우드 영화, 코카콜라와 맥도날드, 아니면 구글과 아이폰, 넷플릭스? 어쩌면 맞다. 그런데 이는 사실 미국이라는 거대한 빙산의 일각에 지나지 않는다. 우리가 흔히 이미지로 소비하는 미국은 진짜 미국이 지닌 복잡하고 때로는 모순적인 얼굴을 가리고 있는 가면인지도 모른다.

세계에서 가장 많은 백만장자와 억만장자가 호화로운 저택에 살며 개인용 제트기를 타는 곳. 그곳에 의료보험 하나 없어 감기조차 앓지 못하고 길거리로 내몰리는 사람들이 넘친다. '기회의 땅'이라는 이름 아래 전 세계 사람들이 몰려들어 지구상 가장 다채로운 인종과 문화가 뒤섞여 에너지를 터뜨리는 곳. 바로 그곳에서 그 다름 때문에 피부색과 출신으로 서로 총구를 겨누는 비극이 끊이지 않는다. '자유'를 건국의 핵심 가치로 내세웠지만, 그 자유 아래 원주민 땅을 빼앗고, 수백 년 동안 인간을 노예로 부렸던 역사의 그림자를 안고 살아간다. 이 모든 것이 미국이다. 미국이 한마디로 정의하기 힘든, 아니 한마디로 정의해서는 안 되는 나라인 까닭일 것이다.

 처음 북아메리카 땅에 발을 디딘 사람들은 단일민족도 아니었고 같은 꿈을 꾸지도 않았다. 돈을 벌기 위해, 종교의 자유를 찾아, 새로운 삶을 꿈꾸며 정처 없이 떠나온 사람들이 모여 시작한 나라였기 때문이다. 이들은 저마다 다른 말과 문화, 때로는 서로 다른 이해관계로 부딪히며 미국을 만들어 갔다. 끝없이 흘러드는 사람들이 만드는 역사는 현재진행형이다.

 미국 역사는 이런 충돌과 타협, 그리고 변화 자체였다. 끝나지 않는 거대한 사회 실험실 같은 나라. 온갖 모순과 역설, 끝없는 가능성과 처절한 한계를 동시에 끌어안고, 끊임없이 자신에게 질문을 던지며 부딪치고 변한다. 완벽해서가 아니라 오히려 그 온전하지 못함과 어디로 튈지 모르는 모습 때문에 더 흥미롭고 강력하다고나 할까.

 이런 미국의 DNA를 엿볼 수 있는 가장 쉽고 확실한 길이 미국의 얼굴이라고 할 달러 안에 있다. 건국 서사부터 성장통, 빛나는 영광과 숨기고 싶은 상처까지 미국 역사를 온몸으로 써 내려간 인물들의 이야기가 고스란히 들어 있기 때문이다. 단순한 초상을 넘어, 한 나라가 태동하고 정체성을 만들어 가던 치열한 역사의 증인이자 설계자들. 그러기에 달러 지폐 속의 인물들은 스테레오타입 뒤에 가려진 진짜 미국의 얼굴을 보여준다.

대서양 넘어, 새로운 세상의 탄생

우리가 아는 거대 국가 미국이 지도 위에 나타난 것은 그리 오래되지 않았다. 17세기, 대서양 건너 유럽이 종교갈등과 정치적 혼란으로 들끓던 시절, 특히 잉글랜드에는 국교인 성공회에 만족하지 못하고 더 순수한 신앙을 부르짖던 사람들, 청교도가 있었다. 그들은 핍박을 피하거나 더 나은 삶의 기회를 찾아 목숨을 건 항해 끝에 북아메리카라는 낯선 땅에 발을 디뎠다. 1620년, 메이플라워호를 타고 플리머스에 닿은 사람들이 그중 하나다.

그들의 시작은 낭만과는 거리가 멀었다. 혹독한 추위와 낯선 질병, 부족한 식량과 싸워야 했다. 이미 그 땅에 살던 원주민과의 관계도 복잡했다. 그야말로 살아남아야 하는 형편이었다. 하지만 포기하지 않고 교회를 세우고 마을을 만들었다. 메이플라워서약처럼 스스로 규칙을 정하며 공동체를 일구어 갔다.

이후 더 많은 유럽인이 종교와 경제적인 이유로 아메리카 땅으로 건너오면서 동부 해안을 따라 13개 영국 식민지가 차례로 세워졌다. 뉴잉글랜드와 중부 식민지를 가리키는 북부 식민지는 상업과 조선업, 작은 농장이 발달했다. 반면 남부는 담배나 면화 같은 작물을 재배하는 대규모 농장과 노예 노동에 의존하는 경제구조로, 각 식민지는 저마다 다른 색깔을 지녔다.

영국 본토는 멀리 떨어진 이 식민지에 한동안 크게 간섭하지 않았다. 알아서 크도록 내버려두는, 이른바 '건전한 방임' 정책 덕분에 식민지들은 꽤 많은 자치 권한을 누리며 독자적인 의회를 운영하고 경제적으로도 성장할 수 있었다.

이 시기 보스턴에서 태어난 벤저민 프랭클린(1706~1790)은 실용주의 정신과 시민의식을 키우며 성장했다. 미국 건국의 아버지 중에서도 가장 연장자 격인 그는 인쇄공으로 시작해 출판인, 체신장관, 발명가, 외교관, 저술가로 다방면에 걸쳐 놀라운 재능을 펼친다. 그는 영국인들의 정착지가 따로 떨어진 식민지가 아닌 통일 국가가 될 수 있다고 본 최초의 인물로, 미국 역사상 최초로 그려진 유명한 사설 만화도 그의 작품이다. "뭉치면 살고 흩어지면 죽는다!"가 함께였다. 연방제 개념을 제안하며 시대를 앞서간 그의 천재성은 진정한 의미의 '최초의 미국인'인 그를 100달러 지폐 위에 앉혔다.

100달러(벤저민 프랭클린), 2021년 발행

비교적 평화롭던 방임은 영원하지 않았다. 18세기 중반, 영국은 숙적 프랑스와 북아메리카의 패권을 놓고 프렌치-인디언전쟁을 벌였다. 버지니아 민병대의 젊은 장교 조지 워싱턴(1732~1799)이 실전에서 활약하며 군사적 역량을 키워 간 전쟁이었다. 전쟁에서 승리한 영국은 막대한 전쟁 비용이라는 청구서를 식민지에 보낸다. 식민지인의 의견은 묻지도 않은 채 설탕세, 인지세, 차(Tea)세까지 세금을 연이어 매긴 것이다.

수십 년 동안 상당한 자율을 누려 온 식민지인들은 분노했다. "대표 없이 과세 없다!", "자유가 아니면 죽음을!" 미국 독립을 향한 불길을 지핀 결정적인 불씨들이 타올랐다. 1773년 보스턴에서 분노한 시민들이 영국 동인도회사 배에 실린 차 상자들을 바다에 던졌다. 이에 격분한 영국 정부는 식민지를 더욱 억누르는 여러 법, 이른바 '참을 수 없는 법'을 통과시키며 강하게 맞선다. 더는 대화로 풀기 어려운 상황에 이르러서도 식민지 대표들은 '대륙회의'라는 이름 아래 필라델피아에 모여 영국 왕 조지 3세에 탄원하며 관계 회복을 시도하기도 했다.

하지만 1775년, 렉싱턴과 콩코드에서 식민지 민병대와 영국 정규군 사이에 첫 총성이 울리면서 상황은 되돌릴 수 없는 독립전쟁으로 치달았다. 대륙회의는 공식 군대를 만들기로 결정했다. 총사령관은 프렌치-인디언전쟁에서 명성을 얻은 인물, 우람한 근육질 체격에서 범상치 않은 강인함을 풍기던 조지 워싱턴이었다. 경비는 청구하되 총사령관 보수는 거절한 그의 태도에 사람들은 그가 지도자가 될 인물이라고 여기기 시작했다.

토머스 페인의 《상식》이 1776년 1월 출판된 지 몇 주 만에 12만 부가 팔리는 기염을 토했다. 프랭클린의 교정과 지원이 더해진 결과였다. 그 2개월 뒤 퀘벡으로 여행을 떠난 프랭클린은 몬트리올에 도착해 부드러운 담비 털모자를 산다. 이 모자는 훗날 프랑스 파리 사교계에서 가발 자리를 위협할 만큼 유명해질 터였다.

토머스 제퍼슨이 주로 작성하고 노련한 프랭클린이 살짝 손질

한 〈독립선언서〉를 대륙회의가 만장일치로 채택한 것이 그해 7월 4일, 미국 독립 기념일이다. "모든 사람은 평등하게 창조되었고, 창조주로부터 생명, 자유, 그리고 행복 추구와 같은 양도할 수 없는 권리를 부여받았다." 이는 미국의 행동과 그 이유를 국제 여론에 위엄 넘치게 주장한 격조 높은 선언이자 미래의 미국 국민에게 자신의 나라에서 일어난 일을 이야기해줄 역사적 성명서였다. 이를 남겨 자손들이 배우고 외우기를 바란 대륙회의의 희망에서 나온 것이었다.

하지만 독립전쟁은 순탄하지 않았다. 워싱턴이 이끄는 대륙군은 제대로 훈련받고 보급도 충분한 영국 정규군에 모든 면에서 열세로, 농사를 짓다가 급하게 총을 든 민병대 수준이었다. 굶주림과 혹독한 추위, 거듭되는 패배 속에서도 군대를 지휘한 워싱턴. 한겨울 델라웨어강을 건너 기습공격을 성공시키고, 밸리 포지의 혹독한 겨울을 견뎌내며 군대를 재정비하는 모습 속에 그의 리더십은 드러났다.

대서양 건너 프랑스에서는 프랭클린이 노련하고 매력 넘치는 외교 활동을 펼쳐 프랑스의 참전과 막대한 재정 및 군사 지원을 끌어냈다. 유일한 장식품인 털모자와 안경을 장착한 검소한 차림새에 부지런해 보인 그는 이성과 지혜를 상징하는 인물로 비쳤다. 사치스럽고 게으른 것이 미덕이던 파리가 뒤집혔다. 미국 최초의 이미지 메이커는 상상을 초월하는 인기를 얻었고, 그 재치와 명성은 유럽 외교 무대에서 미국의 위상을 높이는 데 결정적이었다.

1달러(조지 워싱턴), 2021년 발행

사라토가의 승리와 맞먹는 외교전의 승리를 거두었다고 평가될 정도였다.

마침내 1781년 요크타운전투에서 프랑스 군대의 도움을 받아 영국 주력군에 항복을 받아내며 전쟁은 사실상 미국의 승리로 끝났다. 1783년 파리조약은 미국을 국제사회에서 온전한 독립국가로 공식 인정했다. 파리조약 체결 임무를 성공적으로 마치고 1785년 프랑스에서 필라델피아로 영구 귀국할 때까지 프랭클린은 영국과 미국, 프랑스를 오가기 위해 무려 여덟 차례나 대서양을 횡단했다.

독립전쟁은 끝났지만, 미국의 진짜 시작은 이때부터였다. 저마다 다른 이해관계를 가진 13개 주를 묶어 어떤 국가를 만들 것인가 하는 어려운 숙제가 남은 것이다. 처음에는 각 주의 권한이 강하고 중앙정부 역할은 약한 연합 규약 체제로 시작했다. 하지만 중앙정부가 세금을 걷거나 주 사이의 분쟁을 조정할 힘이 없는 상태는 나라 운영에 심각한 문제가 되었다.

1787년, 각 주 대표들이 필라델피아에 모여 헌법제정회의를 열었다. 조지 워싱턴이 의장을 맡아 회의를 이끌었고, 최고령 대표 벤저민 프랭클린이 특유의 지혜와 유머로 격렬한 논쟁 속에서 타협과 합의를 도왔다. 몇 달에 걸친 논쟁 끝에 인류가 만든 헌장 중 가장 위대한 성공으로 평가되는 미국 헌법이 탄생한다. 이 헌법은 강한 연방정부와 각 주 권한의 균형, 입법과 사법 및 행정의 권력 분립, 견제와 균형의 원칙이 핵심이었고, 권리장전을 통해 시민의 자유와 권리 역시 보장했다.

내용도 내용이지만, 헌법이 제정되고 비준된 과정 자체야말로 미합중국이 대성공을 거둘 수 있던 이유였다. 회의는 치열했지만 빠르게 진행되었고, 반면 일은 신중에 신중을 기하면서 처리되었기 때문이다. 그러나 많은 나라는 단지 내용만을 따랐다. 2년 뒤 프랑스가 그랬고, 라틴아메리카 독립국가들, 연방을 추구했던 국가들 역시 마찬가지였다. 대개 피 흘리는 혼란과, 그 이후 독재로 귀결된 까닭일 것이다.

1789년, 헌법에 따라 미국 초대 대통령으로 선출된 조지 워싱턴은 8년 임기 동안 행정부 체계를 세우고 국가재정의 기초를 닦으며 새로 건국한 국가의 권위를 세웠다. 무엇보다 두 번의 임기 후 스스로 권좌에서 물러나는 선례를 남겼다. 권력은 왕처럼 세습되는 것이 아니라 국민에게서 나온다는 공화국의 원칙을 몸소 보여준 것이다. 미국 대통령들 중 소유한 재산이 가장 많았던 그의 기록은 2016년 도널드 트럼프가 당선될 때까지 220년간 깨지지 않았다고 한다.

미국의 길을 묻다

 '미합중국'이라는 새로운 실험이 시작된 18세기 후반부터 19세기 중반까지 미국은 지구상에 최초로 탄생한 공화국에 어울리는 국가의 기틀을 다져야 했다. '미국이란 무엇인가'를 고민하며 길을 내던 치열한 역사의 한복판에서 그 과제는 강력한 중앙정부를 둘러싼 논쟁의 중심에 있던 토머스 제퍼슨(1743~1826)과 알렉산더 해밀턴(1755~1804)에게 맡겨진다.

 알렉산더 해밀턴은 워싱턴 행정부의 초대 재무장관이다. 그는 독립전쟁 당시 조지 워싱턴의 최측근 참모로 활약했고, 미국 금융 시스템의 기초를 놓았다.

 해밀턴은 인생 자체가 한 편의 드라마와 같다. 카리브해의 작은 섬 네비스에서 사생아로 태어나 불우한 어린 시절을 보냈다. 그의 운명을 극적으로 바꾼 사건은 1772년 그가 살던 섬을 덮친 끔찍한 허리케인이었다. 당시 10대 소년이던 그는 허리케인의 참상을 생생하게 묘사한 편지를 아버지에게 보냈는데, 이 글이 지역신

10달러(알렉산더 해밀턴), 2004년 발행

문에 실리면서 큰 반향을 일으켰다. 뛰어난 글솜씨에 감탄한 지역 유지들이 돈을 모아 그를 미국 본토로 유학 보낸 것이다. 허리케인과 글이 없었다면 위대한 재무장관 해밀턴은 존재하지 않았을지도 모른다.

강력한 연방정부 아래 상공업과 금융이 발달한 국가를 꿈꾼 그는 전쟁 부채 해결과 경제 안정을 위해 연방정부가 각 주의 부채를 떠안는 방안을 내놓았다. 국립 은행을 세우며, 보호무역을 통해 국내 산업을 육성한다는 혁신적인 계획과 함께였다. 곧바로 남부 농업 세력의 거센 반발이 일었다. 연방정부의 권한이 지나치게 커지고, 북부 상공업자에게만 유리하다는 비판이었다.

비판의 중심에 있던 인물은 버지니아 출신의 지식인이자 농장주 제퍼슨. 미국 〈독립선언서〉는 그가 기초한 것이다. 제퍼슨은 연방정부의 권한을 최소화하고 각 주의 자율성을 존중하는 사회를 미국의 미래로 그렸다. 해밀턴과 달리 농업 중심의 자립적인 공화국을 지향하면서 주 정부의 권한을 중시한 셈이다. 농업국가인가 상공업국가인가, 주 권리인가 아니면 연방 권력인가? 이 근본적인 질문에 대한 두 사람의 치열한 논쟁은 미국이라는 국가정체성을 형성하는 중요한 과정이었다.

이 첨예한 대립 속에 흥미로운 타협이 이루어진다. 1790년 어느 저녁 식사 자리. 제퍼슨은 해밀턴의 재정 계획에 대한 남부의 반대를 누그러뜨리는 대신 새로운 수도를 남부 버지니아와 메릴랜드 사이 포토맥강 변에 건설하는 데 해밀턴의 동의를 얻어냈다.

이 '저녁 식탁 거래'는 국가의 미래를 건 두 거인의 정치적 계산과 타협이 만들어낸 극적인 장면이었다. 수도 워싱턴DC가 탄생한 배경이다.

미국 제3대 대통령이 된 제퍼슨은 프랑스로부터 루이지애나를 사들여 미국 영토를 두 배로 넓히는 등 국가를 발전시켰다. 물론 그의 소박한 농업 공화국 이상과는 사뭇 다른, 대국으로 나아가는 결정적인 발걸음이 된 셈이었지만 말이다. 게다가 엄청난 수의 노예를 거느린 노예 소유주였던 그의 모습 역시 이상과 현실 사이의 복잡한 간극을 보여준다.

2달러(토머스 제퍼슨), 2009년 발행

제퍼슨은 또한 상당한 미식가였다고 한다. 프랑스 대사로 지내던 시절 유럽의 다양한 음식문화를 접한 그는 미국에 돌아와서도 새로운 식재료와 요리법을 알리는 데 열심이었다. 그가 미국에 소개한 유럽 음식 중 하나가 마카로니다. 제퍼슨은 이탈리아에서 직접 마카로니를 만드는 기계를 구해 왔고, 백악관 만찬에도 종종 마카로니 요리를 선보였다고 한다. 아이스크림, 프렌치프라이 등을 대중화시킨 인물로도 알려져 있으니, 그가 없었다면 오늘날 우리가 즐겨 먹는 몇몇 음식이 미국 식탁에 오르기까지 더 오랜 시간이 필요하지 않았을까.

제퍼슨과 해밀턴이 속한 건국의 아버지 세대가 역사의 뒤안길로 사라진 후 미국은 또 다른 변화의 시대를 맞이한다. 서부 개척이 활발해지고 사회구조가 변하면서 새로운 정치세력이 부상했다. 그 중심에 있는 인물이 제7대 대통령 앤드루 잭슨(1767~1845)이다. 20달러 지폐의 도안이 된 영웅은 전쟁터에서 새롭게 태어났다. 1812년에 발발한 영국과의 전쟁에서 뉴올리언스전투를 압도적인 승리로 이끌며 국민 영웅으로 떠오른 것이다.

테네시 출신 변호사이자 군인, 플랜테이션 농장주였던 그는 독립한 13개 주와 관계가 없었다. 지금까지 대통령들이 동부 엘리트 출신이었던 데 반해 서부 변경 출신인 셈이다. 거칠지만 카리스마 넘치는 모습, 서부 개척민의 강인함을 대변하는 듯한 이미지는 '보통 사람들'의 열광적인 지지를 끌어냈다. 1828년 대통령선거에서 승리한 그는 보통 사람들의 시대를 표방하며 '잭슨 민주주의' 시대를 열었다. 백인 남성에게 선거권을 확대하고 대통령 권한을 강화한 그의 정책은 미국 민주주의의 외연을 넓혔다는 평가를 받는다.

잭슨은 이런 '국민 대통령' 이미지를 유지하는 데 능했다. 대중 친화적인 면모를 보여주는 유명한 일화가 있다. 1837년 퇴임 직전, 그는 백악관에서 대규모 고별 파티를 열었다. 이 자리

20달러(앤드루 잭슨), 2017년 발행

에 뉴욕 낙농업자가 선물한 약 635킬로그램의 거대한 치즈 덩어리가 등장했다. 뉴욕주를 통과해 멋진 퍼레이드를 펼치며 옮겨진 뒤, 무려 1년 동안 백악관에서 숙성한 치즈. 잭슨은 이 치즈를 파티 참석자들에게 마음껏 나누어주었고, 사람들은 너도나도 주머니칼을 꺼내 치즈를 잘라 갔다. 이틀 만에 거대한 치즈는 흔적도 없이 사라졌지만, 백악관은 한동안 고약한 치즈 냄새로 진동했다고 한다. 이 '거대 치즈' 사건은 잭슨의 풍모와 당시 정치 문화를 보여준다.

하지만 잭슨의 시대는 빛과 함께 그림자 역시 깊었다. 그는 제2합중국은행 폐지를 밀어붙이며 해밀턴이 만든 금융시스템에 도전했다. 지폐 발행 은행이 늘어나면서 투기와 인플레이션이 발생해 경제의 근간이 흔들렸다. 대중적 민주주의는 확장되었지만, 키친 캐비닛이 탄생하고 엽관제도가 도입되면서 권력이 비공식적인 조직으로 넘어가기도 했다. 무엇보다 '인디언이주법'을 제정해 미시시피 동쪽 아메리카 원주민들을 고향에서 강제로 쫓아냈다. 학살과 다름없는 처절함이 '눈물의 길'로 남은 까닭이다.

독립전쟁의 포화 속에서 태동한 미국은 제퍼슨의 이상, 해밀턴의 설계, 잭슨의 역동성을 거치며 몸집을 키우고 성격을 다듬어 갔다. 서부로 끊임없이 팽창하며 '명백한 운명'을 외쳤지만, 그 이면에는 원주민의 희생과 멕시코와의 전쟁이 있었다. 광활한 영토와 역동적인 에너지를 갖춘 나라로 성장한 미국, 그러나 동시에 내부에 난 깊은 균열은 다음 시대를 전쟁으로 이끌 예정이었다.

분열과 통합, 강철 제국의 여명

19세기 중반 미국은 겉으로 보기에는 끝없이 팽창하는 젊은 나라였다. 서부로 향하는 개척민 행렬은 끊이지 않았고, 새로운 영토는 속속 연방에 편입되었다. 그러나 화려한 성장의 이면에는 나라를 두 동강 낼 수 있는 깊은 균열이 자리잡고 있었다. 바로 노예제 문제였다. 남부 농장 경제의 근간이었던 노예제는 북부 산업사회의 도덕적, 경제적 비판에 직면했다. 타협을 위한 노력은 번번이 실패했고, 갈등의 골은 돌이킬 수 없을 만큼 깊어졌.

에이브러햄 링컨(1809~1865)은 켄터키 시골의 통나무집에서 태어나 독학으로 변호사가 되었고, 정치에 입문했다. 그의 등장은 노예제 확장을 반대하는 공화당의 부상과 궤를 같이한다. 링컨은 노예제 자체에는 온건한 입장이었지만 새로운 영토로 퍼지는 것은 용납할 수 없었다. 1860년, 그가 대통령에 당선되자 남부 주들은 연방 탈퇴를 선언했고, 마침내 미국 역사상 가장 참혹한 전쟁인 남북전쟁의 막이 올랐다.

5달러(에이브러햄 링컨), 2021년 발행

전쟁 초기 북군은 남부군의 기세에 밀려 고전을 면치 못했다. 링컨은 연방을 구하기 위해 고뇌했다. 그에게 무엇보다 중요한 가치는 미국 연방의 보존이었기 때문이다. 그러나 그는 단순히 군사적 승리만을 추구하지 않았다. 전쟁의 대의명분을 바로 세우고, 분열된 국가를 다시 하나로 묶을 도덕적 결단이 필요했다. 1863년 그가 노예해방을 선언한 까닭이다. 이는 전쟁의 성격을 근본적으로 바꾸는 결정이었다. 연방 수호를 넘어 인간 해방이라는 더 높은 이상을 위한 싸움이 된 것이다.

같은 해 11월, 펜실베이니아주 게티즈버그 격전지에서 열린 국립묘지 봉헌식. 링컨은 그곳에서 불과 2분 남짓한 짧은 연설을 남겼다. 준비된 연설문조차 제대로 펼치지 못했다는 이야기도 전해진다. 그러나 링컨은 지켜야 할 미국의 가치, 이를 위한 희생이 헛되지 않음을 간결하고도 힘 있게 선언했다. "국민의, 국민에 의한, 국민을 위한 정부는 이 지상에서 사라지지 않을 것이다." 민주주의 본질을 꿰뚫으며 시대를 울리는, 명문의 탄생이었다.

이 위대한 대통령에게도 의외의 과거가 있다. 그는 젊은 시절 상당한 실력의 레슬링 선수였다. 193센티미터에 달하는 장신인 그는 일리노이주 뉴살렘 시절에 동네 레슬링 챔피언으로 명성을 떨쳤는데, 약 12년간 300여 차례 경기에서 단 한 번밖에 패하지 않았다고 한다. 훗날 정치인이 되어서도 그의 레슬링 실력은 종종 입에 오르내렸고, 때로는 정치적 논쟁에서 상대방을 위협하는 수단으로 쓰였다는 우스갯소리도 있다.

한편, 전쟁의 향방을 바꾼 또 다른 인물이 서부 전선에서 떠오르고 있었다. 웨스트포인트 육군사관학교 출신인 율리시스 그랜트(1822~1885)는 전쟁이 발발하자 다시 군복을 입었다. 군 생활에 적응하지 못한 그는 민간인으로 돌아가 있던 중이었다. 화려한 전략가라기보다 목표를 향해 묵묵히 나아가는 끈기의 소유자였던 그랜트. 1863년 미시시피강 유역의 요충지 빅스버그를 함락한 그의 집요함은 북부군에 결정적인 승리를 안겼다. 링컨이 그랜트를 북부군 총사령관으로 임명한 이유였다.

50달러(율리시스 그랜트), 2004년 발행

그랜트는 남부의 항전 의지를 꺾기 위해 총력전을 펼쳤다. 막대한 인명 손실을 감수하며 남부군을 압박하는 방식은 많은 비판을 받기도 했지만, 전쟁을 끝내기 위한 불가피한 선택이었다. 1865년 4월, 버지니아주 애퍼매턱스 코트하우스. 마침내 남부군 총사령관 로버트 리 장군이 그랜트 앞에 항복했다. 항복 조인식에서 그랜트는 패장 리에게 최대한의 예우를 갖추었다. 남부군 병사들이 개인 화기와 말을 가지고 집으로 돌아갈 수 있도록 허락했고, 굶주린 그들에게 식량을 배급하도록 지시했다. 군인 대 군인의 존중을 넘어 찢긴 나라를 다시 봉합하려는 의지의 표현이었다. 그랜트의 이런 관용은 훗날 국가 재건 과정에 귀한 밑거름이 될 터였다.

전쟁에서 승리한 기쁨도 잠시, 링컨이 연극을 관람하던 중 남부 지지자 존 윌크스 부스의 총에 맞아 쓰러졌다. 위대한 지도자의 갑작스러운 죽음은 미국 전체를 충격에 빠뜨렸고, 이후 전개될 재건 시대는 극심한 혼란 속으로 빠져들었다. 전쟁 영웅 그랜트는 국민적인 기대 속에 대통령이 되었지만, 그의 시대는 순탄하지 않았다. 남부 재건 정책은 많은 저항에 부딪혔으며, 그의 행정부는 측근들의 부정부패 스캔들로 얼룩졌다. 뛰어난 군인이었으나 정치지도자로서는 한계를 보인 것이다.

남북전쟁이라는 거대한 시련을 딛고 일어선 미국은 산업화와 도시화가 낳은 새로운 과제들을 안고 격동의 20세기를 맞이해야 했다. 링컨이 지키려 했던 연방, 그랜트가 봉합하려 했던 상처 위에 세워진 강철 제국 앞에 또 다른 도전이 있었기 때문이다.

초강대국 미국의 탄생

20세기 문턱에 선 미국은 거대한 에너지로 들끓었다. 남북전쟁의 상처는 아물지 않았을지라도 철도와 공장은 쉼 없이 돌아갔고 도시는 이민자들로 북적였다. 눈부신 산업화는 강철왕 카네기, 석유왕 록펠러 같은 거부들을 탄생시켰지만, 그 그늘에는 부패와 빈곤, 노동자들의 고통이 짙게 드리워 있었다. 이 '도금시대'의 모순을 해결하려는 움직임이 '진보주의'라는 이름 아래 사회 곳곳에서 일어났다. 독점자본을 규제하고, 정치부패를 청산하며, 사회 정의를 실현하고자 하는 시대적 요구에 부응할 인물이 필요했다.

프린스턴대학 총장, 뉴저지 주지사를 거친 학자 출신의 정치인, 우드로 윌슨(1856~1924). 그는 1912년 대통령선거에서 '새로운 자유'를 내걸고 승리했다. 미국의 제28대 대통령이 된 윌슨은 이상주의적 신념과 학자 특유의 논리, 때로는 완고함으로 개혁을 밀어붙였다. 연방준비제도를 창설해 금융시스템을 안정시켰고, 반독점법을 강화해 거대 기업의 횡포를 견제했으며, 노동자 권익 보호에도 힘썼다. 그의 개혁은 진보주의 시대의 정점에서 이루어진 중요한 성취였다.

윌슨이 국내 개혁에 집중하던 시기, 유럽에는 제1차 세계대전이라는 거대한 폭풍이 몰아치고 있었다. 윌슨은 미국의 전통적인 고립주의 원칙에 따라 중립을 선언했다. 그러나 독일의 무제한 잠수함 작전, 독일 외무장관 치머만의 전보 사건은 미국을 자극했다. 1917년, 윌슨이 결국 의회에 참전을 요청한 배경이었다. 세계 민주주의를 안전하게 만들어야 했고, 그 중심은 미국이 되어야 한다

10만 달러(정부간 거래용 금태환 증권, 우드로 윌슨), 1934년 발행

는 것이 윌슨의 이상이었다.

　전쟁이 막바지에 이르자 윌슨은 항구적인 세계 평화 구축을 위한 청사진을 제시한다. 14개 조 평화 원칙이 그것이다. 전쟁 후 파리강화회의에서 그는 이 원칙을 실현하기 위해 주도적인 역할을 했다. 특히 국제연맹 창설은 필생의 과업과도 같았다. 하지만 그의 이상은 현실 정치라는 냉혹한 벽에 부딪혔다. 유럽 열강들은 자국의 이익 확보에 더 몰두했고, 미국 내에서도 고립주의 여론이 다시 고개를 들었다. 상원은 국제연맹 가입 비준을 거부했다.

　윌슨은 꿈을 포기할 수 없었다. 국제연맹 필요성을 미국민에게 직접 호소하기 위해 의사들의 만류에도 불구하고 전국 순회 연설을 강행했다. 1919년 가을, 콜로라도 푸에블로에서 연설을 마친 그는 기차 안에서 쓰러졌다. 뇌졸중이었다. 그는 남은 임기 동안 반신불수 상태로 국정 운영에 어려움을 겪었고, 그의 위대한 이상이던 국제연맹 가입은 끝내 좌절되었다.

　윌슨 시대 이후 미국은 '광란의 20년대'라 불리는 경제 호황기를 맞았지만, 곧이어 닥친 대공황은 나라 전체를 깊은 절망에 빠뜨렸다. 프랭클린 루스벨트 대통령은 뉴딜정책을 통해 정부의 역할을 대폭 확대하며 위기 극복을 시도했고, 이는 미국 사회 시스템에 큰 변화를 일으켰다. 그리고 다시 한번 벌어진 세계대전. 제2차 세계대전 승리로 미국은 명실상부한 세계 최강대국 자리에 올랐고, 동시에 소련과 냉전이라는 새로운 대결 구도에 봉착했다.

　20세기 후반, 미국은 핵무기 공포 아래 소련과 치열한 체제 경쟁을 벌이는 한편, 내부적으로는 아프리카계 미국인들의 민권 운동, 베트남전쟁 반대 운동 등 거센 사회 변화와 갈등을 겪었다. 경제적 풍요 속에서도 인종차별, 사회 불평등 문제는 여전히 해결해야 할 과제로 남았다. 결국 냉전이 종식되며 20세기는 막을 내렸지만, 테러리즘과 질병이라는 새로운 위협과 세계질서 재편이라는 또 다른 세기적 도전에 직면하고 있다.

고립된 신대륙 국가에서 세계질서를 주도하는 초강대국으로 변모한 미국. 윌슨이 꿈꾸었던 국제적 역할은 그가 예상하지 못한 방식으로 현실이 되었다. 그러나 그 과정에서 미국은 수많은 영광과 상처, 성취와 과제를 동시에 떠안았다. 지난 세기가 남긴 복잡한 유산 위에서 미국은 여전히 자신의 나아갈 길을 묻고 있으며 그들의 실험은 여전한 듯 보인다. 모쪼록 그 실험이 달러 속 인물들의 삶과 선택이 보여준 역사적 교훈을 따르는 데 성공하기를 바라는 마음이다.

거인의 그림자, 단풍잎의 꿈

캐나다

"스위스 사람들이 관리하는 뉴욕."

어느 유명인사가 캐나다 토론토를 평한 말이다. 단번에 단정하고 조용한, 대도시 이미지가 떠오른다. 자연은 또 어떤가? 광활한 숲과 깨끗한 호수, 손대면 바스러질 듯 맑고 투명한 느낌. 가을이면 어김없이 붉고 노랗게 타오르는 단풍잎 역시 마찬가지다.

캐나다 국기는 중앙에 선명한 붉은 단풍잎이 놓여 있다. '메이플 리프 플래그'가 국기가 된 것은 놀랍게도 그리 오래되지 않은 1965년이다. 그전까지 캐나다는 영국연방의 일원임을 나타내는, '레드 엔사인'을 사용했다. 새 국기를 만들자는 논의는 수십 년간 이어졌지만, 영국 전통을 고수하려는 입장과 캐나다만의 정체성을 드러내려는 입장이 첨예하게 맞섰다.

당시 총리는 새로운 국기 제정을 강력하게 추진했고, 전국적인 디자인 공모전이 열렸다. 수천 점의 디자인이 쏟아진 가운데 합의점을 찾기란 쉽지 않았다. 그때 '캐나다 왕립군사대학 깃발에 그려진 단풍잎과 양쪽의 붉은 띠 디자인을 기초로 하자'는 명쾌한 제안이 나왔다.

단풍잎은 이미 18세기 프랑스계 캐나다인에게 캐나다를 상징하는 문양으로 사용되었고, 제1차 세계대전 때는 군인들의 모자와 배지에도 새겨져 젊은이의 용기와 희생을 상징해온 터였다. 복잡한 문장 대신 모든 캐나다인이 즉시 알아보고 자긍심을 느낄 간결하면서도 강력한 상징. 이 안을 내놓은 역사학자 스탠리의 생각이었고, 마침내 채택되면서 6개월의 치열한 '위대한 국기 논쟁'은 막을 내린다.

국기 하나를 정하는 것에도 치열한 고민과 통합을 향한 열망을 드러낸 나라. 캐나다는 깊이를 알 수 없는 차분한 호수와 같다. 겉은 잔잔해 보이지만 속에서는 꿈틀대는 움직임이 끊임없다. 빙하가 훑고 지나간 땅에 터를 잡은 원주민들의 깊은 지혜, 새로운 삶을 찾아 대서양을 건너온 영국과 프랑스 두 문화의 오랜 길항과 공존, 그리고 거대한 이웃 미국과의 관계 속에 정체성을 모색해온 역사. 그 과정은 조용했지만 결코 순탄한 것이 아니었다.

캐나다달러에는 이런 단정함과 고요함 속에 자리한 수많은 이야기와 드라마가 담겨 있다. 캐나다인이 그들의 지폐 위에 새기기로 동의한 인물들의 삶과 흔적은 캐나다 역사에 어떤 의미일까?

빙하의 땅에서 연방의 깃발까지

1867년 7월 1일 자정. 루넨버그에서 사니아에 이르기까지 교회

종들이 일제히 울리면서 수백 발의 축포 소리가 진동했다. 축포가 발사될 때마다 환호성을 올린 사람들. 군인들은 수동식 대포가 발사될 때마다 부지런히 움직여야 했다. 주민 400만 명은 캐나다라는 새로운 자치령의 시민으로 그 첫 새벽을 맞았고, 이날은 앞으로 캐나다 건국 기념일이 될 터였다.

광활하지만 아직은 설익은 땅, 북아메리카 북쪽의 거대한 영토 위에 단풍국 캐나다가 자신들만의 길을 따라나선 조심스럽지만 단단한 첫걸음. 남쪽의 젊고 역동적인 미국과 바다 건너 오랜 모국 영국이라는 거대한 두 거인 사이에서 치열한 고민과 도전으로 낸 길이었다.

2캐나다달러 뒷면(이누이트), 1974년 발행

그 길은 까마득한 시간을 거슬러 시작된다. 빙하기가 물러간 땅에 첫발을 디딘, 아시아에서 베링 육교를 건너온 사람들. 그 후예인 이누이트와 퍼스트 네이션스는 오랜 세월 자연에 적응하면서 그들만의 삶과 지혜를 일구며 살아왔다. 앨곤퀸 지역의 눈 위를 걸을 가벼운 신발, 블랙푸트와 크리족의 사냥 조직, 북극 추위를 이길 이누이트의 옷, 이글루 등 제 나름대로 생존하기 위한 갖가지 솜씨와 기술, 종교와 문화가 발전했다. 유럽인에게 이 땅이 신세계로 알려지기 훨씬 전부터 그들은 이 땅의 진정한 주인이었다. 10세기경 금발의 바이킹, 레이프 에릭슨 같은 탐험가들이 잠시 머물렀다고 하지만 그 사실은 잊혔고 교황청 문서고에 역사의 한 조각으로 보관되었다.

본격적인 변화의 바람은 15세기 말부터 불어왔다. 영국인 존 캐벗이 뉴펀들랜드 해안에 도착해 십자가를 꽂았고, 프랑스의 사뮈엘 드 샹플랭은 퀘벡을 건설하며 누벨 프랑스의 초석을 다진다. 자크 카르티에가 세인트로렌스강을 따라 내륙 깊숙이 들어와 '캐나다'라는 이름으로 유럽에 알리고 난 70여 년 뒤인 1608년이었다. 이후 약 150년간 캐나다는 비버 모피를 둘러싼 영국과 프랑스의 치열한 경쟁 무대였다. 원주민들은 때로는 협력자로, 때로는 저항자로 이 거대한 힘겨루기 속에 휘말렸다.

두 제국의 오랜 갈등은 결국 7년전쟁, 아메리카에서는 프렌치-인디언전쟁이라 불린 전면전으로 폭발했다. 1759년 퀘벡시 외곽 아브라함 평원에서 벌어진 전투는 그 정점이었다. 영국의 젊은 장군 울프와 프랑스의 노련한 지휘관 몽칼름은 짧지만 격렬했던 이 전투에서 나란히 목숨을 잃는다. 두 영웅의 죽음과 함께 누벨 프랑스의 운명도 기울었다.

1763년 프랑스는 캐나다를 영국에 넘겨주었다. 이를 두고 볼테르가 퉁명스럽게 내뱉은 "그까짓 눈 덮인 몇 에이커쯤의 설원을 포기한 것"이 퀘벡에서 물러난 프랑스의 공식 입장이었다. 놀랍게도 영국은 1774년 퀘벡법을 통해 프랑스계 주민들의 언어, 종교, 법률 관습을 인정하기로 결정했다. 훗날 캐나다가 두 문화의 공존이라는 독특한 정체성을 형성하는 배경이다.

그 2년 뒤 남쪽에서는 미국 독립 혁명의 불길이 타올랐다. 미국은 캐나다에도 동행을 촉구했다. 프랑스계 주민의 반감, 영국과 유대, 광대한 영토를 아우를 공동체의식 부족 등 캐나다가 영국령으로 남은 이유는 여럿이었다. 오히려 독립을 거부한 수많은 왕당파가 미국을 떠나 캐나다로 이주해 왔고, 영국의 전통을 강화하며 새로운 지역사회를 형성했다.

캐나다가 자신만의 목소리를 내기 시작한 19세기, 점점 강해지는 이웃 미국을 향한 거부감과 두려움이 그 원동력이 된 것은 아이러니다. 1812년 젊은 미국의 침공을 막아낸 힘은 아이작 브록 장군 같은 인물의 활약과 영국군, 캐나다 민병대, 원주민 연합군의 분투였다. 캐나다인에게 막연했던 '캐나다'라는 공동체의식이 싹트는 계기가 된 미영전쟁. 이 전쟁이 완전히 종결하기 한 달 전, 훗날 캐나다의 첫 총리가 될 인물이 스코틀랜드에서 탄생했다.

캐나다 연방의 새벽

캐나다 10달러 지폐를 보면 낯선 초상화를 마주하게 된다. 곱슬머리에 다소 날카로운 눈매, 입가에는 희미한 미소를 머금은 듯한 인물. 캐나다 연방의 첫 총리, '캐나다 연방의 아버지'로 칭송받는 존 알렉산더 맥도널드(1815~1891)다.

스코틀랜드 글래스고에서 태어나 어린 시절 캐나다로 이주한 그

10캐나다달러(존 맥도널드), 2013년 발행

는 변호사로서 명성을 쌓으며 정치에 입문했다. 그의 정치 여정은 결과적으로는 순탄하지 않았다. 하지만 뛰어난 협상가이자 현실적인 정치가였으며, 무엇보다 캐나다 연방에 대한 확고한 신념을 지녔다.

당시 캐나다는 지리적으로 광활한 땅에, 정치적으로는 각기 다른 이해관계를 가진 여러 식민지의 느슨한 연합체에 불과했다. 프랑스계와 영국계의 갈등, 동부와 서부 사이의 경제적 격차, 그리고 무엇보다 남쪽 거인 미국의 팽창 위협은 신생 캐나다의 존립 자체를 위태롭게 했다.

미영전쟁 이후에도 미국은 호시탐탐 북쪽의 광대한 영국 영토를 노렸다. 국경선을 북위 54.4도까지 올리지 않으면 전쟁도 불사하겠다고 협박한 미국에 영국은 49도를 기점으로 획정해야 한다고 맞섰다. 결국 1846년 현재 워싱턴주와 오리건주에 해당하는 영토를 미국에 이양하며 타협한다. 현재와 같은 국경선, 오대호 서쪽 캐나다 미국의 국경이 자를 대고 그은 듯 반듯한 선 모양이 된 배경이다.

그렇다고 미국이 캐나다 땅에 대한 욕심을 버린 것은 아니었지만, 캐나다에는 다행스럽게도 당시 호전적인 미국인들은 남쪽에 먼저 관심을 가졌고, 에스파냐와 멕시코가 그들의 전쟁 상대가 되었다. 1847년 미국은 순식간에 캘리포니아와 텍사스를 합병했고, 캐나다는 이를 근심 어린 눈으로 바라보았다. 남북전쟁이 발발하며 우려는 더욱 커졌다. 캐나다인들은 노예제도를 반대했지만, 남북전쟁에서 북측이 승리하면 그다음은 기수를 돌려 평소에 탐내던 캐나다를 침략할 수도 있었기 때문이다.

1865년 남북전쟁이 끝나자 미국 군사력은 더 강해진 것 같았다. 그들이 침략해 온다면 캐나다는 속수무책일 터였다. 2년 뒤 알래스카까지 매입한 미국은 당시 골드러시가 한창인 브리티시컬럼비아를 향한 욕심을 노골적으로 드러냈다. 캐나다의 자체 방어는 불가능해 보였다. 캐나다 영국령 식민지 전체를 통합해 미국 같은 연방제 국가를 만들자는 아이디어가 나온 배경이었다.

맥도널드는 강력한 연방정부를 수립하면서 국가의 기틀을 다졌다. 여러 회의를 거치며 식민지 대표를 설득하고 타협해 서로 다른 목소리를 하나로 묶어냈다. 퀘벡까지 자신들의 언어(프랑스어), 종교(가톨릭), 민법 체계를 보장하며 참여시키는 데까지 이르렀다. 1867년 영국령 북아메리카법이 통과되어 캐나다 자치령이 탄생했을 때, 그 중심에는 맥도널드가 있었다.

총리로서 맥도널드는 야심 찬 국가정책, 이른바 '내셔널 폴리'를 추진했다. 보호관세를 통한 국내 산업 육성, 서부 지역 정착을 위한 이민 장려, 대륙 횡단 철도 건설이 그 핵심축이다. 특히 대륙 횡단 철도 건설은 캐나다를 물리적으로 하나로 묶고 서부로 팽창을 가능하게 한 거대한 프로젝트였다. 험준한 산맥과 광활한 평원을 가로지르는 철도 건설은 엄청난 자금과 노동력, 수많은 난관을 동반했다. 부패 사건에 휘말려 잠시 실각하기도 했지만, 철도 완공에 대한 그의 집념은 꺾이지 않았다. 1885년, 마지막 못이 박히는 순간은 캐나다가 진정한 하나의 국가로 연결되는 상징적인 장면이었다.

그러나 이 거대한 공사는 수많은 중국인 노동자를 헐값에 동원하고 많은 사람의 목숨을 빼앗거나 가혹한 차별을 일삼은 결과이기도 했다. 원주민의 땅을 빼앗고 그들의 삶을 파괴하는 과정이기도 했다. 매니토바 지역 메티스(원주민과 프랑스계 유럽인의 혼혈)의 저항을 강경하게 진압하고, 주도자 루이 리엘을 반역죄로 처형한 일은 오늘날까지도 큰 논쟁거리다. 맥도날드는 분명 캐나다라는 나라의 틀을 만든 인물이지만, 그의 시대가 남긴 상처 또한 캐나다 역사의 일부임이 분명하다.

최근 10달러 지폐 인물이 비올라 데스몬드(1914~1965)로 교체되며 캐나다 역사 인식의 변화를 증명하고 있다. 1946

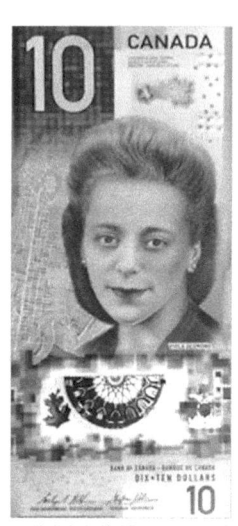
10캐나다달러(비올라 데스몬드), 2018년 발행

년 노바스코샤주 뉴글래스고의 한 영화관에서 백인 전용 좌석에 앉은 데스몬드. 직원은 흑인 좌석으로 옮기라고 요구했다. 그녀가 흑백 혼혈이었기 때문이다. 이를 거부했다는 이유로 경찰에게 체포, 12시간 구류되었고 벌금형을 선고받았다. 결국 무죄를 선고받을 때까지 60년 이상의 세월이 필요했다.

하나의 깃발, 두 개의 영혼

퀘벡의 작은 마을에서 태어난 윌프리드 로리에(1841~1919). 우아한 기품과 지적인 풍모가 돋보이는 그는 영어와 프랑스어를 유창하게 구사할 수 있었다. 법률가로서 경력을 쌓은 타고난 웅변가 로리에가 정치에 입문했을 당시 캐나다는 맥도널드 시대에 마련된 연방의 틀 위에서 경제발전과 서부 개척을 이어가고 있었다. 그 와중에 프랑스계 주민들의 소외감과 문화적 정체성에 대한 불안감은 여전했다.

사실 캐나다 정부의 영국계 캐나다인과 프랑스계 캐나다인을 모두 만족시키려는 노력은 계속이었다. 수도를 정할 때 역시 그랬는데, 1849년 고육지책으로 3년씩 번갈아 가면서 킹스턴과 퀘벡시를 옮겨 다니기로 정했다고 한다. 얼마나 비효율적이었겠는가. 말 그대로 행정이 마비될 지경이었다. 결국 캐나다는 수도를 새롭게 정하지 않을 수 없었다. 1857년 정부는 본국에 캐나다 수도 선택을 요청했고, 영국은 영국계와 프랑스계 두 거점 도시로부터 적당한 거리에 있어 중립적인 위치라고 여겨지는 오타와를 수도로 결정했다. 당시 결정권을 가진 빅토리아 여왕은 기술 공무원들이 그린 오타와 지역의 수채화를 보고 결정했다고 한다.

1896년, 로리에는 자유당을 이끌고 총선에서 승리하며 캐나다 역사상 최초의 프랑스계 총리가 되었다. 캐나다 정치사에 중요한 의미였다. 영국계와 프랑스계, 두 국민 사이의 갈등이 끊이지 않던 당시, 특히 퀘벡은 자신들의 언어와 문화를 지키려는 열망이 강했다. 이들이 종종 연방정부의 정책과 충돌한 이유였다.

5캐나다달러(윌프리드 로리에), 2013년 발행

프랑스계 주민들은 자신들의 목소리를 대변할 지도자의 등장을 환영했고, 영국계 주민들 사이에서도 그의 온건하고 통합적인 자세에 기대감이 있었다. 로리에는 총리 취임 연설에서 "나는 영국 혈통을 가진 캐나다인들만큼이나 캐나다를 사랑하는 프랑스 혈통의 캐나다인입니다"라며, 두 문화의 조화와 공존을 자신의 정치적 소명으로 삼겠다는 의지를 분명히 했다. 그의 목표는 화합과 타협이었다.

1897년 빅토리아 여왕의 즉위 60주년 기념행사인 다이아몬드 주빌리가 열렸다. 영국을 방문한 로리에 총리에게 장관 체임벌린은 제국 연방에 대한 캐나다의 강력한 군사적, 경제적 기여를 요구했다. "캐나다는 영국의 딸이지만, 이제 성장해서 자신의 집을 가진 딸입니다." 로리에의 유명한 응수였다. 영국의 과도한 간섭에 선을 그으면서도 모국과 유대는 존중하는 캐나다의 독자적인 입장을 재치 있게 표현한 것이다. 그가 얼마나 '캐나다적인 타협'을 중시했는지 보여주는 일화다.

하지만 현실은 녹록하지 않았다. 20세기 문턱에 선 그의 재임 기간은 캐나다 역사상 유례없는 경제 호황기였다. '캐나다의 황금기'로 묘사되며 경제성장과 국가의 외형적 팽창이 이루어진 시기였다. 밀 농업을 중심으로 한 서부 개척이 활발하게 이루어졌고, 유럽에서 이민자가 대거 유입되면서 인구가 급증했다.

이런 경제성장을 발판 삼아 국가 발전을 이끌었지만, 가장 큰 고민은 역시 '캐나다 통합' 문제였다. 그가 총리가 되기 전부터 뜨거웠던 매니토바 학교 문제는 소수 프랑스어 사용자의 교육권을 둘러싼 갈등으로, 캐나다 내 언어 문제가 얼마나 폭발력이 큰지를 드러냈다. 보어전쟁(1899~1902) 파병 문제도 마찬가지였다. 당시 캐나다와 미국 사이에는 알래스카 국경선 문제가 미해결 상태로 남아 있었는데, 캐나다는 이 분쟁을 해결하는 데 영국의 외교적인 도움이 필요한 터였다. 영국계가 적극적인 파병을 주장한 이유다. 반면 프랑스계는 제국주의 전쟁에 캐나다 젊은이들의 피를 흘릴 수 없다며 반대했다. 로리에는 이 딜레마 속에서 제한적인 규모의 자원병 파병이라는 절충안을 선택했지만 양측으로부터 비판은 필연적이었다. 캐나다 해군 창설 문제 역시 비슷한 논란을 낳았다. 퀘벡에서는 이를 영국 제국주의에 봉사하기 위한 불필요한 지출로 여기는 시각이 강했다.

로리에는 영국계 캐나다인과 프랑스계 캐나다인을 하나의 국가 안에 공존시키는 길을 찾으려 애썼다. 그 길은 늘 험난했지만, 그의 노력 덕분에 캐나다는 다양성 속에서 힘겹게나마 공존하는 법을 배우기 시작했다. 완벽한 해답을 제시하지는 못했을지라도 끊임없이 대화하고 타협하며 다양성 속에서 통합을 이루려는 로리에의 노력은 오늘날 다문화주의를 표방하는 캐나다의 중요한 정신적 자산이 되었다. 퀘벡 문제는 여전히 캐나다 정치의 가장 뜨거운 감자 중 하나이지만.

세계대전 포화 속 싹튼 자긍심

20세기 초, 캐나다 정치 무대 전면에 나선 인물은 신중하고 강직한 성품을 지닌 로버트 레어드 보든(1854~1937)이다. 1911년 보수당을 이끌고 총리직에 오를 때만 해도 캐나다가 곧 인류 역사상 유례없는 거대한 전쟁의 소용돌이에 휘말리라고는 그도 누구도 상상하지 못했다.

1914년 8월, 유럽에서 전쟁의 포성이 울리자 대영제국의 일원이던 캐나다는 자동으로 전쟁에 참전했다. 당시 캐나다인 사이에서는 모국 영국을 도와 정의를 위해 싸운다는 애국심과 모험심이 들끓었고, 수많은 젊은이가 자원해 군대로 향했다. 보든 정부는 이런 열의에 부응해 신속하게 파병을 결정하고 전쟁 지원 체제로 돌입했다. 캐나다가 주권국가로서 독립적인 지위를 획득할 기회로 보았기 때문이다. 그러나 전쟁은 그 누구의 예상보다 길어졌고, 참혹한 참호전 속에서 6만 명이 넘는 캐나다 젊은이의 목숨이 스러져 갔다.

100캐나다달러(로버트 레어드 보든), 2011년 발행

보든은 총리로서 전시 내각을 이끌며 전쟁 수행에 총력을 기울였다. 가장 큰 과제는 국제무대에서 캐나다의 목소리를 확보하는 것과 국내적으로 전쟁 수행을 위한 국민적 합의를 끌어내는 일이었다. 초기 캐나다군은 영국군의 지휘 아래 배치되었고, 종종 영국 지휘관의 오판으로 엄청난 희생을 치르기도 했다. 이에 분노한 보든은 영국 정부에 강력히 항의하며 캐나다군의 독자적인 작전지휘권과 캐나다의 전쟁 기여에 상응하는 발언권을 요구했다. 이는 훗날 캐나다가 대영제국 내에서 독자적인 국가로서 위상을 확보해나가는 중요한 전환점이 된다.

전쟁이 장기화하며 캐나다 내부에서는 심각한 갈등이 불거졌다. 가장 첨예했던 문제는 단연 1917년 징병제였다. 자원병만으로는 막대한 병력 손실을 감당할 수 없자 보든 정부는 징병제 도입을 추진했다. 영국계 캐나다인들 사이에서는 대체로 지지를 받았지만, 프랑스계는 거세게 반발했다. 문화와 언어가 존중받지 못하는 상황에서 영국 전쟁에 자신의 젊은이들을 강제로 내몰 수 없다며 저항한 것이다. 퀘벡을 중심으로 대규모 시위와 폭동까지 발생하며 캐나다는 연방 창설 이후 가장 심각한 내부 분열 위기를 맞았다. 로리에가 봉합하려 했던 '두 개의 영혼'은 '징병제 위기'로 다시금 격렬하게 충돌하고 있었다. 보든은 전쟁 승리라는 대의를 앞세워 징병제를 강행했지만, 이 과정에서 프랑스계 캐나다와 골은 더욱 깊어졌다.

전쟁이 끝난 후 보든은 파리강화회의에 캐나다 대표단을 이끌고 참석했다. 그는 캐나다가 단순히 영국의 일부가 아니라 독자적인 국가로서 국제조약에 서명할 권리가 있음을 강력하게 주장해 관철한다. 회의 초기 캐나다 대표단에는 별도의 발언권이나 서명권이 주어지지 않을 뻔했다. 회의에서 영국의 그림자 취급을 받는다면, 차라리 우리 손으로 문서를 찢어버리고 즉시 떠나겠다며 강경하게 맞선 캐나다는 결국 독자적으로 서명할 수 있었다. 캐나다가 국제사회에서 주권국가로서 지위를 공식적으로 인정받는 중요한 첫걸음이었다.

윌리엄 라이언 매켄지 킹(1874~1950). 그의 이름 앞에는 '캐나다 최장수 총리'라는 수식어가 늘 따라붙는다. 무려 22년 가까이 캐나다를 이끌었던 그는 역설적이게도 강력한 카리스마나 대중을 휘어잡는 웅변술과는 거리가 먼 인물이었다. 오히려 신중하고 때로는 우유부단해 보이기까지 한 리더십. 미증유의 위기가 연이어 닥쳤던 20세기 전반 캐나다가 그를 선택한 이유는 무엇이었을까?

매켄지 킹이 처음 총리직에 오른 것은 1921년이었다. 제1차 세계대전의 상흔이 채 가시지 않은 시기, 그는 국가 재건과 경제 안정을 최우선 과제로 삼았다. 그러나 1929년 뉴욕 증시 붕괴로 시작된 대공황은 수출 의존도가 높았던 캐나다 경제에 치명타를 안겼다. 실업률은 치솟았고, 농산물 가격은 폭락했으며, 수많은 가정이 절망의 나락으로 떨어졌다.

대공황 초기, 상황의 심각성을 제대로 인지하지 못하고 소극적으로 대처하다 1930년 총선에서 패배하며 총리직에서 물러난다. 이 시기 보수당 리처드 베넷 총리가 구호 캠프를 운영하는 등 고군분투했지만 상황은 쉽게 나아지지 않았다. 사람들은 '베넷 버기(말이 끄는 고장난 자동차)'나 '베넷 담요(신문지)' 같은 씁쓸한 유머로 절망적인 시대를 풍자했다.

1935년, 매켄지 킹은 총리직에 복귀했다. 그는 이전의 실패를

50캐나다달러(윌리엄 라이언 메켄지 킹), 2012년 발행

교훈 삼아 적극적인 정부 개입을 모색했다. 미국 루스벨트 대통령의 뉴딜정책과 유사하게 공공사업을 확대하고, 실업 구제 프로그램을 시행했으며, 캐나다 중앙은행의 역할을 강화해 통화정책을 안정시키려 노력했다. 비록 대공황을 완전히 극복하지는 못했지만, 이 시기의 경험은 캐나다가 강력한 사회안전망을 갖춘 복지국가로 발전하는 밑거름이 될 터였다.

대공황의 어두운 터널이 채 끝나기도 전, 1939년 세계는 제2차 세계대전이라는 더 큰 비극에 직면한다. 제1차 세계대전 당시 자동 참전과는 달리 캐나다는 의회의 논의를 거쳐 일주일 뒤 독자적으로 독일에 선전포고한다. 영국 의회로부터 완전한 입법적 자율권을 획득한, 주권국가 캐나다의 달라진 위상을 상징적으로 보여주는 장면이다. 1931년 웨스트민스터법이 영국 의회에서 통과되면서 영국의 캐나다에 대한 식민 통치가 사실상 완전히 종식되었기 때문이다. 오스트레일리아, 뉴질랜드, 남아프리카, 뉴펀들랜드 등 대영제국의 다른 식민지도 마찬가지였다.

제2차 세계대전 동안 매켄지 킹의 리더십 아래 캐나다는 막대한 물자와 병력을 연합군에 제공하며 '민주주의의 병기창' 역할을 톡톡히 해낸다. 실제로 캐나다의 눈부신 경제성장은 전쟁과 깊은 관련이 있다고 평가된다. 자국 영토 내에서 전면전의 참혹한 파괴를 겪지 않은 캐나다는, 오히려 전쟁을 치르는 국가들에 천문학적인 규모의 물자를 생산 및 공급하면서 국가적 성장을 이루는 기회로 삼았다.

중견국, 미래로 나아가다

매켄지 킹 시대는 캐나다 역사에서 거대한 분수령이었다. 대공황과 제2차 세계대전이라는 시련을 겪었고, 이후 새로운 국제질서 구상에도 적극적으로 참여했다. 유엔 창설 회원국이 되면서 국제사회의 책임 있는 일원으로 자리매김한 것이다. 캐나다가 과거 영국 자치령에서 벗어나, 미국이라는 새로운 초강대국의 이웃으로서, 그리고 국제사회의 존중받는 '중견국가'로서 정체성을 확립해나간 시기였다.

이후 20세기 캐나다는 또 다른 도약과 변화를 맞이한다. 국내적으로 연방정부의 역할이 강화되고 다양한 사회복지 제도의 씨앗이 뿌려졌다. 그런 가운데 '퀘벡 민족주의'는 서서히 힘을 얻기 시작했다. 이후 '조용한 혁명'과 퀘벡 분리 독립운동으로 이어지는 중요한 배경이 될 터였다.

1952년 곧 사망할 운명이었던 영국의 조지 6세는 캐나다에서 영국 국왕을 대신해오던 캐나다 총독에 최초로 캐나다인을 임명했다. 루이 생로랑 총리가 추천한 빈센트 메시였다. 비(非)정치인도, 이민 2세도, 아시아계도, 여자도, 원주민도 단지 캐나다인이라면, 비록 상징적인 존재이기는 하지만 캐나다를 대표하는 국가원수, 총독이 될 수 있는 시대가 시작된 것이다.

냉전시대 캐나다는 국제 평화 유지 활동에 적극적으로 참여하며 세계무대에서 독특한 역할을 맡았다. 1950년 한국전쟁이 발발하자 312명의 캐나다 젊은이들이 한국에 와서 목숨을 바치기도 했다. 1956년 영국과 프랑스가 수에즈운하를 국유화하려는 이집트를 공격하려다 비판받고 철수했다. 캐나다 외무장관 레스터 피어슨은 이들의 철수 관리와 평화 유지를 위해 유엔이 평화유지군을 파견할 것을 촉구했다. 이에 따라 역사상 최초 유엔의 평화유지 활동이 수에즈에서 전개된다. 중견국가 캐나다의 조용한 외교의 성과였다. 이때 영국군과 대치 중이던 이집트 나세르 대통령이 캐나다의 레드 어사인 국기를 보며 중립적이지 않다며 주둔을 거부했고, 피어슨은 캐나다만을 상징하는 국기의 필요성을 느꼈다. 피어슨이 총리가 된 후 단풍잎 국기가 탄생한 배경이다.

1캐나다달러(조지 6세), 1937년 발행

캐나다달러 지폐를 차례로 살펴보면 한 편의 긴 역사 드라마를 보는 듯하다. 거대한 이웃과 오랜 모국 사이에서, 때로는 위태롭게, 때로는 현명하게 자신들의 길을 개척해온 캐나다인. 그들이 걸어온 길, 그들이 지키고자 했던 가치, 그리고 앞으로 나아가야 할 방향을 담고 있는 살아 있는 인물들의 전기랄까. 어떻게 다양성을 존중하면서 통합을 이룰 것인가? 어떻게 강대국 사이에서 자국의 이익과 정체성을 지켜나갈 것인가? 캐나다달러 속 인물들의 삶과 그들의 시대가 우리에게 건네는 조용한 질문들이다.

남십자성 아래, 다운 언더 이야기

오스트레일리아

전 인류의 생활을 멈추게 했던 코로나19의 맹위가 가라앉기 시작할 무렵 호주는 그 기원의 국제 조사 요구를 주도했다. 중국은 호주산 와인, 소고기, 보리 등에 높은 관세를 부과하거나 수입을 제한하는 등 경제적 압박으로 보복했다. 자신의 부상을 견제하려는 서방 세계의 시도에 호주가 앞장서고 있다는 것에 대한 불만이 읽혔다. 그러나 대립 그 자체보다 그 이전까지 양국이 끈끈한 사이였다는 점에서 호주의 의외성에 놀란 것은 나뿐일까? 아웃백의 캥거루와 유칼립투스 잎을 먹고 자는 게 일인 코알라, 시드니 항구의 눈부신 오페라하우스와 하버 브리지, 그리고 워킹홀리데이. 그동안 형성된 호주 이미지는 이랬으니 말이다.

　호주는 남반구에 있어, 함께 '다운 언더'라 불리는 뉴질랜드와 닮은 데가 많다. 캐나다와 마찬가지로 영국 국왕을 국가원수로 하는 영연방 구성원. 유럽에서 온 이주민들이 국가 건설의 주축이었고, 원주민과 관계 설정이라는 묵직한 과제 해결을 숙제로 안고 있다. 문화는 유럽에 뿌리를 두지만, 지리적으로는 아시아와 태평양 섬나라들에 훨씬 가깝다. 과거 유럽의 변경으로 시작했지만,

이제는 아시아태평양 시대의 중요한 일원으로 발돋움하고 있는 이유다. 아름다운 자연도 마찬가지다. 태초의 신비를 간직한 듯한 풍경은 양국 모두에 소중한 자산이자 정체성의 한 부분이다.

호주인다운 특징은 광활하다는 말로 다 표현할 수 없는 거친 자연과 싸우며 살아온 개척 시대의 경험에서 왔다. 독특한 몸짓 '오지 살루트'가 있을 만큼 파리가 들끓어 입으로 파리가 들어오는 것을 막기 위해 웅얼거리는 영어가 발달했다며 웃을 정도로 힘든 환경에서도 위트를 잃지 않는다. '페어 고(Fair Go)' 정신처럼 누구에게나 공정한 기회가 주어져야 한다는 믿음은 발달한 노동조합과 잘 갖춘 사회복지 시스템으로 드러낸다. 투표는 민주주의 시민으로서 권리이자 책임이라는 인식이 강해 투표하지 않으면 무려 벌금을 내야 한다. "걱정하지 마", "잘될 거야" 같은 낙천적인 표현이 일상에서 쉽게 들린다. 그 이면에는 서로 돕고 의지하는 '마이트십(동료애)'이라는 유대감이 있다.

이런 호주인의 역사는 한때 '죄수들의 땅'으로 불린 곳이 하나의 독립된 국가로 성장하는 가운데 만들어졌다. 호주달러 위에 새겨진 인물들과 풍경은 그 역사를 밝히는 길잡이다. 낯선 땅에서 공동체를 건설해간 그들이 만들어낸 영광스러운 순간, 혹은 아픈 사건은 무엇이었을까? 호주의 과거는 현재와 미래를 어떻게 만들어 가고 있을까?

텅 빈 대륙 위의 시드니

1770년, 영국의 탐험가 제임스 쿡 선장이 이끄는 인데버호가 호주 동쪽 해안에 닿았다. 그는 이 낯선 땅에 '뉴사우스웨일스'라 이름 붙이고 영국 국왕의 영토로 선포했다. 당시 유럽인의 눈에 이곳은 텅 빈 남쪽의 거대한 땅, '테라 아우스트랄리스 인코그니타(미지의 남쪽 땅)' 정도였을지 모른다.

영국이 이 멀고 생소한 땅에 눈길을 돌린 것은 당시 본토 사정 때문이다. 산업혁명의 물결이 영국을 휩쓸던 때, 그 눈부신 발전의 이면

10호주달러(쿡 선장&배), 1988년 발행

에는 그늘이 짙어졌다. 몰려든 빈민과 늘어나는 범죄로 도시가 신음하던 당시 그동안 죄수를 보냈던 북아메리카 식민지가 1776년 독립을 선언하면서 더는 죄수들을 보낼 곳이 마땅하지 않았다. 새로운 '쓰레기처리장'이 절실했던 영국에게 쿡의 보고는 매력적인 대안으로 떠올랐다. 결국 영국 정부는 뉴사우스웨일스에 새로운 유형 식민지를 건설하기로 결단했다. 그렇게 남쪽의 거대한 땅은 영국 역사와 뒤엉키며 새로운 운명을 맞이했다.

1788년 1월 26일, 아서 필립 총독이 이끄는 11척의 배, 이른바 '제1함대'가 시드니 코브에 닻을 내렸다. 700명이 넘는 죄수를

포함한 약 1,500명이 낯선 땅에 첫발을 디딘 순간이다. 그들 앞에는 척박한 자연과 생존을 위한 힘겨운 싸움이 기다리고 있었다. 식량 부족, 질병, 그리고 원주민과의 갈등은 초기 정착민들을 끊임없이 괴롭혔다. 그러나 그들은 집을 짓고 땅을 일구며 삶의 터전을 다져 나갔다. 오늘날 호주의 최대 도시인 시드니의 시작이었다. 유형수의 강제노동으로 건설된 도시 시드니에는 그들의 고통과 눈물이 배어 있는 셈이다.

식민지가 점차 확장되면서 통제는 강화되었다. 흉악범이나 재범자들을 격리 수용하기 위한 시설들이 세워졌다. 뉴사우스웨일스 북쪽의 포트 스티븐스나 태즈메이니아섬의 포트아서가 대표적이다. 특히 포트아서는 탈출하기 불가능한 감옥으로 악명 높았다. 혹독한 환경과 엄격한 규율은 유형수에게 공포 그 자체였다. 단순한 수용소를 넘어 제국의 질서를 유지하고 범죄를 통제하려는 영국 사회의 의지를 반영하는 공간에서 수많은 죄수가 절망 속에 스러졌다.

그러나 역사는 단선적이지 않다. 좌절 속에서도 희망은 싹트고, 억압 속에서도 의지가 강한 인간은 빛을 발하기 마련이다. 절망적인 상황에서도 삶을 개척하고, 심지어 새로운 사회에 이바지한 인물들도 있었다는 말이다. 메리 레이비(1777~1855)가 바로 그런 사

20호주달러(메리 레이비), 2019년 발행

람이다. 그녀는 10대 소녀 시절 말을 훔친 죄로 유형 선고를 받고 머나먼 호주로 보내졌다. 그 상황에 좌절하고 있지만은 않았던 레이비. 뛰어난 사업 수완으로 무역, 해운, 부동산 등 다양한 분야에서 큰 성공을 거두었다. 거상으로 성장하며, 심지어 시드니 사회의 존경받는 인물이 된다. 유형수라는 낙인을 딛고 일어선 한 개인의 성공을 넘어 척박한 땅에서도 기회를 찾고 새로운 삶을 일굴 수 있다는 가능성을 보여준 셈이다. 그녀가 호주 20달러 지폐 속의 인물이 된 이유일 것이다.

또 다른 주목할 만한 인물은 5달러 지폐 속에 그려졌던 캐롤라인 치점(1808~1877)이다. 유형수는 아니었지만, 19세기 중반 호주로 오는 젊은 여성 이민자들과 가족이 겪는 어려움을 외면하지 않았다. 당시 홀로 이민 온 여성들은 일자리를 구하기도 힘들었고 위험에 노출되기 쉬웠

5호주달러 뒷면(캐롤라인 치점), 1967년 발행

다. 치점은 이들을 보호하고 정착을 돕기 위해 헌신적으로 활동했다. 이민자들을 위한 숙소를 마련하고, 일자리를 알선하며, 때로는 외딴 지역까지 직접 동행하기도 했다. 그녀의 따뜻한 마음과 실질적인 도움은 수많은 이민자에게 큰 힘이 되었다. 초기 호주 사회에 인간적인 온기를 불어넣으며, 공동체 형성에 중요한 밑거름이 된 치점. '이민자들의 친구'로 불린 그녀가 1846년 영국으로 돌아갈 때까지 돌본 이주민은 만 명이 넘는다고 한다.

오래된 미래, 빼앗긴 시간

유럽인들이 '새로운 대륙'이라고 부르기 훨씬 이전부터 이 땅에는 사람들이 살고 있었다. 고고학자들은 호주 원주민이 적어도 6만 5천 년 전, 어쩌면 그보다 훨씬 이른 시기에 아시아 대륙에서 건너와서 정착했으리라 추정한다. 그들은 광활한 대륙 곳곳에 흩어져 수백 가지 다른 언어와 독특한 문화를 꽃피우며 살아왔다. 흔히 이들을 가리키는 '애버리지니(Aborigine)'는 라틴어로 '처음부터(ab origine)'라는 뜻이다. 유럽 중심의 시각에서 '타자화'된 명칭이면서 아이러니하게도 그들이 본래부터 이 땅의 주인이었음을 인정하고 있는 셈이다.

제1함대가 도착했을 때, 원주민과 첫 만남은 대체로 평화로웠다고 한다. 그러나 그것은 폭풍 전야의 고요함이었을 뿐이다. 영국인들은 '테라 눌리우스(주인 없는 땅)'라는 법적 허울을 내세워 애버리지니의 토지소유권을 부정하고, 거침없이 내륙으로 팽창해 나갔다. 물과 식량, 사냥터를 빼앗긴 애버리지니는 생존을 위해 저항했지만 총과 질병 앞에 무력했다. 수많은 이들이 학살당하거나 유럽인이 옮겨온 전염병으로 목숨을 잃었다. 살아남은 이들은 전통적인 삶의 터전에서 밀려나 척박한 보호구역으로 내몰리거나 도시 변두리에서 비참한 생활을 이어가야 했다. 한때 자신들의 모든 것이었던 땅에서 이방인이 된 것이다.

20세기 초, 호주 정부는 원주민 '동화정책'이라는 이름 아래 가혹한 통제를 시작했다. 대륙 곳곳에 사는 애버리지니를 완전히 축출하기란 사실상 불가능하다는 것을 깨달으면서였다. 그들을 백인 사회의 일원으로 받아들이겠다는 '각오'가 필요했다. 원주민 혈통을 '희석'하고 백인 사회에 동화시킨다는 명분 아래 1910년대부터 1970년대까지 12살 이하 애버리지니 아이들 4분의 1 이상이 씨족사회로부터 격리되었다.

  부모에게서 강제로 분리되어 백인 가정이나 시설에 보내진 아이들은 자신의 뿌리를 잊도록 강요당했고, 많은 경우 학대와 차별 속에서 성장했다. 영어와 백인들의 문화, 예절, 종교 등을 습득했으나 그보다 빠른 속도로 술과 담배, 마약에 노출되었다. 학대와 차별, 공포, 격리된 슬픔을 달랠 유일한 방법이었기 때문이다. 아이를 빼앗긴 부모들 역시 상실감을 조금이라도 메우기 위해 술, 담배, 마약에 의존하기 시작했다. 자살률도 기하급수적으로 증가했다. 결국 가족 해체와 문화 단절이라는 씻을 수 없는 상처를 남긴, 이른바 '도둑맞은 세대'라는 비극을 낳았다. 이 비극은 호주

10호주달러 뒷면(젊은 애버리지니), 1988년 발행

현대사에 깊은 트라우마를 남겼고, 사회 전체가 함께 짊어져야 할 무거운 짐이 되었다.

이런 억압 속에서도 원주민의 정체성을 지키고 권리를 외치는 목소리는 끊이지 않았다. 데이비드 우나이폰(1872~1967)은 그 대표적인 인물이다. 발명가이자 작가, 정치 운동가였으며, 영어로 저술 활동을 한 최초의 애버리지니였다.

뛰어난 지성과 창의력으로 여러 발명품을 고안한 그는 특히 회전운동을 직선운동으로 바꾸는 수동 양털 깎기 기계를 발명하며 이름을 남겼다. 물론 원주민이었기에 1910년 한 신문 기사에서 잠시 언급한 것을 제외하고는 그의 이름은 밝혀지지 않은 채 다른 이들에 의해 무단으로 사용된 처지였지만.

50호주달러(데이비드 우나이폰), 2023년 발행

저술도 마찬가지였다. 1924년부터 호주 원주민의 신화와 전설을 수집해 《호주 원주민의 전설 이야기》라는 책을 엮었다. 출판사는 그와의 연락을 일방적으로 끊고, 이를 인류학자 윌리엄 스미스에게 팔아넘겼다. 스미스는 1930년 우나이폰의 공을 전혀 언급하지 않은 채 자기 이름으로 《호주 원주민의 신화와 전설》로 출간해 버린다. 우나이폰이 진정한 저자로 인정받은 것은 그의 원제가 복원되어 출간된 2001년이 되어서였다. 우나이폰이 호주달러에 새겨진 것은 호주인이 그 같은 원주민의 지혜와 문화적 자긍심을 인정하는 데 합의한 것이기에 의미가 깊다.

원주민이 아닌 백인 중에서도 그들의 아픔에 공감하고 연대했던 이들이 있었다. 데임 메리 길모어(1865~1962)는 시인이자 사회운동가로 평생 원주민을 비롯한 약자의 권익과 사회정의를 위해 목소리를 높였다. 여성참정권, 빈곤층, 소외계층, 특히 원주민에 대한 처우 개선을 담은 광범위한 사회경제적 개혁을 주장한 그녀의 글은 기사와 시로 남았다. 1930년에 출판한 시집 《야생 백조》에는 백인 문명에 의한 토지 황폐화와 원주민 파괴에 대한 고뇌가 담겨, 가장 인상적인 작품으로 평가받는다.

10호주달러 뒷면(데임 메리 길모어), 2017년 발행

그녀의 말년은 대중의 존경심으로 가득했다. 생일은 시드니 문인들과 일반 대중 모두가 공개적으로 축하했고, 거리, 도로, 학교, 양로원 등은 그녀의 이름을 따서 명명되었다. 그녀의 이름으로 문학상과 장학금이 수여되기도 했다. 지폐에 담긴 온화하면서도 단호한 표정은 양심과 용기를 통해 인종과 배경을 넘어선 인간애의 발현으로 전설이 된 그녀를 기억한다.

수십 년에 걸친 투쟁과 사회인식의 변화 끝에 호주 사회는 과거 잘못을 조금씩 인정하기 시작했다. 2008년 2월 13일, 케빈 러드 당시 호주 총리는 의회 연설을 통해 과거 정부의 잘못된 정책으로 고통받은 원주민에게 공식적으로 사과했다. 이른바 '쏘리 데이'. 호주 역사에 중요한 전환점으로 기록되었다. 물론 이 사과가 모든 문제를 해결한 것은 아니다. 여전히 원주민은 사회경제적으로 많은 어려움을 겪고 있으며, 진정한 화해와 평등을 향한 길은 멀고 험난하다. 그러나 과거를 직시하고 진심으로 용서를 구하는 자세가 관용적인 미래를 향한 첫걸음임은 분명해 보인다.

아웃백을 향해 노래하고 날다

초기 호주가 유형수의 강제노동으로 해안가에 도시를 건설하며 시작되었다면, 19세기 중반 이후 호주의 모습은 '골드러시'라는 거대한 파도의 결과물이었다. 1851년 뉴사우스웨일스와 빅토리아 지역에서 금맥이 발견되자 일확천금을 꿈꾸는 사람들이 전 세계에서 구름처럼 몰려들었다. 죄수들의 땅이 '기회의 땅'이 된 것이다.

골드러시가 가져온 부는 멜버른과 같은 도시를 급성장시켰다. '놀라운 멜버른'이라는 별칭이 붙을 정도로 도시는 화려하게 번영했고 인구도 폭발적으로 증가했다. 시드니와 함께 경쟁하는 멜버른시의 탄생이었다. 이 시기 이민자들은 과거 유형수와 성격이 달랐다. 자유로운 신분이었고, 더 나은 삶을 찾아 스스로 선택해 건너온 이들이었다. 특히 영국에서 온 이민자들은 여전히 자신들을 '대영제국의 신민'으로 여기며 머나먼 고향 영국에 대한 강한 향수와 충성심을 가지고 있었다.

이런 분위기는 도시 풍경에도 고스란히 반영되었다. 웅장한 석조건물, 영국식 정원, 심지어 크리켓 경기장까지. 모든 것이 영국의 한 도시를 그대로 옮겨 놓은 듯했다. 당시 대영제국의 정점에 있던 빅토리아 여왕의 이름은 거리, 공원, 건물, 주(州)의 이름(빅토리아주)에까지 붙으며 그 위세를 드러냈다. 여왕의 생일은 가장 큰 축일 중 하나였고, 초상화는 관공서와 가정집에 걸려 제국의 그림자를 짙게 드리웠다. 단순한 존경을 넘어 자신들이 거대한 제국의 일부라는 정체성을 확인하는 방식이었다.

그러나 광활한 대륙 대부분을 차지하는 척박한 내륙, '아웃백'은 여전히 미지의 공간이자 도전의 대상이었다. 해안 도시의 번영 뒤편에는 혹독한 자연환경과 싸우며 살아가던 목축업자, 광부, 탐험가들의 고독한 삶이 있었다. 이 아웃백의 풍경과 그곳 사람들의 이야기는 점차 호주만의 독특한 문학적 감수성의 원천이 될 터였다.

10호주달러(앤드루 바턴 패터슨), 2017년 발행

호주달러에 새겨진 시인이자 변호사, 언론인, 기자, 그리고 군인이었던 앤드루 바턴 (밴조) 패터슨(1864~1941)은 호주인의 정서를 가장 잘 대변한 시인으로 꼽힌다. 7살 때 그의 가족이 이사한 야스 지역 일라롱은 시드니와 멜버른을 잇는 주요 길목 근처였다. 이곳에서 패터슨은 소달구지 행렬, 마차, 가축 떼를 모는 목동, 금 수송대와 같은 흥미진진한 광경들을 일상적으로 접할 수 있었다. 필명 '더 밴조(가족이 소유한 경주마 이름)'를 사용하면서 벤조 패터슨이라고도 불릴 그. 숨 쉬듯이 자연스러운 말로 외딴 변방 호주인들의 흩어진 삶을 노래로 만들고, 그들을 불멸의 존재로 변화시킬 인물의 어린 시절이었다.

그의 대표작 〈왈칭 마틸다〉는 양털 깎기 부랑자의 비극적인 이야기를 경쾌한 리듬 속에 담아내며 호주의 비공식 국가처럼 여겨지고 있다. 초기 호주인의 개척정신과 자유분방함을 드러낸 그의 작품은 영국 문화의 영향 아래 호주의 목소리를 찾아가려는 노력이었다.

20세기에 접어들면서 광대한 영토를 효율적으로 관리하고 내륙 오지에 사는 사람들을 돌보는 것이 국가적 과제가 되었다. 특히 의료와 교육이 문제였다. 의료서비스 접근이 어려운 아웃백 주민에게 질병이나 사고는 곧 죽음을 의미했기 때문이다. 이런 절박한 현실에 주목한 인물이 바로 존 플린(1880~1951)이다.

영국 부유층 자제였지만 재산권을 포기한 채 목사가 되었고, 기꺼이 호주 앨리스스프링스로 향했다. '지구의 배꼽'이라 불리는 울룰루가 가까이 있는 내륙의 황량한 황무지에 찾아간 것은 선교 활동을 위해서였다. 그러나 40명 남짓한 마을 주민은 의식주 해결도 힘들었고 약이 없어 간단한 질병조차 고치지 못했다. 아이들은 정처 없이 황무지를 떠돌았다.

플린 목사는 내륙 최초 병원을 세우고 항시 대기했지만 찾아오는 환자들은 극소수였다. 광활한 내륙의 너무 먼 거리 때문이었다. 오다가다 죽음을 맞는 상황을 알게 된 그는 혁신적인 아이디어를 떠올린다. 바로 '로열 플라잉 닥터 서비스'. 환자들이 병원에 올 수 없다면 의료진이 직접 그들을 찾아가면 되지 않겠는가.

20호주달러 뒷면(존 플린), 2019년 발행

제2차 세계대전 당시 사용된 항공기들을 개조해 그 내부에 병원 시설을 옮겨 실었다. 전신만 보내고 잠깐 기다리면 옛 전투 항공기들이 의료진과 의료 기구를 싣고 그들의 집 앞에 당도할 터였다. 1928년 처음 시작한 이 서비스는 수많은 생명을 구했다. '아웃백의 사도'라 불린 그의 헌신적인 노력으로 지리적인 한계는 극복되었고 호주인의 공동체의식은 확산했다.

안작 정신과 다문화국가

20세기 초, 젊은 국가 호주는 세계대전이라는 거대한 소용돌이에 휩쓸렸다. 영연방의 일원으로서, 그리고 모국 영국과 강한 유대감 속에서 호주 젊은이들은 머나먼 유럽과 서아시아의 전쟁터로 향했다. 특히 제1차 세계대전 중인 1915년, 오스만제국 갈리폴리 해안에 상륙한 호주-뉴질랜드 연합군(ANZAC)의 처절한 전투는 호주의 국가 정체성 형성에 지대한 영향을 미쳤다. 비록 군사적으로는 실패한 작전이었지만, 극한의 상황 속에서 보여준 호주 병사들의 용기, 희생, 동료애, 불굴의 정신은 '안작 정신'이라는 이름으로 각인되어 호주인에게 자긍심을 부여한다. 4월 25일, 안작 데이가 호주에서 가장 중요한 추모일 중 하나가 된 이유다.

제1차 세계대전에서 활약한 존 모내시(1865~1931). 독일계 유대인 이민자의 아들로 태어난 그는 뛰어난 군사전략가이자 공학자였다. 편견과 차별을 딛고 호주군 사령관 자리에 올라, 혁신적인 전술과 치밀한 준비로 연합군 승리에 큰 역할을 했다. 특히 보병, 포병, 공군,

100호주달러 뒷면(존 모내시), 2019년 발행

전차를 유기적으로 결합한 작전은 현대전의 효시로 평가받는다. 전쟁 후에도 사회 여러 분야에서 활발히 활동하며 국가 발전에 헌신했다. 호주달러에 그의 초상이 담긴 것은 탁월한 리더십과 나라에 대한 공헌을 기리기 위함일 것이다. 출신 배경을 넘어 능력과 헌신으로 국가에 이바지할 수 있음을 보여준 그는 다양성을 포용하는 현대 호주의 지향점과도 맞닿아 있다.

한편 20세기 초 호주는 연방국가로서 면모를 갖추어 가는 과정

에서 새로운 수도를 건설하는 중요한 과제에 직면했다. 오랜 경쟁 관계였던 시드니와 멜버른, 둘 중 어느 한 곳을 수도로 삼을 수는 없었다. 결국 두 도시 사이에 새로운 계획도시를 건설하기로 한다. 이렇게 탄생한 도시가 바로 캔버라다. 미국 건축가 월터 벌리 그리핀의 설계안이 채택되어 건설된 캔버라는 아름다운 인공호수와 넓은 녹지를 자랑하는 전원도시로 거듭날 터였다.

그러나 전쟁 발발이 문제였다. 제1차 세계대전이 터지면서 상황이 바뀌었다. 캔버라에 국회의사당이 들어서려던 시점에 시작된 전쟁으로 국회의사당 건물을 짓기 위한 공사는 무기한 연기될 수밖에 없었다. 종전 후에도 좀처럼 공사를 시작할 수 없었는데, 전쟁 피해 복구가 급선무였기 때문이다. 의회는 계속해서 멜버른에 머물렀고, 멜버른은 호주의 실질적인 수도가 된 듯 보였다.

멜버른의 왕립전시관과 의사당 건물이 연방정부 기능을 수행하던 것을 불편하게 여긴 시드니는 결국 캔버라에 임시 국회의사당 건물을 짓기 시작한다. 완공을 서두른 탓에 정부의 위엄이 충분히 담기지는 못했지만 연방의회를 옮겨오기는 충분했다. 1927년, 호주 연방이 수립된 1901년에서 무려 26년이나 지난 뒤 연방의회는 비로소 그들의 수도인 캔버라에 입성할 수 있었다. 현재 웅장한 국회의사당은 1988년 자국의 국회의사당이 임시로 지어졌다는 자괴감을 떨쳐내려는 호주 국민의 힘으로 새롭게 지어졌다. 수많은 도안 중 채택된 것은 81미터의 국기계양대가 건물 중앙에 세워진 도안. 계양대의 높이만큼 그간 실추된 호주 연방의 위상이 높아지리라 믿어서일까?

오랜 시간 영국 군주를 국가원수로 섬겨 온 호주에게 영국 왕실의 방문은 늘 큰 행사였다. 특히 엘리자베스 2세 여왕은 여러 차례 호주를 방문해 국민의 환영을 받았고, 새로운 국회의사당 개관식에도 참석하며 자리를 빛냈다. 호주가 독립적인 국가정체성을 확립해가는 와중에도 영국과 역사적 연결고리를 유지하고 있음을 보여주는 상징적인 장면이었다.

사실 과거에는 유럽, 특히 영국과 관계가 절대적이었다. 하지만 두 차례 세계대전을 겪고, 국가 기틀을 다져나가는 과정에서 호주는 자신들의 지정학적 위치를 새롭게 인식하기 시작했다. 지리적으로 아시아 태평양 지역에 속하는 현실은 외면할 수 있는 요소가 아니었기 때문이다. 제2차 세계대전 이후 아시아 국가들의 부상과 국제 정세의 변화는 호주의 대외 정책에 큰 영향을 미쳤다. 한때 배타적인 이민 정책을 고수했던 호주가 1970년대 이 정책을 공식적으로 폐기하고 다문화사회로 전환을 선언한 이유였다.

중국과 관계도 이런 맥락에서 읽힐 수 있다. 두 나라의 인연은 생각보다 오래되었다. 19세기 중반 호주 골드러시 시절, 수많은 중국인이 금빛 꿈을 안고 남쪽 대륙으로 건너왔다. 그들은 척박한 땅에서 고된 노동으로 새로운 삶을 개척했지만, 당시 '백호주의' 아래 차별과 배척의 대상이 되었을 뿐이다. 시간이 흘러 1972년 공식적으로 외교 관계가 수립된 뒤, 특히 2000년대 이후 중국의 경이로운 경제성장은 호주에 엄청난 기회를 제공했다. 풍부한 철

5호주달러 뒷면(구&신 국회의사당), 1996년 발행

광석, 석탄, 양모 등은 중국의 거대한 산업 현장으로 끊임없이 흘러 들어갔고, 중국 자본 역시 호주 부동산과 기반시설에 투자되었다. 유학생과 관광객 또한 양국을 오가며 깊은 관계를 맺었다.

오늘날 호주는 다양한 인종과 문화가 공존하는 역동적인 다문화 국가로 성장했다. 그러나 과거 원주민에 대한 부당한 대우, 여전히 존재하는 인종차별 문제 등은 해결해야 할 과제로 남았다. 아시아와 태평양 지역의 중요한 일원으로서 호주는 어떤 길을 걸어가야 할까? 최대 교역국인 중국과의 관계는 국가경제에 지대한 영향을 미치지만, 동시에 민주주의, 인권, 국가 주권과 같은 핵심 가치를 포기할 수도 없는 딜레마는 어떻게 해결할까? 내부적으로 다양한 문화적 배경을 가진 구성원들의 목소리를 어떻게 조화롭게 담아내며 더 성숙한 민주주의 사회로 나아갈까? 21세기 호주가 끊임없이 고민하고 답을 찾아가야 할 질문은 여전하다. 호주달러 속의 인물들이 지금도 살아 숨 쉬며 그 치열했던 삶을 이야기하는 이유일 것이다.

꽃의 전쟁에서 라쿠카라차까지

멕시코

매년 11월 1~2일, 멕시코에서는 독특한 축제가 열린다. 이른바 '죽은 자의 날'. 세상을 떠난 가족과 친구들을 기억하고 그들의 영혼을 기린다. 슬픔보다는 기쁨과 축제 분위기 속에서 죽음을 삶의 자연스러운 부분으로 받아들인다. 잠시나마 망자들과 재회한다고 믿는 시간. 집이나 공공장소, 묘지 등에 화려한 제단을 꾸미고, 밤에는 묘지에서 음식을 나누어 먹고 음악을 연주하며, 살아있는 가족과 함께 시간을 보내듯 죽은 자와의 추억을 나눈다. 대규모 퍼레이드와 행사에서 해골 분장에 전통의상을 입고 축제를 즐기기도 한다. 멕시코 원주민의 토착신앙과 가톨릭의 '모든 성인의 날', '위령의 날' 풍습이 결합되어 내려오는 문화적 산물이라는 점에서 지극히 역사적이다.

 현재 라틴아메리카에서 브라질에 이어 두 번째 경제대국인 멕시코는 미국, 캐나다와 함께 북미자유무역협정(현 USMCA)의 중요한 축을 담당한다. 문화는 라틴 계열이지만 지리적으로는 북아메리카로 분류되는 다층적인 나라다. 뜨거운 태양과 커다란 솜브레로, 매콤한 타코, 시원한 테킬라, 살사 소스와 나초의 나라. 풍부한 문화유산과 관광자원이 전 세계 사람들을 끌어모으고, K팝을 비롯한 한류가 사랑받는 나라. 무엇보다 라틴아메리카 최초로 페소를 사용한 나라이며 세계에서 에스파냐어 사용 인구가 가장 많은 나라이기도 하다.

찬란한 고대문명이 스러지고, 혹독한 식민 시기를 견디고, 피 흘리는 독립과 혁명의 시간을 지나며 세워진 멕시코. 그 시간 속에는 치열한 삶을 살아낸 이들이 있다. 이들은 정복에 저항하고, 독립을 외쳤다. 새로운 세상을 꿈꾸고, 예술로 시대를 그려냈다. 그렇게 페소 속에 남은 인물들은 멕시코가 지닌 정신과 가치를 보여준다. 때로는 에스파냐, 미국과 첨예한 관계 속에서, 때로는 내부 갈등 속에서 이들은 어떻게 자신의 신념을 지키고 시대를 헤쳐나갔을까?

신들의 도시에서 독수리, 스러지다

멕시코 중부 고원지대는 일찍이 메소아메리카 문명의 중심이었다. 올멕 문명을 시작으로 테오티우아칸, 마야, 그리고 아스테카에 이르기까지 다양한 문명이 피고 지며 독자적인 세계를 구축했다. 거대한 피라미드는 하늘을 향해 솟았고, 정교한 달력은 시간의 흐름을 기록했다. 옥수수는 문명의 생명줄이었으며, 태양신에 대한 숭배는 삶의 뿌리였다. 당시 멕시코는 주변 지역에 강력한 문화적·경제적 영향력을 행사했다.

기원전 100년부터 기원후 750년경까지 존재했던 테오티우아칸 문명은 멕시코 중앙 고원에 거대 도시를 건설했다. 600여 개의 신전과 피라미드, 광장, 수로, 수천 동의 주거 단지, 경작지가 치밀한 계획에 따라 설계된 도시였다. 이 '신들의 도시' 속 달 피라미드 정상에 서면 멀리 태양 피라미드가 장엄하게 솟아 있고, 그 아래 웅장하게 뻗은 '죽은 자의 길'이 보일 터였다.

14세기 이후 멕시코 고원의 패권은 아스테카인의 손에 넘어갔다. 텍스코코 호수 위에 건설된 경이로운 도시 테노치티틀란을 수도로 한 아스테

100멕시코페소 뒷면(테노치티틀란), 2012년 발행

카제국(1325~1521). 지금은 거대한 메트로폴리스 멕시코시티 아래 잠들어 있지만, 독수리가 뱀을 물고 선인장 위에 앉아 새 시대를 예고한 그들의 건국신화는 여전히 멕시코 국기 한가운데에서 펄럭인다.

아스테카문명의 정수를 담고 있는 유물은 단연 '태양의 돌'이다. 흔히 아스테카 달력으로 알려졌지만, 이 거대 석조 원반은 달력을 넘어 아스테카 우주관과 역사를 집약적으로 보여주는 상징물이다. 중앙에는 태양신 얼굴이, 그 주위로 네 번 창조와 파괴를 거친 이전 시대의 상징들이 조각되었다. 현재는 다섯 번째 태양

시대이며, 이 역시 언젠가는 종말을 맞이할 운명임을 암시한다.

아스테카인에게 태양은 세계를 움직이는 강력한 신이었다. 태양 운행을 지속시키려면 인간의 희생이 필요했다. 태양신에게 제물을 바칠 제단을 세우고, 인간의 심장을 바치는 의식을 거행한 이유였다. 수없이 많은 전쟁이 벌어진 이유이기도 했다. 일명 '꽃의 전쟁'. 영토 확장이나 자원 약탈이 주목적이 아닌, 종교적 의례를 위한 제물(포로)을 획득하고 전사들의 훈련을 위해 주기적으로 벌였던 전쟁이다. 이름에 '꽃'이 들어가는 이유는 전쟁에서 흘리는 피와 죽음을 꽃에 비유했기 때문이다. 잔혹하게 들릴지 모르지만, 이 모든 것은 세상의 소멸을 막으려는 아스테카인의 절박한 믿음에서 비롯했다.

아스테카의 언어는 나우아틀어다. 현재도 약 170만 명 이상의 원주민이 사용한다. 우리에게 친숙한 아보카도, 토마토, 초콜릿, 코요테의 원산지는 멕시코. 이들 단어는 각각 아우아카틀, 토마틀, 쇼콜라틀, 코요틀이라는 나우아틀어에서부터 왔다.

네사우알코요틀(1402~1472)은 텍스코코왕국의 현명한 통치자

500멕시코페소 뒷면(태양의 돌), 1981년 발행

였다. 텍스코코왕국은 1428년 텍스코코 호수에 있던 테노치티틀란, 틀라코판과 삼국동맹을 맺었다. 멕시카족의 아스테카제국이 탄생한 과정이다. 테노치티틀란의 수로 시스템과 인공섬 농경법인 치남파 건설에 일조한 네사우알코요틀. 뛰어난 시인이기도 했던 그는 자연과 인간의 삶, 죽음 대한 깊은 성찰을 아름다운 시로 노래했다. 나우아틀어로 기록되어 전해지는 그의 시는 정복과 파괴의 역사 속에서도 사라지지 않고 이어져 온 멕시코 고유의 감수성과 지혜를 보여준다.

이렇듯 찬란했던 아스테카문명은 16세기 에스파냐

100멕시코페소(네사우알코요틀), 2012년 발행

라는 폭풍우 앞에 스러져 갔다. 1519년 에르난 코르테스가 이끄는 에스파냐군이 멕시코에 상륙하면서 큰 혼란에 빠진 아스테카제국. 총과 말, 그리고 보이지 않는 질병을 앞세워 침략한 그들에게 몬테수마 2세가 사실상 포로로 잡혀 있다가 사망했다. 뒤이어 쿠이틀라우악이 황제로 즉위했다. '슬픔의 밤' 전투에서 에스파냐군을 격퇴하는 등 강력한 저항을 이끌었지만, 천연두에 걸려 즉위한 지 불과 80여 일 만에 사망하고 만다. 에스파냐 콩키스타도르의 침략이 제국에 종말을 고하는 와중에 즉위한 마지막 황제 쿠아우테목(1497~1525). 그는 제국을 끝까지 지키려 한 비운의 영웅이었다.

역사가 지폐를 만날 때 • 085

5만 멕시코페소(쿠아우테목), 1987년 발행

  25세의 쿠아우테목은 아스테카 귀족회의에 의해 제11대 황제로 추대되었다. 이미 용맹한 전사로서 명성이 높았고, 저항 의지 역시 강력했다. 절망적인 상황에서도 테노치티틀란을 방어하기 위해 모든 노력을 기울인 젊은 황제. 그러나 에스파냐 정복군은 원주민 동맹군과 함께 수도를 포위하고, 호수 위 도시의 식량과 물 공급을 차단했다.

  아스테카와 틀락스칼라는 오랫동안 꽃의 전쟁을 벌여 온 터였다. 그 때문에 수많은 인명피해를 감내해온 틀락스칼라는 아스테카에 깊은 원한을 품고 있었다. 에스파냐군이 원주민과 동맹을 맺을 수 있던 이유였다. 쿠아우테목은 굶주림, 천연두, 압도적인 적군에 맞서 약 3개월간 처절한 항전을 벌였으나 역부족이었다. 결국 1521년 8월 13일, 테노치티틀란은 함락되었다. 쿠아우테목은 잔인한 고문과 모욕적인 포로 생활 끝에 교수형에 처해진다. 그러나 '내리꽂는 독수리' 쿠아우테목의 용맹함과 비극의 끝은 멕시코 사람들의 가슴속에 저항 정신으로 남아 독립 후에도 국가정체성을 확립하는 과정에 중요한 상징이 되었다.

누에바에스파냐, 페소가 그린 낯선 풍경

아스테카 태양이 기어코 빛을 잃은 하늘 아래 '새로운 에스파냐'라는 낯선 이름표가 붙었다. 1535년 설치된 누에바에스파냐 부왕령. 아메리카 최초로 조직된 이 거대한 식민지는 북아메리카 남부에서부터 파나마에 이르렀고, 태평양 건너 필리핀까지 손을 뻗었다. 멕시코에는 당시 채굴되던 은을 기반으로 아메리카 대륙 최초의 조폐국 역시 설립되면서 '레알 데 아 오초'가 발행되기 시작한다. 훗날 페소라 불리는 은화의 원형, 일명 '스페인달러'라고도 불릴 이 화폐는 에스파냐제국 전역은 물론 유럽과 아시아까지 널리 유통되며 국제무역의 기축통화 역할을 했다.

이후 약 300년간 이어진 에스파냐의 식민 통치는 멕시코의 모든 것을 바꿔 놓았다. 한 문명이 다른 문명 위에 덧씌워지면서 그 흔적은 곳곳에 깊이 새겨졌다. 가장 눈에 띄는 변화는 도시 경관으로, 에스파냐 거리를 옮겨 놓은 듯했다. 특히 테노치티틀란이 파괴

1천 멕시코페소 뒷면(산도밍고 광장), 1985년 발행

된 자리에 선 유럽식 격자형 도시, 수도 멕시코시티. 1803년 멕시코시티를 방문한 독일의 지리학자 훔볼트는 광대한 규모, 풍요로움, 붐비는 인파, 넓게 정렬된 구획, 그리고 위풍당당한 공공건축물을 간직한 이곳이 다른 어느 곳보다 큰 감흥을 선사하는 부왕령

의 수도였다고 기록했다.

종교 역시 거대한 변화를 겪었다. 정복자들은 가톨릭을 앞세워 원주민의 전통 신앙을 대체하려 했고, 민중은 이런 억압 속에서도 정체성을 유지하려는 지혜를 발휘했다. 과달루페 성모는 그런 의미에서 빼놓을 수 없는 존재다. 1531년, 원주민 후안 디에고 앞에 발현했다는 갈색 피부의 성모마리아. 원주민의 모습과 언어로 나타난 성모는 수많은 원주민이 가톨릭으로 개종하는 결정적인 계기가 되었다. 테페약 언덕에 세워진 과달루페 성당은 오늘날까지 멕시코뿐 아니라 라틴아메리카 전체 가톨릭 신앙의 중심지로 자리매김하고 있다.

식민 통치는 멕시코의 인종 구성에도 지대한 영향을 미쳤다. 에스파냐인과 원주민 사이에서 태어난 메스티소라는 새로운 인종이 등장한 것이다. 이들은 멕시코 인구의 다수를 차지했고, '메스티소 민족주의'라는 독특한 정체성을 형성하는 기반이 된다. 유럽인도 원주민도 아닌 이 새로운 경계인은 새로운 멕시코를 만들어 가는 주역이 될 예정이었다.

멕시코를 깨운 두 사제의 외침

누에바에스파냐에서 300여 년 쌓인 불만이 조용히 끓어오르던 19세기 초. 변화의 바람은 유럽 대륙에서 불어왔다. 1808년, 나폴레옹 보나파르트의 프랑스군이 에스파냐를 침공해 나폴레옹의 형 조제프를 왕위에 앉힌 것이다. 본국이 프랑스의 영향력 아래 놓이자 식민지는 동요했다. 에스파냐 페르난도 7세를 지지한다고 선언했으나 표면적인 명분일 뿐, 실제로는 왕의 부재를 틈타 자치권을 확보하려는 의도, 이른바 '페르난도 7세의 가면'이라 불리는 정치적 행보였다. 혼란을 틈타 라틴아메리카 곳곳에 훈타, 즉 자치 기구가 설립되기 시작했다. 페르난도 7세에 대한 충성을 내세운 이들의 열망은 '완전한 독립'으로 향할 터였다.

200멕시코페소(미겔 이달고), 2008년 발행

겉으로는 에스파냐에 충성을 표방하며 속으로는 독립의 기회를 엿보는 격동의 시기, 미겔 이달고 이 코스티야(1753~1811)라는 한 시골 사제가 역사의 무대로 걸어 나온다. 젊은 시절 몇 번의 탈선과 미래의 파계를 짐작하게 하는 '여우'라는 별명에도 불구하고 이달고는 호감을 사는 인물이었다. 우수한 능력으로 산니콜라스대학교의 학장이 되어 개혁을 추진했으며, 넉넉한 자산도 모았다. 그러나 허랑방탕한 생활은 개혁의 반대자들에게 결국 추방의 빌미를 주었다.

시골 마을 돌로레스 신부로 지낸 그는 예순을 바라보는 나이에도 새로운 사상에 대한 열정을 간직했다. 계몽사상에 공감했으며, 금서 예컨대 프랑스의 자유를 다룬 서적을 읽으면서 새로운 사회를 꿈꾸었다. 포도 농업과 도자기 생산을 장려하는 등 민중의 삶을 개선하는 데에도 깊은 관심을 보였다. 대다수가 원주민 혈통을 지닌 돌로레스의 소박한 주민들로부터 그가 존경받은 이유였다.

1810년 9월 16일, 그날은 돌로레스에 시장이 서는 일요일이었다. 새벽, 이달고는 돌로레스 성당의 종을 울리며 외쳤다. 멕시코 독립운동의 시작을 알린 '돌로레스의 외침'. 페르난도 7세 만세! 그를 위해 무신론의 거점인 프랑스로부터 누에바에스파냐를 보호하자! 유럽의 에스파냐인들을 신뢰할 수 없다! 에스파냐인들을 몰아내자! 이는 점차 정치 구호를 넘어섰다. 인민주권을 천명하면서 억압받던 민중의 염원과 새 시대를 향한 갈망을 담은 것이다.

이달고의 기치 아래 모인 이들은 초기에는 과달라하라를 점령하는 등 한껏 위세를 떨쳤다. 그러나 그들은 정규 훈련을 받은 군인이 아닌, 농기구를 손에 쥔 농민, 광산 노동자, 삶에 지친 원주민들이었다. 순식간에 수만 명으로 늘어났지만 제대로 된 무장도, 군사훈련도 부족한 채 과달루페 성모 그림을 군기로 삼아 전진할 뿐이었다. 봉기의 공식 표준이 된 과달루페 성모는 이달고가 아토토닐코 촌락 교회에서 들고 나온 것이었다. 부대의 선두에 앞세운 성모 그림 아래 그는 만세 구호를 세 개 써 넣었다. 과달루페 만세, 페르난도 만세, 아메리카 만세!

이달고 군대의 규율은 점차 무너져 약탈과 폭력이 발생하곤 했고, 결국 훈련된 왕당파 군대에 패배하고 말았다. 북부로 피신하던 중 배신으로 체포된 이달고는 1811년 치와와에서 총살형에 처해졌다. 처형 전 성직을 박탈당하는 수모를 겪었으나 총살형 집행 부대를 마주보도록 허용된 유일한 인물이기도 했다. 다른 이들은 통상적인 절차대로 등뒤에서 모욕적으로 총살당했기 때문이다. 그의 머리는 과나후아토의 구멍이 숭숭 난 곡물창고 벽에 걸린 철제 새장 속에 넣어져 전시되었다. 그곳에서 10년 동안 썩으면서 행인들에게 에스파냐 왕실에 대한 반역자에게 어떤 운명이 예정되어 있는지 상기시켰다.

이달고는 낙담한 채 죽었지만, 자신이 봉기를 일으킨 9월 16일은 장차 멕시코의 독립기념일로 기억될 터였다. 심지어 그가 뿌린 반란의 씨앗은 남부에 이미 뿌리를 내리고 있었다. 그의 죽음은 끝이 아닌 오히려 시작이었다.

이달고가 뿌린 씨앗을 꽃피운 인물은 또 다른 사제 출신 혁명가, 호세 마리아 모렐로스(1765~1815)다. 메스티소였던 그는 젊은 시절 노새 몰이꾼으로 멕시코 전역을 누볐고, 이 경험은 훗날 그의 게릴라 전술에 중요한 밑바탕이 된다. 당시 노새 몰이꾼들이 하듯 땀을 훔치기 위해 머리에 손수건 두르는 법 역시 배웠는데, 이 차림새 역시 그의 특징이 되었다.

서른이 넘어 신학교에 입학해 사제가 된 그는 이달고의 봉기 소식을 듣고 혁명에 투신했다. 이달고는 그의 능력을 인정해 남부 지역 독립운동의 지휘를 맡겼다. 뛰어난 군사전략가로 소수정예의 기동성 있는 군대를 조직한 모렐로스. 아카풀코 같은 항구를 점령하며 에스파냐군을 압박한 그의 이름은 왕당파에게 두려움의 대상이 되어 갔다.

'두 개의 산맥을 가진 사나이' 모렐로스의 진정한 가치는 군사적 성공에만 있지 않았다. 그는 1813년, 칠판싱고회의를 소집해 〈멕시코 아메리카 국가의 감정〉이라는 역사적인 문서를 발표한다. 멕시코 독립선언, 노예제 폐지, 신분 차별 철폐, 공화정 수립, 가톨릭의 국교화 등

50멕시코페소(호세 마리아 모렐로스), 2017년 발행

새로운 국가 건설의 청사진이 담겨 있는 문서였다. 독립만이 아닌 보다 정의롭고 평등한 사회를 향한 명확한 비전을 제시한 것이다.

하지만 모렐로스 역시 시련을 피할 수는 없었다. 왕당파의 공세가 거세지면서 결국 1815년 체포되었고, 종교 군사재판을 거쳐 총살형에 처해졌다. 그의 나이 50세. 비록 그 또한 뜻을 온전히 이루지 못하고 스러졌지만, 그가 제시한 국가의 비전은 이후 멕시코 독립의 중요한 정신적 지주가 된다. 특히 자신을 '국가의 종'이라 칭하며 권력에 대한 경계를 늦추지 않은 점은 귀감이 될 만했다. 독립을 향한 열망 역시 후계자들에게 이어졌고, 멕시코는 11년간의 피 흘린 투쟁 끝에 독립을 쟁취할 수 있었다. 다만 그 길에

는 아구스틴 데 이투르비데라는 변절한 왕당파 장군과 극적인 타협을 비롯한 또 다른 역설과 복잡한 사연이 함께였다.

시련의 멕시코, 사포텍의 아들

1821년 마침내 멕시코에는 자유의 깃발이 나부꼈지만, 그 깃발 아래 펼쳐진 현실은 이상과는 거리가 멀었다. 독립 직후 이투르비데는 스스로 황제 아구스틴 1세로 즉위하며 멕시코제국을 선포했다. 공화국을 염원했던 이들에게는 배신과도 같은 일이었다. 그의 제정은 2년도 채 되지 않아 막을 내렸지만, 이는 정치 불안의 서곡에 불과했다. 멕시코는 공화정과 군부독재, 연방주의와 중앙집권주의 사이를 오가며 극심한 정치적 불안정을 겪기 때문이다.

대통령이 수십 번 교체되기도 했는데, 심지어 한 인물이 여러 차례 대통령직에 오르내리기도 했다. 안토니오 로페스 데 산타 안나가 대표적이다. 무려 11번이나 대통령을 역임한 그는 뛰어난 정치력이 아닌 당시 멕시코 정치의 극심한 혼란상을 반영하는 인물이었다. 그는 특히 멕시코가 미국에 영토를 상실한 비극적인 역사의 중심에 있다. 알라모전투, 멕시코공화국, 과달루페 이달고 조약, 개즈던 매입으로 이어진, 멕시코 영토의 거의 절반을 미국에 헐값으로 빼앗긴 과정이었다. 멕시코인의 상실감과 분노는 이루 말할 수 없었고, 이때 형성된 반미 감정은 이후 멕시코인들의 민족정체성에 깊숙이 자리잡는다.

이처럼 당시 멕시코의 혼란은 국가의 존립 자체를 위협하는 수준이었다. 미숙한 국가 운영과 권력욕에 사로잡힌 군벌 지도자 카우디요의 발호, 잦은 정권교체가 경제 파탄으로 이어지는 총체적인 난국. 그러나 그 와중에도 국가 개혁과 자주성 회복을 위해 노력하는 희망의 불씨가 피어났다. 베니토 파블로 후아레스 가르시아(1806~1872)의 등장이었다. 멕시코 남부 오아하카주의 가난한 사포텍 원주민 마을에서 태어난 그는 멕시코 역사상 유일한 원주민 출신 대통령이자 멕시코 근대화의 초석을 놓은 위대한 개혁가로 추앙받는다. 페소에 꾸준히 도안으로 올라왔던 이유다.

그의 삶은 역경 극복의 서사 그 자체였다. 3살 때 부모를 잃고 삼촌 밑에서 자랐으며, 20살이 될 때까지 에스파냐어를 거의 사용하지 못했다. 양치기였던 그가 우연히 도시로 나와 교육받은 것은 인생의 전환점이었다. 타고난 총명함과 끈기로 학업에 매진한 그는 변호사가 되었고, 정계에 입문해 주지사와 연방 하원의원을 거쳐 대법원장에까지 올랐다.

후아레스의 정치철학은 법치주의와 자유주의로 요약된다. 그는 개인의 자유와 권리, 정교분리, 교육의 중요성을 강조하며 멕시코 사회의 근본적인 개혁을 추진했다. 결국 당시 멕시코 사회의 실질적인 지배자였던 가톨릭교회, 보수세력과 부딪히며 개혁 전쟁(1858~1861)이라는 피비린내 나는 내전에 휘말렸다. 이 동안 후아레스는 자유주의 정부의 수반으로서 험난한 도피생활을 해야

500멕시코페소(베니토 후아레스), 2017년 발행

했다. 심지어 미국 뉴올리언스까지 망명하는 신세가 되었으나 신념을 포기하지 않은 그에게 결국 승리가 주어졌다.

그러나 더 큰 시련이 기다리고 있었다. 내전으로 피폐해진 멕시코 정부는 외채 상환을 유예해야 했다. 이를 빌미로 1861년 프랑스 나폴레옹 3세가 멕시코를 침공했고, 제국을 세우려는 야심을 드러내며 오스트리아의 막시밀리안 대공을 황제로 내세웠다. 이렇게 1864년 세워진 멕시코 제2제국. 또다시 국가의 존망이 걸린 위기 앞에서 후아레스는 끈질긴 항전을 이어갔다. 프랑스군에게 쫓겨 다니던 절체절명의 순간에도 항상 검은색 정장을 단정히 차려입고 대통령으로서 위엄을 잃지 않으며 국민에게 힘을 주었다고 한다.

결국 국제적인 압력에 직면한 프랑스 군대는 철수했고, 막시밀리안 황제는 체포되어 총살당했다. 1867년, 후아레스는 당당하게 멕시코시티로 귀환해 공화국을 재건했다. 멕시코의 자주독립 의지가 외세의 간섭을 물리쳤음을 보인 셈이었다. 이후 국가 재건과 개혁에 힘썼으나 끊임없는 반란과 정치적 반대가 여전했던 와

중에 과로와 지병으로 1872년 대통령 집무실에서 숨을 거두고 만다. 멕시코 역사에서 단순한 대통령 이상의 의미를 지닌 원주민 대통령. 개인의 신념은 얼마만큼 역사를 바꿀 수 있는지 페소 도안 속의 후아레스는 그 답을 보여주는 듯하다.

총과 붓으로 쓴 현대 이야기

20세기로 접어들면서 멕시코는 다시 거대한 변화의 소용돌이에 휩싸이고 말았다. 오랜 독재정치와 극심한 빈부격차가 결국 멕시코혁명(1910~1920경)이라는 폭발로 이어졌기 때문이다. 그 시작은 베니토 후아레스가 다져 놓은 공화국 길 위로 등장한 호세 데 라 크루스 포르피리오 디아스 모리다. 그는 프랑스와 전쟁에서 공을 세운 전쟁 영웅이었다. 1876년 쿠데타로 정권을 장악한 뒤 독재정치를 이어갔는데, 1910년까지 그의 철권통치 시기를 '포르피리아토' 라 부른다.

'질서와 진보'를 구호로 내건 디아스의 통치 아래 멕시코는 외견상 안정을 되찾고 근대화 길을 걸었다. 철도가 놓이고, 광산 개발이 활발해졌다. 외국자본도 유치되어 경제는 성장하는 듯 보였다. 하지만 화려한 외관 뒤의 그늘은 짙었다. '빵이냐, 몽둥이냐'로 요약되는 통치 방식은 국민에게 선택을 강요했다. 순응하면 빵을 준다. 대신 저항하면 몽둥이가 날아왔다. 언론 자유는 억압되었고, 정적은 가차 없이 탄압받았다. 경제성장의 과실은 소수 대지주와 외국 자본가, 디아스 측근들에게 집중되었다. 대다수 농민은 토지를 잃고 소작농으로 전락하거나 아시엔다라는 대농장에서 노예와 다름없는 생활을 해야 했다. 원주민 공동체는 해체되었고, 멕시코의 부는 외국으로 유출되었다.

그러나 역사는 언제나 그렇듯 편애하지 않는다. 하늘 높은 줄 모르던 디아스 권세에도 균열이 생기기 시작했다. 1910년, 디아스는 자신의 일곱 번째 대통령선거를 앞두고 "멕시코는 민주주의를 맞이할 준비가 되었다"라는, 참으로 '뻔뻔한' 인터뷰를 했다. 부유한 대지주 가문 출신 이상주의자, 프란시스코 이그나시오 마데로 곤살레스가 용기를 얻은 순간이었고, 멕시코혁명으로 이어질 사건이었다. 마데로는 혁명 세력의 지지를 받아 1911년 결국 디아스를 축출하고 대통령 자리에 올랐으나 그 역시 현실 앞에 무릎을 꿇었다. 그의 온건적인 개혁 노선은 구체제 세력에도 급진적인 혁명가들에게도 만족을 주지 못했다. 2년 뒤 우익 군벌의 쿠데타로 축출된 후 암살당한 이유다.

마데로의 죽음 이후 혁명은 더욱 격화되었고, 민중의 영웅들이 빛을 냈다. 남부 모렐로스주에서 농민을 이끈 에밀리아노 사파타 살라사르(1879~1919)가 특히 그랬다. 과묵하고 진지한 성품이던 그는 원주민 혈통을 이어받아 농민의 고통을 누구보다 잘 이해했다. 그의 구호는 단순하고 명확했다. 땅과 자유! 빼앗긴 토지를 농민들에게 돌려주기를 요구하는 '아얄라 계획'을 발표하고, 혁명

정부에 맞서 싸웠다. 사파타의 콧수염과 커다란 솜브레로는 멕시코 농민 저항의 상징이 되었다. 그는 1919년 정부군 함정에 빠져 암살당하고 말지만, "무릎 꿇고 사느니 서서 죽겠다!"라며 불의에 타협하지 않은 저항 정신은 잊히지 않았다.

북부에서는 카리스마 넘치는 지도자 '판초' 비야가 혁명군을 이끌었다. 가난 소작농 출신으로 젊은 시절 의적 활동을 하기도 했던 그는 뛰어난 기병 전술과 대담함으로 명성을 떨쳤다. 비야는 때로는 잔혹하고 예측 불가능한 면모를 보이기도 했지만 민중에게는 통쾌한 영웅으로 여겨졌다. 심지어 미국 뉴멕시코주 마을을 공격하기도 했는데, 이는 미국을 상대로 한 유일한 멕시코의 본토 공격으로 기록되어 있다. 할리우드 영화 속의 한 장면 같지 않은가. 실제로 그 일대기는 여러 차례 영화화되기도 했다고 한다. 그러나 그 역시 혁명의 혼란 속에서 정적에게 암살당하는 비극적인 최후를 맞이한다.

10멕시코누에보페소(에밀리아노 사바타), 1992년 발행

이 시기 멕시코혁명 이야기를 하면서 빼놓을 수 없는 노래가 〈라쿠카라차〉다. 원래 에스파냐에서 왔지만, 멕시코혁명 시기에 새로운 가사가 붙여지면서 혁명가 애창곡이 된다. 후렴구는 다양한 인물이나 상황을 풍자하는 내용으로 바뀌어 불렸다. 예를 들어 "돈 없어서 담배도 못 피우는 카란사(당시 혁명정부 지도자 중

한 명)"처럼 특정 인물을 조롱하거나 혁명 중 고난과 희망을 노래하는 가사들이 전파되었다. 라쿠카라차가 '바퀴벌레'라는 뜻임을 알고 들으면 한국어 가사는 약간 기괴한 것이 사실이다.

길고 혼란스러웠던 시대는 1920년대 들어서면서 점차 안정기에 접어든다. 대통령이 된 알바로 오브레곤 살리도는 혁명 성과를 공고히 하고 국가 재건에 힘썼다. 특히 그는 문맹률이 높은 멕시코 국민에게 혁명 이념과 역사를 알리기 위해 벽화 운동을 적극적으로 지원했다. 대통령 궁전을 비롯한 공공건물 벽면은 거대 캔버스가 되었고, 예술가는 이곳에 멕시코 역사와 민중의 삶, 혁명의 이상을 그려 넣었다.

이 벽화 운동의 중심에는 디에고 리베라(1886~1957)가 있다. 이 거구의 화가는 멕시코 고대문명에서부터 에스파냐 식민 지배, 독립운동, 멕시코혁명에 이르기까지 장대한 역사의 파노라마를 강렬하고 역동적인 화풍으로 그려냈다. 특히 멕시코시티 대통령궁 중앙 계단에 그려진 거대 벽화 〈멕시코 역사〉는 대표작으로 꼽힌다.

500멕시코페소(디에고 리베라), 2010년 발행

궁전 자체가 아스테카 황제 궁궐터 위에 세워졌고, 에스파냐 총독 관저로 사용되다가 독립 후 대통령궁이 된, 멕시코 역사 층위를 고스란히 담고 있는 상징적인 공간. 이곳에 그려진 리베라 벽화가 그 의미를 더욱 깊게 해주는 셈이다. 그의 벽화는 멕시코 민중에게 정체성과 역사를 일깨우는 교육의 장이었다.

리베라의 아내이자 그 자체로 독보적인 예술 세계를 구축한 화가. 프리다 칼로(1907~1954)다. 그녀는 어린 시절에 겪은 소아마비와 끔찍한 교통사고로 평생 육체적인 고통 속에서 살아야 했다. 그 고통을 예술로 승화시킨 그녀는 강렬하고 초현실적인 자화상을 남겼다. 그녀의 작품에는 멕시코 전통문화에 대한 애정과 함께 여성으로서 정체성, 사랑과 고통, 혁명에 대한 열정 등이 복합적으로 담겨 있다. 리베라가 거대 서사를 그렸다면, 칼로는 자신의 내면을 깊이 탐구해 보편적인 인간 감정을 다루었다고 할까. 리베라와 칼로,

500멕시코페소 뒷면(프리다 칼로), 2010년 발행

그들은 멕시코 역사와 영혼을 자신들의 방식으로 그려낸, 멕시코가 낳은 위대한 예술가들로 페소에 담겨 있다.

고대문명의 찬란함부터 정복의 아픔, 독립을 향한 투쟁과 혁명의 열기까지 페소 속의 이야기가 만든 멕시코의 역사는 수많은 인물의 열정과 좌절, 희생과 영광이 교차하는 한 편의 대서사시다. 이들의 이야기는 진정한 리더십과 역사를 움직이는 동력이란 무엇인지 질문을 던진다. 멕시코라는 나라를 넘어 인간의 조건과 역사의 의미를 묻는 듯도 하다. 우리는 이 질문들 속에서 어떤 답을 찾아낼 수 있을까?

조각난 그랑 콜롬비아의 꿈

베네수엘라 · 콜롬비아 · 에콰도르

카리브해의 뜨거운 태양과 안데스산맥의 서늘한 바람이 만나는 곳, 남아메리카 대륙 북서부에 자리한 누에바 그라나다 부왕령. 한때 에스파냐제국의 광대한 식민지였던 이곳은 아마존의 깊은 정글, 눈 덮인 안데스 봉우리, 열대 해변이 공존하는 경이로운 자연으로 다가온다. '엘도라도의 전설'을 품은 황금 유물과 세계의 아침을 점령한 커피로 상상되기도 한다. 혹자에게는 인기를 넘어 국가적 산업이 된 미인대회, 강렬한 살사 리듬과 삶의 애환을 노래하는 바예나토 선율, 혹은 마술적 사실주의 문학의 신비로운 이야기가 떠오를 수도 있다.

 시몬 볼리바르라는 걸출한 영웅의 꿈, '그랑 콜롬비아'라는 하나의 거대한 국가 아래 통합되기도 했던 곳. 그 꿈은 오래가지 못하고 제각기 나뉘어, 오늘날 콜롬비아, 베네수엘라, 에콰도르 등 각기 다른 개성을 지닌 국가들로 이어졌다. 다양한 문화가 뒤섞여 만들어낸 각자의 길을 걷고 있다고나 할까. 그럼에도 불구하고 누에바 그라나다라는 이름 아래 공유했던 역사적 경험은 여전히 이들 국가의 문화와 정서 깊숙이 남아 있다. 수백 년간 이어진 에스파냐 식민 지배의 상흔과 독립을 향한 치열했던 투쟁 역시 마찬가지다.

이 땅의 사람들은 어떤 기억을 소중하게 간직하고, 어떤 인물과 사건을 통해 자신들의 역사를 이야기할까? 한 나라의 자부심과 염원, 그리고 지나온 역사의 중요한 이정표를 담고 있는 지폐. 베네수엘라의 볼리바르, 콜롬비아페소, 그리고 에콰도르의 수크레 속 인물과 그 흔적을 통해 시대를 앞서간 지혜의 목소리를 듣고, 독립을 향한 불멸의 의지와 고난 속 희망의 힘을 느껴보는 것은 어떨는지.

새로운 그라나다의 열망

그라나다. 이베리아반도 알람브라 궁전을 남긴 마지막 이슬람 왕국의 역사를 간직한 도시. 그 이름은 남아메리카 북부에도 깊은 흔적을 남겼다. 누에바 그라나다라고 불린 광대한 지역. 에스파냐 식민 통치의 중요 거점이자 훗날 여러 라틴아메리카 국가가 태동한 모태였다.

16세기 초부터 에스파냐는 광활한 아메리카 대륙을 정복하며 식민지를 건설했다. 초기 남아메리카 대부분은 페루 부왕령이라는 거대한 행정구역 아래 놓여 있었다. 하지만 안데스산맥이 길게 뻗고 아마존 밀림이 우거진 이 지역을 리마 부왕이 효과적으로 통치하기란 여간 어려운 일이 아니었다. 정보 전달과 물자 수송은 더뎠고, 지방행정 효율은 떨어졌다. 카리브해 연안은 잦은 해적 출몰로 골머리를 앓았으며, 북부 지역의 금, 에메랄드 같은 귀중한 자원 관리와 본국 수송 역시 중요한 과제였다. 에스파냐 부르봉 왕가가 18세기 초, 페루 부왕령 북부를 분리해 새로운 행정단위를 만들기로 한 이유였다.

1717년, 오늘날 베네수엘라, 콜롬비아, 에콰도르, 파나마를 아우르는 누에바 그라나다 부왕령이 처음 세워졌다. 재정 문제로 잠시 폐지되었다가 1739년 다시 복원, 확립되었는데, 수도는 산타페 데 보고타에 두었다. 현재 콜롬비아 수도이자 세계적으로 유명한 황금박물관이 있는 보고타, 맞다!

누에바 그라나다 부왕령은 북쪽 카리브해, 서쪽의 태평양과 맞닿아 대서양과 태평양을 연결하는 길목이었다. 동쪽으로는 광대한 아마존 유역과 연결되었고, 남쪽으로는 페루 부왕령과 경계를 이루었다. 보고타를 중심으로 하는 고원지대는 농업 생산에 유리

20콜롬비아페소 뒷면(황금박물관), 1974년 발행

했고, 곳곳에서 금, 은, 에메랄드가 채굴되어 왕실 재정에 큰 보탬이 되었다. 카르타헤나 같은 항구도시는 유럽과 교역은 물론 해적 방어를 위한 군사 요충지 역할을 했다. 당시 에스파냐 부왕령으로는 멕시코와 중앙아메리카를 맡은 누에바에스파냐, 남아메리카 남부를 다스린 리오데라플라타 그리고 기존의 페루 부왕령이 있었는데, 누에바 그라나다는 이들 사이에서 남아메리카의 북부 지방을 담당했다.

누에바 그라나다 부왕령 설립은 에스파냐에 식민지 통치 효율을 높이고 경제 이익을 극대화했다. 반면 현지인에게는 더 체계적인 수탈과 통제, 차별을 의미했다. 유럽에서 건너온 에스파냐인 '페닌술라르'는 주요 관직과 부를 독점했다. 식민지에서 태어난 에스파냐인계 백인인 '크리오요'는 경제적으로 성장했지만, 페닌술라르에 비해 정치적으로 차별받았다. 이런 차별과 본국의 과도한 통제는 크리오요 계층의 불만을 키웠다. 19세기 초 라틴아메리카 독립운동이 크리오요를 중심으로 일어난 이유였다.

특히 나폴레옹의 에스파냐 침공으로 본국이 혼란에 빠지자 누에바 그라나다 부왕령 내 여러 지역에서도 독립의 움직임이 꿈틀거리기 시작했다. 카라카스, 카르타헤나, 보고타 등 주요 도시에서 훈타가 결성되어 독립 투쟁으로 이어졌다. 이 지역 출신인 시몬 볼리바르(1783~1830)는 바로 이 누에바 그라나다를 중심으로 베네수엘라, 콜롬비아, 에콰도르, 파나마 등을 해방하고 '그랑 콜롬비아'라는 새로운 공화국 건설의 꿈을 꾼 인물이었다.

해방의 서곡, 엇갈린 꿈

남아메리카 대륙의 북단에 자리한 '작은 베네치아'. 베네수엘라는 석유 매장량으로 세계의 주목을 받기 훨씬 이전부터 자유를 향한 열망과 혁명의 이상이 꿈틀대던 곳이다. 이곳에서 피어난 독립의 불꽃은 남아메리카 전체를 뒤흔드는 거대한 혁명으로 타올랐다. 그 중심에는 판이한 개성을 지녔지만 같은 목표를 향해 나아간 3명의 인물이 있었다. 그리고 이름 없이 스러져 간 수많은 민중의 헌신이 그들의 뒤를 따랐다. 그 자부심은 베네수엘라 지폐 볼리바르 곳곳에 스며 있다.

누에바 그라나다 독립의 서막을 알린 선구자 프란시스코 데 미란다(1750~1816). 500볼리바르 속 그의 초상은 남아메리카 독립운동의 '전령관'이라는 별칭처럼 실패를 두려워하지 않고 이상을 향해 나아갔던 불굴의 의지를 대표한다.

그는 18세기 말부터 19세기 초에 일어난 세계사적 사건인 미국 독립전쟁, 프랑스대혁명, 라틴아메리카 독립전쟁에 모두 참여한 인물이다. 당대의 역사적 주역들, 미국의 조지 워싱턴과 사무엘 아담스, 프랑스의 나폴레옹 보나파르트, 러시아 예카테리나 2세, 영국의 웰링턴 공작과 직접 교류하기도 했다. 라틴아메리카 독립 영웅들에게는 친분 여부를 떠나 사상적인 영향을 미쳤다.

프랑스대혁명에 참전한 공로로 개선문에 이름을 올린 유일한 라틴아메리카인이면서 그랑 콜롬비아를 최초로 창안한 그는 군인이었을 뿐 아니라 학문적으로도 뛰어났다. 계몽주의 사상은 물론 고전과 자연과학, 의학에 이르기까지 다양한 학문 분야를 섭렵했을 뿐만 아니라 에스파냐어, 영어, 프랑스어, 독일어, 이탈리아어, 라틴어, 무려 아랍어까지 구사할 수 있었다고 한다. '가장 세계적인 아메리카인'이라는 수식어가 의미하듯 당대 최고의 글로벌 인재였다.

미란다는 경제적으로 큰 성공을 일구었음에도 카나리아제도 출생이라는 출신 성분 때문에 카라카스에서 차별과 질시, 모함을 받아온 아버지에게서 태어났다. 아버지는 자식들의 밝은 미래를 위해 9남매 중 장남인 그를 에스파냐에 보내기로 했다. 스물 남짓한 미란다는 1771년 에스파냐로 향하는 스웨덴 선박에 몸을 실었고, 마드리드에서 유럽 신문물을 익혔다.

잘나가는 군인의 길을 걸었으나 계몽주의 서적을 탐독한 '죄'로 세비야 종교재판소에 회부되면서 미국으로 도피했고, 이후 유럽 여러 나라를 주유하면서 라틴아메리카의 식민 시스템 자체를 전면적으로 철폐할 계획과 이를 위한 지원을 제안한다. 라틴아메리카 독립을 최초로 구상한 것이다. 그랑 콜롬비아 구상을 구체화한 것은 나폴레옹에게 '미치지 않은 돈키호테'라는 평을 받으며 프랑스혁명을 겪고 다시 영국으

500볼리바르(프란시스코 데 미란다), 2016년 발행

로 돌아왔을 때였다.

1810년 카라카스에서 훈타가 수립되자 미란다는 귀국했다. 조국을 떠난 이후 40년 만의 귀국. 군사령관 지위를 받아 독립운동에 적극적으로 참여했고, 1811년 7월 5일 베네수엘라 독립 헌장에 대표로 서명하는 영예를 안았다. 남아메리카 최초의 공화국인 베네수엘라 제1공화국 수립과 함께 총사령관 자리에 오르며 '베네수엘라의 아버지'로 추앙받기도 했다. 흰 드레스를 입은 처녀들이 그가 이동하는 길에 월계수 잎과 가지를 흩뿌려 놓을 정도였으니, 그야말로 미란다의 전성기였던 셈이다.

하지만 에스파냐 왕당파의 세력을 견고했고 즉각 반격이 시작되었다. 베네수엘라 독립전쟁이 발발하며 전반적인 전황은 독립파에 불리하게 돌아갔다. 1812년 3월 26일 카라카스를 비롯해 전국적인 여파를 미친 대지진도 더해졌다. 2만여 명의 사망자를 낸 자연재해가 독립파에 대한 신의 징벌이라는 소문이 보수적인 사제들의 입을 통해 퍼졌기 때문이다. 거기에 시몬 볼리바르가 맡고 있던 독립파의 주요 전략 요충지마저 왕당파의 손에 넘어갔다.

미란다는 왕당파 장군과 포로 교환, 독립파 안위를 보장받는 내용의 휴전협정을 체결했는데, 시몬 볼리바르를 주축으로 한 젊은 장교들은 미란다의 독단적인 결정에 분노했다. 결국 미란다는 볼리바르를 비롯한 부하들의 배신으로 체포되어 에스파냐 카디스의 감옥에서 쓸쓸히 생을 마감했다. 주검조차 공동묘지에 아무렇게나 묻혀 한 줌 시신조차 남아 있지 않은 결말이었다.

해방자 시몬 볼리바르의 스승이자 남아 메리카 계몽주의를 이끈 독창적인 사상가 시몬 로드리게스(1769~1854). 어린 시절 부모를 잃고 방황하던 볼리바르에게 로드리게스는 학문적 스승이자 인생의 멘토였다. 아내를 잃은 비탄함에 빠진 채 유럽을 여행하던 볼리바르가 로드리게스를 다시 만난 곳은 프랑스 파리. 프랑스에서 확고한 계몽주의자가 된 옛 스승은 상실감으로 비어 있던 볼리바르의 가슴에 해방과 독립, 자유와 같은 진보적인 가치와 이념을 불어넣었다.

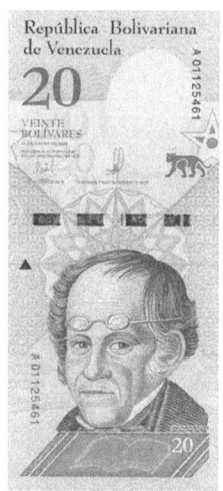

20볼리바르(시몬 로드리게스), 2018년 발행

특히 1805년 8월 15일 볼리바르와 로마의 몬테 사크로에 올랐는데, 그곳에서 조국 베네수엘라 해방을 맹세하는 역사적인 순간을 함께 했다고 한다. '몬테 사크로의 맹세'. 볼리바르가 본격적으로 독립운동에 헌신하는 중요한 계기였다.

누에바 그라나다 독립, 남아메리카 해방의 가장 빛나는 별, 5개 나라의 '리베르타도레스(해방자)'. 미란다의 좌절과 로드리게스의 가르침을 밑거름 삼아 독립전쟁을 이끈 시몬 볼리바르다. 베네수엘라 지폐에 가장 자주 등장한 그의 존재는 압도적이다.

볼리바르는 미란다와 동향 출신이지만, 가문은 에스파냐 바스크의 혈통에 카라카스에서도 상류층이었다. 부유했지만 어렸을 때 고아가 되어 삼촌 손에 맡겨졌고, 그에게 별 관심이 없던 삼촌은

가정교사 로드리게스에게 교육을 전담시켰다. 그리고 그들은 로드리게스가 유럽으로 떠난 뒤, 볼리바르가 아내의 죽음으로 짧은 결혼 생활을 끝내고 프랑스로 건너갔을 때 다시 만난다. 미란다를 유럽에서 데려와 함께 건설한 베네수엘라 제1공화국은 미란다를 왕당파에게 넘겨 죽음으로 몰아넣음으로써 붕괴했다. 그를 넘기는 대가로 살 수 있었던 볼리바르를 훗날 독일의 마르크스가 거세게 비판한 사실은 유명하다.

볼리바르는 누에바 그라나다(현 콜롬비아)로 건너가 독립운동을 재개했다. 첫 정치 선언인 '카르타헤나 선언'을 통해 실패 원인을 분석하고 새로운 전략을 제시했다. 강력한 중앙집권적 정부의 필요성이었다. 독립 의지를 다진 그는 소수의 병력으로 한동안 일명 '경이로운 원정'이라 불리는 연전연승의 전과를 올리며 카라카스에 입성했다. 해방자의 칭호를 받은 때였다.

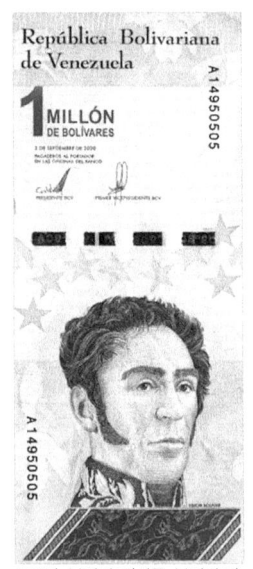
100만 볼리바르(시몬 볼리바르), 2020년 발행

특히 보야카 전투에서 승리는 누에바 그라나다 해방의 결정적인 계기였다. 이를 바탕으로 베네수엘라, 누에바 그라나다, 키토(현 에콰도르)를 아우르는 그랑 콜롬비아 공화국 수립을 선포할 수 있었다. 그의 꿈은 단순히 에스파냐로부터 해방을 넘어 아메리카 대륙에 강력하고 통합된 공화국 연방을 건설하는 것이었다. 미란다의 구상이 이루어지는 듯했다.

그러나 이 원대한 꿈은 현실의 벽에 부딪혔다. 지역적 갈등, 정치적 대립, 거기에 그랑 콜롬비아의 광대한 영토를 효과적으로 통치하기 위한 중앙집권적 통치 방식에 대한 반발 역시 끊이지 않았다. 결국 그랑 콜롬비아는 내부 분열로 인해 1830년 해체되고, 볼리바르 자신도 병마와 정치적 좌절 속에서 쓸쓸히 눈을 감았다. 마지막은 아쉬움으로 남지만, 그의 이름은 두 개의 공화국 볼리비아와 베네수엘라 볼리바르 공화국, 그리고 화폐단위 볼리바르, 베네수엘라의 가장 높은 산 피코 볼리바르에 남아 그 역사적 위상을 증명하고 있다.

1천 볼리바르(페드로 카메호), 2017년 발행

볼리바르를 비롯한 위대한 영웅들의 활약 뒤에는 이름도 없이 스러져 간 수많은 민중의 피와 땀이 깃들어 있었다. 아프리카계 후손들 역시 마찬가지다. '네그로 프리메로(첫 번째 흑인)'라는 별명으로 더 잘 알려진 페드로 카메호(1790경~1821)는 볼리바르 군대의 용맹한 기병으로 카라보보 전투에서 장렬히 전사했다. 1821년 6월 벌어진 카라보보 전투는 볼리바르가 카라카스를 정복하며 베네수엘라를 독립으로 이끈 전투였다. 그는 남아메리카 모든 계층과 인종이 독립을 위해 함께 싸웠음을 보여주는 상징적인 존재로 1천 볼리바르에 남아 있다.

루시아 카세레스 데 아리스멘디(1799~1866) 역시 베네수엘라 독립전쟁의 중요한 영웅이다. 카라카스에서 태어난 그녀는 1814년 15세가 되기 전에 독립운동 지도자 중 한 명인 후안 아리스멘디 장군과 결혼한다. 같은 해 라틴어 교수였던 아버지와 오빠를 왕당파 군대에 잃었다.

그 이듬해 에스파냐군이 남편에게 압력을 가하기 위해 임신 중이던 루이사를 체포했다. 산타 로사 성의 어두운 지하 감옥에 투옥된 그녀는 열악한 환경 속에서 고문당했다. 태어난 딸은 곧 사망했고, 다음 해 에스파냐 카디스로 이송된다. 끔찍한 고문과 시련 속에서도 독립에 대한 신념을 굽히지 않은 그녀는 1818년 석방되어 베네수엘라로 돌아올 수 있었다. 사후 10년 뒤인 1877년 그녀의 유해는 베네수엘라의 국가 위인들이 안장되는 국립 판테온으로 옮겨졌다. 베네수엘라에 정치적 불안정과 경제적 어려움이 계속 이어지던 때였다.

5천 볼리바르(루이사 카세레스 데 아리스멘디), 2017년 발행

20세기 초, 베네수엘라에서는 후안 비센테 고메스의 장기 독재 아래 대규모 유전이 발견되었다. 세계 최대 석유 매장국 중 하나로 떠오르면서 막대한 부와 함께 격변의 시기를 맞이했다. 한때

남아메리카 부국을 상징하던 이곳은 극심한 인플레이션과 경제난이라는 깊은 수렁에 빠진 채 21세기 또 다른 도전을 마주하는 중이다. 해방자 볼리바르의 흔적을 곳곳에서 기억하는 베네수엘라. 볼리바르에 담긴 그를 비롯한 수많은 독립운동가의 뜨겁고 찬란한 이상은 베네수엘라의 현재와 미래에 어떤 의미일 수 있을까.

법의 수호자와 라 비올렌시아

누에바 그라나다 부왕령의 심장부였던 땅, 크리스토퍼 콜럼버스의 이름을 딴 국가명 '콜롬비아'는 이곳이 광대한 국가 그랑 콜롬비아의 핵심이었음을 기억하게 한다.

콜롬비아 독립 역사를 이야기할 때 빼놓을 수 없는 이름, 역시 시몬 볼리바르다. 1819년 보야카 전투에서 결정적인 승리를 거두며 누에바 그라나다 해방의 문을 활짝 열었다. 보야카 다리는 이 역사적인 전투가 벌어졌던 장소. 콜롬비아 독립의 상징적인 성지다. 볼리바르는 그랑 콜롬비아의 초대 대통령으로 추대되어 통합 국가 건설에 박차를 가했다.

볼리바르의 곁에는 '법의 수호자'라 불린 프란시

2천 콜롬비아페소(프란시스코 데 파울라 산탄데르), 2006년 발행

스코 데 파울라 산탄데르(1792~1840)가 있었다. 독립전쟁에서 볼리바르와 함께 싸웠으며, 그랑 콜롬비아의 부통령으로 국가 행정과 법률 체계 확립에 중요한 역할을 했다. 그러나 국가 운영 방식을 놓고 둘은 점차 다른 길을 걷는다. 볼리바르가 강력한 중앙집권 체제를 선호했던 데 반해 산탄데르는 연방주의와 법치주의를 강조했던 것이다. 1828년 볼리바르 암살 미

1만 콜롬비아페소(폴리카르파 살라바리에타), 2003년 발행

수 사건이 발생했을 때 산탄데르가 배후로 지목되어 사형선고를 받기도 했을 정도로 그들의 대립은 첨예해졌다.

그랑 콜롬비아가 해체되고 누에바 그라나다 공화국이 수립되자 산탄데르는 초대 대통령으로 추대된다. 국가 기틀을 다지는 데 헌신한 산탄데르. 법과 제도를 통해 콜롬비아공화국의 초석을 놓은 인물로 페소 곳곳에, 콜롬비아 역사에 그가 새겨진 까닭이다.

독립 영웅 서사에는 이름 없는 민중의 희생 역시 등장한다. 폴리카르파 살라바리에타(1795경~1817), 일명 '라 폴라'는 콜롬비아 독립운동의 여성 영웅으로 국민적인 존경을 받는다. 그녀는 에스파냐 왕당파에 대항하는 독립군을 위해 첩보원으로 활동하며 정보를 수집했다. 비밀 연락망을 구축하는 등 용감하게 활약했지만 결국 발각되고 말았다. 보고타 중앙광장에서 젊은 나이에 총살형을 당한 라 폴라. 처형 직전까지도 "압제자들의 피로 조국의 자

유를 되찾을 것이다!"라고 외치며 조금도 굴하지 않았다고 한다. 그녀의 용기는 많은 이들에게 깊은 감동을 주었고, 콜롬비아 독립을 향한 열망을 더욱 불타오르게 했다.

19세기 독립한 후 콜롬비아의 역사는 정치적 불안정과 잦은 내전으로 점철되었다. 보수파와 자유파 간의 극심한 대립은 '천일전쟁(1899~1902)'과 같은 참혹한 내전으로 이어지기도 했다. 이와 같은 혼란 속에서도 콜롬비아는 문화와 과학 분야에서 주목할 만한 인물들을 배출했다. 콜롬비아페소에 등장하는 모더니즘 시인으로 라틴아메리카 근대시의 개척자로 새겨진 호세 아순시온 실바(1865~1896), 천문학자, 수학자, 경제학자, 시인, 공학자로 콜롬비아 발전에 공헌한 훌리오 가라비토 아르메로(1865~1920) 등은 당시 콜롬비아 지성계를 대표하는 인물들이다. 정치적 혼란 속에서도 콜롬비아의 학문과 예술에 대한 열정은 살아 숨 쉬고 있었다.

20세기 들어서도 정치적 불안은 계속되었다. 특히 1948년, 자유당의 강력한 대선 후보이자 민중의 지도자였던 호르헤 엘리에

5천 콜롬비아페소(호세 아순시온 실바), 2017년 발행

세르 가이탄(1903~1948)의 암살은 콜롬비아 현대사에 씻을 수 없는 상처를 남겼다. 사회 정의와 개혁을 외쳤던 그의 죽음은 수도 보고타에서 대규모 폭동으로 이어졌고, 이후 약 10년간 이어진 극심한 폭력 사태, 이른바 '라 비올렌시아' 시대를 불러왔다. 콜롬비아인 수십만 명이 목숨을 잃거나 고향을 떠나야 했던 시대, 훗날 좌익 게릴라와 우익 민병대의 등장, 그리고 마약 카르텔의 성장을 가져오는 배경이 되기도 한 시대였다.

1천 콜롬비아페소(호르헤 엘리에세르 가이탄), 2009년 발행

라 비올렌시아 이후 콜롬비아는 양당 간의 권력 분점 협약(국민전선)을 통해 일시적인 안정을 찾는 듯했다. 하지만 정치적 배제와 사회경제적 불평등은 여전히 해결되지 않은 과제로 남았다. 20세기 후반 마약 카르텔의 폭력과 좌익 게릴라와 오랜 내전으로 콜롬비아가 극심한 혼란 속에 빠져든 이유였다.

그 혼란의 와중인 1972년 콜롬비아 북부 시에라네바다산맥 정글 속에서 시우다드 페르디다가 발견된다. 마추픽추보다 수백 년 앞서 건설된 타이로나 문명의 찬란했던 과거를 증언하는 고대도시 유적. 네바다산맥 깊숙이 숨어 있던 '잃어버린 도시'는 콜롬비아 역사의 깊이를 웅변해주며 혼돈 속의 현재를 사는 콜롬비아인에게 지혜를 전하는 듯 보인다.

세계적인 작가 가브리엘 가르시아 마르케스(1927~2014), 선구적인 여성 화가 데보라 아랑고(1907~2005) 역시 콜롬비아 예술의 저력으로 페소 위에 남았다. 마르케스는 마술적 사실주의 문학을 통해 복잡하고 모순적인 현실을 세계에 알린 인물. 그의 대표작 《백년의 고독》 속의 마콘도와 함께 지폐에 놓였다. 역시 콜롬비아 페소에 등장한 아랑고는 사회적 금기에 도전했던 예술가의 초상으로 기억된다.

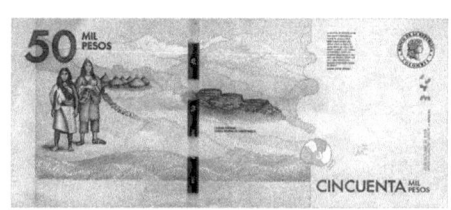
5만 콜롬비아페소 뒷면(시우다드 페르디다), 2019년 발행

콜롬비아는 21세기에 들어서도 과거 그림자에서 완전히 벗어나지 못하고 있다. 50년 넘게 계속된 콜롬비아 정부군과 반군 세력의 내전

2천 콜롬비아페소(데보라 아랑고), 2021년 발행

종식을 위한 평화협정이 체결되었고, 그 공로로 2016년 후안 마누엘 산토스 대통령이 노벨평화상을 수상하기도 했다. 하지만 여전히 사회 곳곳에는 폭력의 위협과 불평등의 문제가 남아 있다. 특히 커피산업 의존도가 높은 상황은 불안하다. 콜롬비아는 페소 속에 과거의 영웅과 예술가들의 혼을 남겨, 험난했지만 포기하지 않았던 역사를 통해 시대적 과제들을 해결하고자 하는 열망을 보여주는지도 모른다.

키토의 저항에서 달러 시대까지

남아메리카 대륙의 태평양 연안, 안데스산맥의 높은 봉우리들과 아마존의 정글, 그리고 진화의 비밀을 간직한 갈라파고스제도를 품은 나라, 에콰도르. 에스파냐어로 적도를 뜻하는 국명처럼 이 나라는 문자 그대로 지구의 허리를 가로지르는 특별한 위치에 자리하고 있다. 한때는 잉카제국의 북쪽 끝이었고, 누에바 그라나다 부왕령의 일부였으며, 그랑 콜롬비아의 구성원이기도 했다. 달러화를 공식 도입하기 전까지 에콰도르인의 손에서 오갔던 화폐 '수크레'. 그 이름 자체가 독립 영웅의 숨결을 담고 있듯 옛 수크레 지폐는 에콰도르의 강인했던 역사의 순간들을 고스란히 새기고 있다.

에콰도르의 역사는 잉카제국의 그림자에서 시작된다. 15세기 후반, 잉카제국은 현재 에콰도르 지역까지 영토를 확장했다. 찬란했던 잉카의 영광은 오래 이어지지 못했다. 16세기 초, 에스파냐 정복자들이 야욕의 칼날을 들이밀자 잉카제국은 급격히 무너

1천 수크레(루미나우이), 1984년 발행

져 내렸다. 이때 잉카의 장군이었던 '돌의 눈' 루미냐우이(15세기 후반~16세기 초반)는 에스파냐에 맞서 최후까지 항전했던 용맹한 지도자였다.

이복형이었던 잉카의 마지막 황제 아타우알파가 처형된 후에도 루미냐우이는 북부 지역(현 에콰도르)에서 저항의 깃발을 놓지 않았다. 초토화 전술과 지형을 이용한 게릴라전은 에스파냐군의 보급을 차단하고 타격을 입혔다. 결국 저항은 실패로 돌아가고 가혹한 고문 끝에 처형당한 결말이지만, 그는 외세의 침략에 굴하지 않고 싸웠던 원주민 저항 정신의 상징으로 남았다. 에콰도르의 거리, 공원, 군부대 등 많은 곳에 그의 이름이 붙은 이유다. 옛 1천 수크레 지폐에 담긴 그의 용맹한 모습 역시 이런 역사적 기억을 생생하게 전달한다.

에콰도르 지역은 누에바 그라나다 부왕령에 속하게 되었다. 수도 키토가 안데스고원에 자리한 식민 통치 중심지 중 하나가 되면서 아름다운 교회와 광장, 정부 청사들이 들어섰다. 유네스코 세계문화유산으로 지정된 키토 구시가지의 고풍스러운 풍경은 당시 식민 시대의 영화를 보여주지만, 원주민의 고통 위에 세워진 역사는 다른 부왕령 도시들과 마찬가지였다.

식민 통치의 억압 속에서 새로운 시대에 대한 열망은 싹을 틔웠다. 18세기 후반, 에콰도르 계몽주의 선구자인 에우헤니오 에스페호(1747~1795)는 이런 변화의 중심에 섰던 인물이다. 의사이자 작가, 변호사였던 그는 당시 사회부조리와 에스파냐 식민 통치의 문제점을 날카롭게 비판하며 독립의 필요성을 역설했다. 과학적 사고와 교육의 중요성을 강조했던 그의 사상은 보수적인 식민사회에 큰 파장을 일으켰고, 독립운동가들에게 지적인 영감을 주었다. 키토의 조용한 골목길에서 시작된 그의 속삭임은 점차 에콰도르를 뒤덮는 거대한 함성으로 퍼질 터였다. 에스페호의 지적인 풍모는 옛 수크레 지폐에 새겨져 에콰도르 독립의 새벽을 알린 공적을 기렸다.

500수크레(에우헤니오 에스페호), 1988년 발행

19세기 초, 나폴레옹의 에스파냐 침공으로 본국이 혼란에 빠지자 남아메리카 전역에서 독립의 열기가 타올랐다. 에콰도르 역시 예외는 아니었다. 이 격동의 시기, 에콰도르 독립운동에서 압도적인 존재는 단연 안토니오 호세 데 수크레(1795~1830)다. 시몬 볼리바르의 가장 신뢰받는 동료이자 뛰어난 군사전략가였던 그의 역할은 에콰도르 독립전쟁에서 결정적이었다.

1822년 5월 24일, 수크레가 이끄는 독립군은 수도 키토를 내려다보는 피친차 화산 기슭에서 에스파냐 왕당파 군대와 격돌했다. 해발 3,500미터가 넘는 험준한 고지에서 벌어진 치열한 전투, 피친차 전투에서 수크레의 뛰어난 지휘와 독립군의 용맹함은 극적인 승리를 끌어냈다. 에콰도르의 독립을 확정 짓는 결정적인 계기이자 수크레가 피친차의 영웅으로 추앙받는 계기이기도 했다. 에콰도르의 옛 화폐단위 자체가 수크레였고 지폐에 그의 초상이 당당하게 새겨진 것은 그가 에콰도르 역사에 남긴 불멸의 업적을 웅변한다.

그랑 콜롬비아의 일원이었던 에콰도르는 1830년 분리 독립해 독자적인 공화국의 길을 걷는다. 그러나 독립 이후 여타 남아메리카와 마찬가지로 정치적 불안정과 잦은 내분, 그리고 경제적 어려움으로 점철된 험난한 시기를 보내야 했다.

19세기 후반 강력한 보수주의 정치가였던 가브리엘 가르시아 모레노(1821~1875)는 두 차례 대통령을 역임하며 가톨릭 중심의 국가체제를 강화하고 중앙집권적인 통치를 펼쳤다. 그의 통치는 교육과 과학기술 발전에 일익을 담당했다는 평가와 함께 권위주의적이라는 비판이 공존한다. 한편, 세기 전환기 자유주의 혁명을 이끈 엘로이 알파로(1842~1912) 역시 두 차례 대통령을 역임하며 정교분리, 교육 개혁, 철도 건설 등 급진적인 개혁 정책을 추진해 근대화에 큰 영향을 미쳤다. 사회개혁과 국민의 지위 향상에 공이 커 지금도 위대한 에콰도르인으로 추앙받는다.

5수크레(안토니오 호세 데 수크레), 1958년 발행

2만 수크레(가브리엘 가르시아 모레노), 1998년 발행

5만 수크레(엘로이 알파로), 1999년 발행

　이들의 모습은 격동의 19세기와 20세기 초 에콰도르가 겪은 이념적 대립과 사회변혁의 과정을 압축적으로 보여준다. 이들은 각기 다른 방식으로 에콰도르 역사에 굵직한 흔적을 남겼고, 수크레 지폐는 그 논쟁적인 공과까지도 담담히 기록했다.

　에콰도르는 정치적 불안정과 군부독재, 그리고 경제적 부침을 반복하며 어려운 시기를 보냈다. 20세기 후반부터는 국제유가 변동과 외채 문제 등으로 인해 특히 곤란을 겪었다. 극심한 경제위기에 직면하면서 2000년 자국 통화인 수크레를 포기하고 미국 달러를 공식 화폐로 채택하는 극단적인 조치를 단행하기에 이른다. 이로써 수크레 지폐는 역사 속으로 사라졌지만, 그 안에 담긴 저항과 독립, 그리고 발전을 향한 열망은 에콰도르인들의 마음속에 영원히 살아 있지 않을까.

잉카의 영광, 다시 잇다

페루 · 볼리비아

1532년 11월 15일, 페루 북부 고원 도시 카하마르카의 공기는 싸늘하게 가라앉았다. 먼지바람만이 텅 빈 광장을 휘감는 오후, 프란시스코 피사로가 이끄는 에스파냐 병사들은 거대한 적막 속에 숨을 죽였다. 신의 이름으로, 혹은 황금의 이름으로 이곳까지 당도한 168명의 눈앞에는 상상조차 어려운 부, 혹은 곧 들이닥칠지 모를 죽음의 그림자가 어른거렸다.

  다음날, 태양의 제국 타완틴수유의 절대자, 사파 잉카 아타우알파가 카하마르카 광장으로 들어섰다. 수만 명으로 추정되는 잉카 전사들이 도시 외곽에 진을 치고 있었지만, 황제는 소수의 비무장 수행원과 귀족들만 대동했다. 화려한 황금 장식과 앵무새 깃털로 치장한 그의 가마는 원주민들이 바닥의 풀을 제거하고 비로 쓸어낸 길을 따라 들어섰다. 그의 얼굴에는 태양의 아들다운 위엄과 함께 저 미개한 이방인들에 대한 약간의 호기심 어린 오만함이 스며 있었다. 이제 막 친형 우아스카르와 피비린내 나는 내전을 끝내고 제국의 패권을 거머쥔 참이었다. 그의 눈에 고작 100여 명 남짓한 이방인 무리는 대수롭지 않은 존재로 보였을지 모른다. 그러나 그것이 모든 비극의 시작이었다.

광장 한가운데에서 신부가 성경과 십자가를 들고 나섰다. 그는 에스파냐 국왕의 이름으로 복종을 요구하고, 가톨릭 교리를 설파했다. 통역을 통해 전달된 말은 아타우알파에게 생경하고 모욕적으로 들렸다. 태양신 인티를 섬기는 그에게 다른 신을 강요하는 행위는 명백한 도발이었다. 성경을 잠시 살펴보곤 이내 바닥에 내던졌다. 그 순간 광장 주변 건물에 숨어 있던 피사로가 신호를 보냈다.

고요를 깬 것은 천지를 뒤흔드는 포성과 말발굽 소리였다. 매복하고 있던 에스파냐 병사들이 일제히 함성을 지르며 쏟아져 나왔다. 이전에는 본 적 없는 철제 무기와 갑옷, 번쩍이는 칼날, 그리고 무엇보다 '악마의 짐승'처럼 보이던 말의 등장은 잉카인들에게 엄청난 충격과 공포를 안겨주었다. 대포알이 작렬하고 총알이 비 오듯 쏟아지는 가운데 화려한 광장은 순식간에 아수라장으로 변했다.

혼란 속에서 피사로는 아타우알파를 향해 돌진했고, 격렬한 몸싸움 끝에 황제의 신병을 확보했다. 수만 대군을 거느린 황제는 그렇게 허무하게 사로잡혔다. 전투라고 부르기에도 민망한, 일방적인 학살에 가까웠던 불과 몇 시간. 잉카인 수천 명이 쓰러졌으나 에스파냐 측은 흑인 노예 한 명만이 목숨을 잃었을 뿐이다. 아메리카 정복 역사에서 가장 유명한 사건 중 하나, 잉카제국의 실질적인 종말인 카하마르카 전투였다.

은금 위에 선 페루 부왕령

1542년 에스파냐 카를로스 1세는 페루 부왕령을 설치했다. 라틴아메리카 역사에서 그 어떤 식민 단위보다 강력한 존재감을 드러내는 부왕령. 누에바에스파냐에 이어 아메리카에 두 번째로 설립된 곳이자 남아메리카에는 최초로 세워진 부왕령이다. 한때 파나마 지협부터 남아메리카 최남단에 이르는 광대한 영역을 통치했다. 수도 리마는 '왕들의 도시'라고 불리며 남아메리카의 정치, 경제, 문화 중심지로 군림했다. 부왕은 에스파냐 국왕 대리인으로 행정, 사법, 군사, 재정 등 식민지 통치 전반에 걸쳐 막강한 권한을 행사했다. 포토시 은광 같은 거대한 광산에서 채굴되는 은은 에스파냐제국의 재정을 풍요롭게 했으며, 유럽 경제에 활력을 불어넣었다.

잉카는 이미 막대한 은과 금으로 에스파냐 정복자들의 탐욕을 불러일으킨 터였다. 카하마르카 전투에서 생포된 아타우알파는 목숨을 부지하기 위해 엄청난 제안을 했다. 방 하나에 금을 가득, 방 둘에 은을 가득 채워 줄 테니 자신을 풀어달라는 것. 가로 약 7미터, 세로 약 5미터, 높이 약 2.5미터에 달하는 방을 채운다니. 상상을 초월하는 양에 피사로는 제안을 받아들였고, 제국 전역에서 금은보화가 카하마르카로 운반되기 시작했다. 수개월에 걸쳐 보물은 속속 도착해 방을 채웠다. 에스파냐 콩키스타도르의 탐욕스러운 눈은 황금빛으로 물들었다.

그러나 약속은 지켜지지 않았다. 피사로와 그의 부하들은 아타우알파를 풀어줄 생각이 없었다. 황제가 살아 있는 한 반란의 불씨가 남을까 봐 두려워했고, 더 많은 황금을 갈취할 수 있다는 기대는 커졌다. 결국 아타우알파는 온갖 죄목으로 형식적인 재판에 넘겨진다.

사형 판결이 내려졌다. 본래 화형에 처해질 운명이었으나 죽기 직전에 세례를 받고 개종하면서 형벌은 교수형으로 감형되었다. 불에 타 죽으면 영혼마저 사라지리라는 두려움 때문이었다. 1533년 7월 26일 밤, 한때 안데스 세계를 호령했던 태양의 아들, 아타우알파는 차가운 카하마르카 광장에서 최후를 맞이했다. 한 줌도 안 되는 이 방인들의 탐욕과 기만, 그리고 한순간의 오판이 거대한 제국을 무너뜨렸다.

10페소볼리비아노 뒷면(포토시 세로 리코 산), 1962년 발행

아타우알파의 마지막 숨결과 함께 안데스의 태양은 빛을 잃었다. 10년 뒤 잉카를 대신하는 통치기구가 들어섰다.

페루 부왕령의 광대한 영토는 점차 통치의 비효율성을 드러냈다. 밀수와 해적의 위협도 끊이지 않았다. 에스파냐 부르봉 왕가가 페루 부왕령 영토를 나누어 새로운 부왕령들을 설치한 이유였다. 1717년(1739년 재설치) 북부 지역에는 누에바 그라나다 부왕령이, 1776년에는 남동부 지역에 리오데라플라타 부왕령이 들어서면서 페루 부왕령 관할구역은 축소된다. 특히 알토 페루 지역은 리오데라플라타로 편입되는 변화를 겪는다. 다른 곳과 마찬가지로 19세기에 해체를 맞은 페루 부왕령은 오늘날 페루, 칠레, 볼리비아, 에콰도르, 그리고 아르헨티나, 콜롬비아, 파라과이, 우루과이 일부 지역으로 나뉘었다. 현재 페루 부왕령의 역사 중심지를 계승하고 있는 곳은 페루 공화국이다. 알토 페루는 볼리비아가 되었다.

페루 부왕령의 거대한 그림자 아래에서 태동한 페루와 볼리비아. 잉카 시대의 언어인 케추아어와 아이마라어가 여전히 거리에서 울려 퍼지고, 화려한 전통 복장을 한 사람들이 안데스 고원 마을의 풍경을 이룬다. 해마다 쿠스코에서는 태양제 '인티 라이미'가 성대하게 열려 잉카의 영광을 재현하고, 티티카카 호수에는 갈대로 만든 인공섬 '우로스'에 사는 사람들이 현대문명과 조화를 이루며 독특한 삶의 방식을 이어간다. 잉카의 후예라는 자부심과 식민 지배의 아픔을 동시에 간직하고 살아가는 그들은 어떤 역사를 각자의 지폐 '솔'과 '볼리비아노'에 새겼을까? 자긍심과 염원, 그리고 그들이 기억하기로 합의한 과거의 교훈은 무엇일까?

마추픽추의 영광과 공화국의 고뇌

안데스산맥의 장엄한 봉우리들이 하늘과 맞닿고, 태평양의 푸른 물결이 해안선을 적시는 땅, 페루. 이곳은 한때 남아메리카를 호령했던 위대한 잉카제국의 심장이었으며, 에스파냐 식민 통치의 중요한 거점이었다. 페루의 지폐 솔은 단순한 화폐를 넘어 이 땅에 새겨진 찬란하고도 비극적인 역사의 순간들과 그 속에서 빛났던 인물, 그리고 그들이 디뎠던 땅의 경이로운 자연과 문화유산에 관한 이야기를 들려준다.

페루 역사는 잉카제국 훨씬 이전부터 시작했다. 기원전 약 3000년부터 1800년까지 번성했던 것으로 추정되는 카랄 문명은 아메리카 대륙에서 가장 오래된 문명이다. 메소포타미아, 이집트, 인도, 중국의 고대문명과 거의 동시대에 존재한 셈이다.

잉카문명보다 약 4,000년이나 앞선 시기에 존재한, 고도로 발달한 사회였다고 한다. 흙과 돌로 만들어진 6개의 거대한 피라미드형 건축물, 원형 함몰 광장, 주거 단지 등 복잡하고 정교한 도시계획을 보여준다. 이 중 가장 큰

200누보솔 뒷면(카랄 유적), 2009년 발행

것은 대피라미드로, 축구장 4개에 해당하는 면적을 자랑한다. 놀랍게도 전쟁의 흔적이나 방어시설이 거의 발견되지 않아, 평화롭고 종교적인 의례를 중심으로 한 사회였을 것으로 추정된다. 매듭을 이용한 기록 체계인 키푸로 보이는 유물, 동물 뼈로 만든 32개의 플루트가 발견되는 등 발달한 고대문명의 존재는 페루의 자긍

심을 높이며 지폐의 도안으로 쓰였다.

지폐 20솔의 도안에 등장하는 페루 북부 해안의 거대한 어도비(흙벽돌) 도시 찬찬은 9세기부터 15세기에 번성한 치무왕국의 수도였다. 미로처럼 얽힌 성채와 정교한 흙벽 장식은 당시 해안 지역의 발달한 문명 수준을 짐작하게 한다. 안데스 산맥과 아마존 열대우림의 경계에 숨겨진 '그란 파하텐' 혹은 '잉카 우아시'라 불리는 유적은 차차포야 문화의 신비를 드러낸다. 독특한 원형 석조건축물과 인물상 조각으로 알려진 차차포야는 '구름 속에 사는 콜라족'이라는 뜻이다.

20솔 뒷면(찬찬 유적), 2016년 발행

10누보솔 뒷면(마추픽추), 2013년 발행

이런 여러 고대문명의 토대 위에서 15세기 초 쿠스코를 중심으로 발흥한 잉카는 불과 한 세기 만에 남아메리카 서부의 광대한 지역을 아우르는 대제국을 건설할 수 있었다.

잉카제국의 가장 빛나는 유산이자 페루 솔에 가장 자주 등장하는 상징은 단연 마추픽추일 것이다. 해발 2,430미터 산 정상에 구름처럼 걸려 있는 이 신비로운 공중 도시는 잉카인들의 뛰어난 건축 기술은 물론 자연과 조화로운 삶을 보여주는 경이로운 유적이다. 정교하게 다듬어진 돌들이 틈 하나 없이 쌓여 만들어진 신전과 궁궐, 계단식 밭, 창고들은 오늘날까지도 비밀을 간직한 채 감탄을 자아낸다.

잉카문명은 고도로 발달한 농업기술 외에도 잘 정비된 도로망 잉카 로드, 독특한 언어 키푸, 전령 차스키, 그리고 독특한 사회시스템을 바탕으로 찬란한 문화를 꽃피웠지만, 그들의 운명은 머나먼 바다 건너에서 온 이방인들에 의해 송두리째 뒤바뀐다.

1532년 에스파냐 정복자들의 압도적인 무기와 새로운 질병 앞에 잉카제국은 속수무책으로 무너졌고, 페루는 에스파냐 식민 통치의 가장 중요한 거점, 페루 부왕령의 중심지가 되었다. 에스파냐 정복자들은 해안가에 새로운 수도 리마를 건설했는데, 특히 해상 교역과 본국 소통에 유리한 곳이었다. 이곳은 '왕들의 도시'라는 별칭에 걸맞게 웅장한 궁전과 건물, 광장들로 가득 찼다. 부왕청을 비롯한 주요 행정기관이 집중되었고, 대성당과 수도원, 대학 등이 세워지며 유럽 문화가 이식되었다. 에스파냐 문화와 가톨릭 신앙을 전파하는 중심지이자 유럽 학문과 예술을 받아들이는 창구이기도 했다.

200누보솔 뒷면(산도밍고 수도원), 1995년 발행

유네스코 세계문화유산으로 지정된 리마 역사 지구의 아름다운 건축물들은 당시 남아메리카 식민 통치의 정치, 경제, 문화 중심지였던 리마의 위상을 보여준다. 리마의 대표적인 성당이자 수도

원인 산도밍고 수도원 또한 지폐를 통해 그 역사적 의미를 더한다. 그러나 화려함 뒤에는 원주민들에 대한 가혹한 착취와 강제노동, 그리고 그들의 고유한 문화와 종교를 파괴하려는 시도가 끊이지 않던 어두운 역사가 함께 존재한다.

이런 식민 시대의 격동기 속에서 아메리카 대륙 최초의 가톨릭 성인이자 페루의 수호성인인 산타 로사 데 리마(1586~1617)는 깊은 신앙심과 헌신적인 삶으로 많은 이들에게 영감을 주었다. 이사벨 플로레스 데 올리바가 본명인 그녀는 가난하고 병든 이들을 돕는 데 평생을 바쳤으며, 자신에게 엄격한 고행을 실천했다고 전해진다. 병자들을 돌보던 중 기적적으로 샘물이 솟아났다는 일화는 유명하며, 그녀의

200누보솔(산타 로세 데 리마), 1995년 발행

덕은 페루뿐 아니라 라틴아메리카 전역으로 퍼져나갔다. 페루 지폐에 그녀의 초상이 새겨졌던 것은 그녀가 페루 국민의 정신적 지주로서 얼마나 큰 위치를 차지하는지 대변한다.

19세기 초, 나폴레옹전쟁으로 에스파냐 본국이 혼란에 빠지자 라틴아메리카 전역에서 독립의 불길이 타올랐다. 하지만 페루는 남아메리카에서 가장 보수적이고 왕당파 세력이 강했던 지역이다. 독립의 움직임이 다른 곳에 비해 상대적으로 늦게 발현한 이유다.

페루의 독립은 결국 외부로부터 밀려온 혁명의 물결, 즉 아르헨티나 출신의 호세 데 산마르틴(1778~1850)과 베네수엘라 출신 시몬 볼리바르 같은 위대한 해방자들의 군사적 원정 덕분에 가능했다. 1821년 산마르틴이 리마에 입성해서 페루의 독립을 선언했지만, 완전한 독립은 1824년 볼리바르와 그의 부관 안토니오 호세 데 수크레가 아야쿠초 전투에서 에스파냐군을 최종적으로 격파한 이후에야 이루어졌다.

그러나 독립 이후 페루는 정치적 불안정과 잦은 내분, 그리고 국경분쟁으로 점철된 험난한 시기를 보내야 했다. 19세기 중·후반에는 태평양 연안의 초석(질산칼륨)과 구아노(새똥 화석) 등 자원을 둘러싸고 칠레와 벌인 태평양전쟁(1879~1884)에서 패배해 막대한 영토와

10솔(호세 아벨라르도 키뇨네스 곤살레스), 2016년 발행

자원을 상실하는 아픔을 겪기도 했다. 이런 시련 속에서도 페루는 국가적 정체성을 확립하고 근대 국가로 나아가기 위한 노력을 멈추지 않았다.

20세기 페루는 정치적 혼란과 군부독재, 그리고 경제적 부침을 반복하며 어려운 시기를 보냈다. 이 시기 페루 역사에서 빼놓을 수 없는 사건 중 하나는 이웃 국가 에콰도르와 오랜 국경분쟁이다. 양국은 아마존 지역의 영유권을 둘러싸고 여러 차례 무력 충

돌을 겪었으며, 1941년에는 전면전으로 비화하기도 했다. 이 전쟁에서 페루는 승리해 상당한 영토를 확보했지만 양국 관계에는 깊은 상처가 남았다. 공군 영웅 호세 아벨라르도 키뇨네스 곤살레스(1914~1941)는 이 전쟁에서 자신의 비행기가 피격되자 적진으로 돌진해서 산화했다. 그의 희생정신은 페루 국민에게 깊은 감동을 주었으며 오랫동안 10솔 지폐의 주인공으로 남게 했다.

50솔(아브라함 발델로마르 핀토), 2018년 발행

20솔(라울 포라스 바레네체아), 2016년 발행

21세기에 들어서도 페루는 정치적 불안정과 빈부격차, 그리고 과거사의 그림자에서 완전히 벗어나지 못하고 있다. 하지만 페루 근대문학의 선구자 아브라함 발델로마르 핀토(1888~1919), 위대한 역사가 라울 포라스 바레네체아(1897~1960)를 비롯한 저명한 작가, 역사가, 과학자 등이 여러 솔에 새겨져 혼란한 현대 속에서도 빛을 발하는 페루의 지적 자부심을 드러낸다. 다양한 분야의 인물들이 솔에 등장하는 것은 과거의 영광과 시련을 발판 삼아 더욱 풍요로운 미래를 만들어 가고자 하는 페루의 의지를 보여주는 듯하다.

고대문명의 찬란한 유산과 안데스산맥의 장엄한 자연, 그리고 다양한 문화가 어우러진 태양신의 숨결이 깃든 땅, 페루의 역사는 솔 속에서 오늘도 계속이다.

포토시의 눈물, 다문화국가를 향하여

남아메리카 대륙의 중심에 자리한 볼리비아. 한때 '알토 페루(높은 페루)'라 불리며 페루 부왕령의 핵심 지역이었던 이곳은 특히 막대한 은을 공급했던 포토시 은광을 품고 있다. 에스파냐 식민지 시대 말기 리오데라플라타 부왕령에 속했던 이 땅은 독립 영웅 시몬 볼리바르의 이름을 따 국가명을 정할 만큼 그의 영향력 아래 있었다. 화폐단위 '볼리비아노'도 마찬가지다. 볼리비아 지폐는 독립 영웅들의 숨결뿐 아니라 잊혔던 원주민 영웅들의 저항과 풍요로운 고대 유산, 그리고 다채로운 자연의 아름다움까지 담아내며 이 땅의 복합적인 이야기를 들려준다.

볼리비아의 역사는 잉카제국보다 훨씬 이전, 티티카카 호수 남동쪽에 자리 잡은 티와나쿠 문명에서

5천 볼리비아노 뒷면(태양의 문), 1945년 발행

깊이를 더한다. 기원전부터 1000년경까지 번성했던 이 고대문명은 정교한 석조건축 기술과 천문학 지식을 자랑했다. 특히 이 티

와나쿠 유적의 상징인 '태양의 문'에 새겨진 신비로운 문양과 거대한 석상들에서 당시 그들의 우주관과 종교관을 엿볼 수 있다. 잉카제국은 티와나쿠 문명의 유산을 흡수하며 지배했으니 그들의 태양신 숭배와 정교한 석조 기술에는 티와나쿠의 그림자가 어른거렸던 셈이다.

10볼리비아노(시몬 볼리바르&포토시), 1928년 발행

16세기, 에스파냐 정복자들의 발길이 안데스 고원 깊숙이 미치면서 볼리비아 땅은 거대한 변화의 소용돌이에 휩싸인다. 특히 포토시에서 발견된 어마어마한 양의 은은 에스파냐제국에는 축복이었지만 원주민들에게는 끝없는 고통의 시작이었다. '세로 리코(부유한 언덕)'라고 불린 포토시 은광은 수 세기 동안 에스파냐 왕실 재정의 주요 수입원이었고, 유럽 경제를 뒤흔들 정도의 은을 쏟아냈다. 그러나 이 은을 채굴하기 위해 수많은 원주민이 '미타'라는 강제노동에 동원되어 가혹한 조건 속에서 죽어갔다. "포토시에서 나온 은으로 에스파냐까지 다리를 놓을 수 있다. 그 다리 아래에는 원주민들의 뼈가 깔려 있다"라는 표현이 나올 정도로 포토시는 식민 착취의 상징적인 장소였다.

그러나 억압이 있는 곳에 저항은 역사에서 필연적인 법이다. 식민 통치의 가혹함 속에서도 원주민들의 저항은 끊이지 않았다. 18

세기 후반, 페루에서 일어난 투팍 아마루 2세의 대규모 봉기는 알토 페루 지역에도 큰 영향을 미쳤다. 이때 아이마라족 지도자였던 훌리안 아파사 니나, 스스로 투팍 카타리(1750~1781)라 칭한 그는 아내이자 동지인 바르톨리나 시사(1753~1782)와 함께 라파스 지역을 중심으로 대규모 원주민 봉기를 이끌었다. "나 하나를 죽이지만, 나는 수백만 명으로 돌아올 것이다!"라는 투팍 카타리의 외침은 봉기가 잔혹하게 진압된 후에도 오랫동안 원주민들의 가슴속에 살아남아 독립을 향한 열망을 키워냈다. 볼리비아노 지폐에 투팍 카타리와 바르톨리나 시사의 초상이 당당하게 등장하는 것은 볼리비아가 이들의 역사적 중요성을 재평가하고 원주민 저항 정신을 기리려는 의지를 보여준다.

19세기 초 남아메리카 대륙을 휩쓴 독립의 열풍은 알토 페루에도 도달했다. 시몬 볼리바르와 그의 충실한 동료이자 부관 안토니오 호세 데 수크레가 이끄는 독립군은 연이은 승리를 거두며 에스파냐 세력을 몰아냈다. 특히 1824년 아야쿠초 전투에서의 결정적

200볼리비아노(투팍 카타리&바르톨리나 시사&시몬 볼리바르), 2018년 발행

인 승리는 남아메리카 독립전쟁의 대미를 장식했다. 1825년 8월 6일, 알토 페루 지역 의회는 완전한 독립을 선언하고, 새로운 공화국의 이름을 해방자 시몬 볼리바르의 업적을 기려 '볼리비아'로 정했다. 수도 '수크레'도 마찬가지로, 수크레 장군의 공적을 기린 것이다. 지폐 볼리비아노에 등장하는 이들은 국가 탄생의 정당성과 독립 영웅들에 대한 볼리비아인의 존경을 표현한다.

독립 이후 볼리비아는 험난한 길을 걸어야 했다. 정치적 불안정, 잦은 쿠데타, 그리고 이웃 국가들과의 국경분쟁은 신생 공화국을 끊임없이 괴롭혔다. 특히 19세기 후반 페루와 군사동맹을 맺고 칠레와 벌인 태평양전쟁의 패배는 볼리비아에 뼈아픈 상실을 안겨주었다. 이후 볼리비아는 태평양 연안의 영토를 모두 잃고 내륙국으로 전락했으며, 오늘날까지도 볼리비아에서 "바다로 돌아가자!"라는 구호로 이어진다.

50페소볼리비아노(안토니오 호세 데 수크레), 1962년 발행

이런 시련 속에서도 볼리비아는 국가적 정체성을 확립하고 발전을 모색하려는 노력을 멈추지 않았다. 지폐에 등장하는 작가이자 외교관이었던 아돌포 코스타 두 렐스(1891~1980), 시인이자 사상가였던 프란츠 타마요(1879~1956) 등은 각기 다른 방식으로 20세기 초 볼리비아의 지성과 문화를 이끌었던 인물들이다. 프란츠 타마요는 특히 원주민 문화의 가치를 옹호하고 볼리비아의 독자

적인 민족정체성 확립을 주장하며 후대에 큰 영향을 미쳤다.

제1차 세계대전 당시 볼리비아는 중립을 지켰으나 세계경제 침체의 영향을 피할 수는 없었다. 1930년대에는 파라과이와 석유자원이 매장된 것으로 추정되던 차코 지역을 둘러싸고 벌인 참혹한 차코전쟁(1932~1935)에서 패배하는 아픔을 겪기도 했다. 냉전 시기 볼리비아는 정치적 불안정과 군부독재가 반복되었고, 미국의 영향력 아래 놓이기도 했다. 이 시기 쿠바혁명의 영웅이자 쿠바인의 친구, 체 게바라가 볼리비아에서 게릴라 활동을 벌이다 체포되어 사살된 사건은 세계적인 이목을 끌기도 했다.

21세기 들어 볼리비아는 새로운 변화의 시대를 맞이하고 있다.

200볼리비아노(프란츠 타마요), 2015년 발행

2006년 최초의 원주민 출신 대통령 에보 모랄레스가 집권하면서 원주민 권익 향상과 자원 국유화, 사회복지 확대 등 급진적인 정책을 추진하며 다민족국가로서 정체성을 강화하려는 노력을 기울였다. '볼리비아 다민족국'으로 국명을 바꾸고, 볼리비아노 지폐 시리즈에 다양한 원주민 영웅과 문화유산, 그리고 풍부한 자연환경이 함께 담기는 것은 이런 변화의 반영일 터다. 지폐 한 장 한 장에 새겨진 이야기들은 역사 속 인물들의 고뇌와 열정, 유적지의 장엄함으로 단순한 그림을 넘어 21세기 볼리비아가 어떤 가치를 추구하며 나아갈지를 보여주는 귀한 나침반이다.

은빛 강물의 자유, 안데스를 넘어

아르헨티나 · 칠레

'아르헨티나와 칠레' 하면 무엇이 먼저 떠오를까? 지도에 드러난 기이할 정도로 긴 국토에 거대한 석상 모아이가 불가사의한 이스터섬? 파타고니아의 빙하가 빚어내는 경이로운 자연? 혹은 끝없이 펼쳐진 팜파스 초원의 용맹한 가우초와 자유로운 영혼? 아니면 부에노스아이레스의 밀롱가에서 흘러나오는 반도네온의 애절한 선율과 탱고의 몸짓? 어쩌면 메시로 대표되는 세계적인 축구 영웅들의 화려한 플레이일 수도 있다. 살펴보면 오늘날 이곳의 문화나 자연적 경관에는 제법 익숙한 편이다. 그에 비해 현재를 만든 그들의 역사적 경험은 어떻게 다가올까?

 리오데라플라타, '은의 강'. 에스파냐 아메리카 식민제국의 마지막 퍼즐 조각이다. 에스파냐가 아메리카에 세운 마지막 부왕령이었다. 수도는 라플라타강 하구 서쪽 연안에 자리한 부에노스아이레스. 한때 에스파냐에 머나먼 변방으로 여겨진 이곳이 점차 남아메리카 남부의 심장부로 떠올랐고, 이곳에서 피어난 독립의 열망은 아르헨티나를 탄생시켰다. 그 영향력은 안데스산맥을 넘어 칠레의 독립에도 미쳤다. 비록 이름처럼 막대한 은이 발견되지는 않았지만, 드넓은 대지와 대서양을 통해 가능성을 품었던 이 땅의 사람들은 유럽 이민자들의 문화와 원주민의 전통, 그리고 아프리카 리듬이 뒤섞여 만든 독특한 삶의 모습으로 현재를 살아간다.

아르헨티나페소와 역사적으로 그와 긴밀히 연결된 칠레의 페소 속 인물과 장소를 살피면 은빛 강물이 흘러들었던 대서양 항구에서부터 광활한 팜파스를 거쳐 안데스산맥의 높은 봉우리까지 남아메리카 남부 역사의 뜨거운 숨결이 발견된다. 에스파냐의 식민 경험이라는 하나의 강줄기에서 시작되었지만, 각자의 바다를 향해 나아가는 그곳에서 독립을 향한 영웅들의 투쟁, 격동의 시대를 살아낸 민중의 열정, 그리고 오늘을 살아가는 이들에게 던지는 깊은 울림의 메시지를 찾아보면 어떨까.

변방에서 심장으로

오늘날의 아르헨티나, 우루과이, 파라과이, 볼리비아를 아우르는 광대한 땅은 16세기 초 에스파냐 탐험가들에 의해 '발견' 되었지만, 오랫동안 페루 부왕령의 변두리로 남아 있었다. 안데스산맥을 넘어 펼쳐진 팜파스 초원과 험준한 차코 지대에는 잉카제국과 같은 거대한 문명이나 포토시의 풍부한 귀금속이 발견되지 않았다. 에스파냐의 관심에서 비교적 벗어나 있던 이유다. 당시 본국의 주된 관심은 페루와 누에바에스파냐의 막대한 은과 금으로, 리오데라플라타 지역은 행정적으로나 경제적으로 소외된 상태였다.

그러나 18세기에 들어 상황이 달라지기 시작했다. 포르투갈령 브라질의 남하정책으로 국경분쟁이 잦아졌고, 영국을 비롯한 다른 유럽 열강의 해상 진출과 밀 무역이 성행하면서 이 지역의 전략적 중요성이 부각된다. 특히 대서양과 연결되는 라플라타강 하구는 경제적·군사적으로 매우 중요한 길목이었다. 에스파냐 카를로스 3세가 1776년 페루 부왕령 남동부 지역을 나누어 리오데라플라타 부왕령을 설치한 것은 이런 배경에서였다.

그러니 리오데라플라타의 설치 목적은 명확했다. 포르투갈의 팽창을 견제하고 광대한 국경 지역의 통제력을 강화하는 것. 페루 부왕령의 행정 부담을 덜어야 했고, 특히 포토시 은광에서 생산되는 은 유출을 막고 본국에 효율적으로 수송하는 것 역시 필요했다. 포토시는 본래 페루 부왕령 소속이었지만, 리오데라플라타가 설립되면서 이곳으로 편입될 터였다. 합법 무역을 활성화해 재정 수입을 늘리고 밀 무역도 근절해야 했다.

부에노스아이레스는 대서양 무역의 새로운 중심지로 빠르게 성장했고, 광활한 내륙 지역에서는 가축, 특히 소 사육과 농업이 발

1천 아르헨티나페소 뒷면(팜파스&아르헨티나 지도), 2017년 발행

달했다. 이곳에서 생산된 가죽, 육류 등은 유럽으로 수출되어 경제가치를 창출했다. 리오데라플라타 부왕령이 다른 곳보다 상대적으로 늦게 설립되었지만, 그 중요성은 결코 작은 것이 아닌 이유다.

한편 리오데라플라타 부왕령 역시 다른 에스파냐 식민지들처럼 내부 모순과 외부 변화라는 물결을 피할 수는 없었다. 크리오요는 경제적으로 성장했지만 정치적으로는 여전히 페닌슐라르에 차별받았다. 불만이 고조된 것은 당연했다. 18세기 말부터 불어닥친 계몽사상과 미국 독립, 프랑스혁명의 영향은 독립 의식 역시 고양했다. 결정적인 계기는 1806년과 1807년, 영국의 부에노스아이레스 침공이었다. 에스파냐 본국의 도움 없이 크리오요 민병대가 중심이 되어 영국군을 격퇴한 사건은 자부심과 독립에 대한 자신감을 심어준다. 나폴레옹의 에스파냐 침공으로 본국이 혼란에 빠지자 1810년 5월 부에노스아이레스에서는 '5월혁명'이 일어나 부왕을 축출했고, 다른 곳과 마찬가지로 훈타가 수립되었다.

이후 리오데라플라타 부왕령은 독립전쟁과 내전이라는 격동의 시기를 거쳤다. 1816년 의회에서 독립이 선언되었지만, 부왕령의 광대한 영토는 단일국가로 통합되지 못했다. 결국 부왕령은 해체되고, 각자 독립과 건국의 길을 걸었다. 안데스산맥 서쪽, 태평양 연안에 자리한 칠레는 지리적으로는 리오데라플라타 부왕령과 직접적인 연관성은 적었으나 산마르틴의 원정 등을 통해 독립을 쟁취하며 이 지역 역시 변혁기에 함께했다.

하얀 아르헨티나, 그 혁명의 노래

 아르헨티나에는 잉카나 마야, 아스테카와 같은 고도로 발달한 중앙집권적 고대문명이 존재하지 않았다. 물론 북서부 산악지대에 소규모 농경 부족들이 있었고, 팜파스와 파타고니아 지역에는 수렵과 채집을 주로 하는 유목민족들이 살고 있었다. 하지만 페루의 마추픽추나 멕시코의 테오티우아칸처럼 거대한 석조 도시를 건설하거나 복잡한 사회시스템을 갖춘 제국은 형성되지 못했다.

 이런 역사적 배경은 에스파냐 식민 통치 이후 아르헨티나의 인구 구성에 큰 영향을 미쳤다. 에스파냐 정복자들은 풍부한 귀금속이나 잘 조직된 원주민 노동력을 발견하지 못했고, 이는 식민 초기 아르헨티나에 대한 관심도를 떨어뜨리는 요인이 되었다. 하지만 19세기 후반 아르헨티나 정부는 광대한 영토를 개발하고 국가를 근대화하기 위해 유럽으로부터 대규모 이민을 적극적으로 장려하기 시작했다.

 이탈리아, 에스파냐, 독일, 프랑스 등지에서 수많은 이민자가 '기회의 땅'을 찾아 아르헨티나로 몰려들었고, 이들은 아르헨티나 사회의 주류를 형성한다. 아르헨티나가 다른 라틴아메리카 국가들과 달리 백인 인구 비율이 매우 높은, 이른바 '하얀 아르헨티나'라는 독특한 인종적 특징을 지닌 이유다. 페루나 볼리비아처럼 원주민 문화의 영향이 강하게 남아 있는 국가들과 뚜렷한 대조를 이룬다. 아르헨티나페소 지폐는 이런 역사의 흐름 속에서 탄생한 영웅들의 이야기와 이민자들이 만들어낸 새로운 문화의 향기를 고스란히 담고 있다.

아르헨티나 독립의 가장 빛나는 인물은 단연 호세 데 산마르틴. 그는 아르헨티나뿐 아니라 칠레, 페루의 독립까지 이끈, 남아메리카 해방의 최고 영웅이다.

1778년, 산마르틴은 현재 아르헨티나와 브라질 접경 지역인 야페유에서 태어났다. 에스파냐의 군인이자 관리였던 아버지를 따라 어린 시절 에스파냐로 건너간다. 그의 삶은 일찍부터 군인의 길로 정해진 듯했다. 친구들과 전쟁놀이에 한창일 나이인 11살에 산마르틴은 에스파냐 군복을 입었다. 1789년이었다. 소년 산마르틴은 북아프리카와 피레네산맥, 지중해를 넘나드는 실제 전장에서 포연을 마시며 성장했다. 20년 넘는 세월 에스파냐군에 몸담은 그에게 남아메리카 소식은 심상치 않게 다가왔다. 1810년 부에노스아이레스에서 5월혁명이 일어난 것이다. 1811년, 그는 익숙했던 에스파냐군을 떠나 런던으로 향했다. 그곳에서 산마르틴은 프란시스코 데 미란다와 교류하며 조국 해방의 꿈을 구체화했다.

5아르헨티나페소(호세 데 산마르틴), 2015년 발행

이듬해, 산마르틴은 마침내 부에노스아이레스 땅을 밟았다. 노련한 군사전략가였던 그는 곧 독립운동 핵심인물로 떠올랐다. 그의 가장 빛나는 업적으로 꼽히는 안데스 원정은 1817년에 시작되었다. 5천여 병력을 이끌고 험준하기 짝이 없는 안데스산맥을 넘는다는 계획은 무모해 보였다. 한니발이나 나폴레옹이 알프스를 넘었던 사건에 비견될 대담한 시도였다. 고산병과 싸우며 산맥을 넘은 군대는 기적처럼 칠레 땅에 나타났고, 차카부코 전투와 마이푸 전투의 승리로 칠레는 마침내 해방을 맞이했다.

칠레 사람들은 산마르틴을 최고통치자로 추대하려 했다. 그러나 그는 칠레의 독립을 위해 헌신한 또 다른 영웅 베르나르도 오이긴스(1778~1842)에게 양보했다. 칠레 정부가 해방의 대가로 제시한 막대한 금은보화와 현금도 사양했다. 그에게는 개인적인 영광이나 부귀영화보다 더 큰 목표가 있었다. 바로 식민 통치 본거지였던 페루의 해방이었다. 페루로 향한 산마르틴 군대는 현지 독립 세력과 힘을 합쳐 1821년 7월, 마침내 리마를 점령한다. 같은 달 28일, 그는 리마 시민들 앞에서 페루의 독립을 선언했고, 페루의 '수호자'로 추대되었다. 페루 제

1천 아르헨티나페소 뒷면(안데스를 넘는 산마르틴), 2023년 발행

헌의회 역시 그에게 국가 운영 전권을 맡기려 했지만, 산마르틴은 칠레에서와 마찬가지로 이를 정중히 거절했다. 권력욕으로 얼룩진 여타 남아메리카 지도자들과는 확연히 다른 모습이었다.

남아메리카 북부에서는 시몬 볼리바르가 독립전쟁을 이끌고 있었다. 1822년 7월 26일, 태평양 항구도시 과야킬에서 둘은 역사

적인 회동을 했다. 배석자나 증인이 없어 회담 내용은 오늘날까지도 베일에 싸여 있다. 다만 알려진 바로는 산마르틴이 볼리바르 휘하에서 남아메리카 전체 독립을 위해 함께 싸우겠다는 뜻을 전했으나 볼리바르는 받아들이지 않았다고 한다. 해방의 영예를 온전히 자신의 것으로 만들고 싶었던 볼리바르의 야심 때문이었을까, 아니면 두 사람의 전략적 견해 차이가 너무 컸던 탓일까? 진실은 알 수 없다.

회담은 사실상 결렬되었다. 그날 밤, 볼리바르가 베푼 연회 도중 산마르틴은 조용히 자리를 빠져나와 페루로 돌아갔다. 얼마 후 그는 독립전쟁 무대에서 은퇴를 선언한다. 남아메리카 해방이라는 대업이 아직 완성되지 않은 시점에 어쩌면 산마르틴은 이미 자신의 역할을 다했다고 생각했는지도 모른다. 새로운 국가 건설 과정에서 불필요한 갈등이나 분열을 원하지 않았을 수도 있다. 모든 영광을 뒤로한 채 그는 유럽으로 건너가 조용히 여생을 보냈다. 확실한 것은 그가 정치적 야심이나 개인적인 탐욕과는 거리가 멀었다는 점이다. 아르헨티나페소에 새겨진 그의 초상은 단순한 기념을 넘어 그가 추구했던 가치와 정신을 상징한다.

산마르틴과 함께 아르헨티나 독립운동의 중요한 축을 담당했던 인물은 마누엘 벨그라노(1770~1820)다. 변호사이자 경제학자, 군인이었던 그는 아르헨티나 국기의 창시자로 널리 알려져 있다. 1812년, 그는 로사리오 강둑에서 에스파냐군과 전투를 벌이던 중 병사들의 사기를 높이기 위해 하늘색과 흰색으로 이루어진 깃발을 처음으로 사용했는데, 이것이 오늘날 아르헨티나 국기의 기원이 되었다. 벨그라노는 군사적 업적뿐 아니라 교육과 경제발전에도 깊은

100아르헨티나페소 뒷면(마누엘 벨그라노&국기 게양), 2016년 발행

관심을 가졌으며, 신생 독립국의 기틀을 다지는 데 헌신했다. 국기제정일이 '벨그라노의 날'로 기념될 만큼 중요한 인물이다.

독립 이후 아르헨티나는 중앙집권파와 연방파 간의 극심한 대립과 혼란을 겪었다. 19세기 중반, 부에노스아이레스 주지사였던 후안 마누엘 데 로사스(1793~1877)는 강력한 카리스마와 철권통치로 사실상 국가 전체를 지배했던 카우디요였다. 연방주의를 표방했지만 실질적으로는 중앙집권적인 독재를 펼친 그의 통치는 국가 통합에 기여했다는 평가와 함께 극심한 탄압과 인권유린을 자행했다는 비판이 공존한다. 지폐에 모습이 등장했다가 사라진 것은 그의 논쟁적인 위치를 반영하는 듯하다.

로사스 독재 종식 이후 아르헨티나는 통일국가 수립과 근대화를 향한 본격적인 걸음을 딛는다. 군인이자 정치가, 역사가, 언론인이었던 바르톨로메 미트레(1821~1906)는 대통령을 역임하며 국가 통합과 제도 정비에 힘썼고, 유력 일간지《라 나시온》을 창간하기

20아르헨티나페소(후안 마누엘 데 로사스), 2003년 발행

50아르헨티나페소(도밍고 파우스티노 사르미엔토), 2003년 발행

도 했다. 《문명과 야만》이라는 저서로 유명한 작가이자 교육가, 정치가였던 도밍고 파우스티노 사르미엔토(1811~1888) 역시 대통령으로서 교육 개혁과 국가 근대화에 헌신했다. 그의 교육에 대한 열정은 높이 평가받아 여러 차례 지폐 도안 인물로 선정되었다.

두 차례 대통령을 역임한 군인 출신 정치가 훌리오 아르헨티노 로카(1843~1914)는 '사막 정복'이라 불리는 파타고니아 지역 원주민 정벌 작전을 주도했다. 이는 아르헨티나 영토를 크게 확장했지만, 원주민에 대한 무자비한 탄압과 학살이라는 어두운 역사를 남겨 오늘날까지도 논란의 대상이 되고 있다. 그럼에도 과거 지폐에 오래 등장했던 인물이다.

이처럼 19세기 아르헨티나는 강력한 지도자들의 등장과 함께 영토 확장, 제도 정비, 그리고 유럽 이민 유입을 통해 근대국가의 면모를 갖추어 나갔지만, 그 과정에서 내부적인 갈등과 사회적 모순 또한 깊어지고 있었다.

20세기 아르헨티나 현대사에서 가장 강렬한 인상을 남긴 인물은 단연 에바 페론(1919~1952)이다. '에비타'라는 애칭으로 더 유명한, 후안 페론 대통령의 부인이었다. 그녀는 퍼스트레이디를 넘어 노동자와 빈민층을 위한 정책을 적극적으로 추진하며 폭넓은 대중적 지지를 받았다. 여성참정권 획득에 앞장섰고, 사회복지 재단을 설립해 병원과 학교를 짓는 등 민중의 성녀로서 이미지를 구축했다. 비록 젊은 나이에 암으로 세상을 떠났지만, 강렬했던 삶은 아르헨티나 사회에 깊은 영향을 미쳤으며, '페론주의'라는 정치 이념은 오늘날까지도 아르헨티나 정치 지형에 강력한 영향력을 행사하고 있다. 그녀가 훌리오 아르헨티노 로카 도안의 자리를 대신한 것은 아르헨티나 역사 발전의 한 증거일 것이다.

아르헨티나는 한때 유럽의 부국들과 어깨를 나란히 할 정도로 번영했지만, 20세기 중후반부터 포퓰리즘 정책과 군부독재, 경

1000아르헨티나페소(훌리오 아르헨티노 로카), 2003년 발행

제위기가 반복되면서 어려움을 겪었다. 특히 1976년부터 1983년까지 이어진 군부독재 시절에는 반체제 인사 수만 명이 납치, 고문, 살해당하는 '더러운 전쟁'이라는 끔찍한 인권유린이 자행되기도 했다. 오늘날 민주주의 체제는 회복했지만 여전히 높은 인플레이션과 외채 문제, 그리고 정치적 양극화라는 과제를 안고 있다.

아르헨티나페소 지폐에 등장하는 영웅들의 모습은

1000아르헨티나페소(에바 페론), 2012년 발행

때로는 자랑스러운 승리의 기억을, 때로는 고통스러운 반성의 순간을 상기시킨다. 영웅들의 초상 대신 아르헨티나를 대표하는 동

식물을 도안으로 사용한 시리즈가 발행되기도 했는데, 이는 지폐가 단순한 화폐 기능을 넘어 국가의 정체성을 반영하고 때로는 시대적 메시지를 담는 매체임을 보여준다. 인물 도안으로 다시 바뀐 뒤 2022 월드컵에서 우승한 리오넬 메시를 기념하는 지폐 발행을 고려하고 있다는 소식도 그런 의미일 것이다.

길고 좁은 땅에 새겨진 역사

남아메리카 대륙 서쪽 끝, 안데스산맥과 태평양 사이 길고 좁게 뻗어 있는 나라, 칠레. 대륙의 척추와 혈맥처럼 자리한 이 독특한 지형은 칠레의 역사와 문화, 그리고 국민성에 깊은 영향을 미쳤다. '세상의 끝' 또는 '눈이 있는 곳'이라는 원주민 언어에서 유래했다는 설이 있는 국명 칠레는 그 지리적 고립과 험준함을 동시에 암시하는 듯하다. 칠레페소 지폐는 이런 지리적 특성과 그 안에서 펼쳐진 강인한 역사의 순간들을 담아내, 험준한 자연에 맞서 싸우고 독립을 쟁취하며 독자적인 문화를 꽃피운 칠레인들의 자부심을 보여준다.

아르헨티나와 마찬가지로 칠레 역시 잉카나 아스테카와 같은 거대한 중앙집권적 고대문명이 꽃피웠던 곳은 아니다. 칠레 북부 사막지대에는 소규모 어로 및 농경 부족들이 존재했고, 중부 지역에는 마푸체족과 같은 강력한 원주민 집단이 에스파냐 정복 이전부터 독자적인 문화를 유지하며 살고 있었다. 특히 마푸체족은 잉카 제국의 팽창에도 굴하지 않고 끈질기게 저항했다. 이후 에스파냐 식민 세력에 맞서 수백 년간 투쟁을 이어간 것으로도 유명하다. 하지만 페루의 마추픽추나 멕시코의 치첸이트사처럼 거대한 석조 도시나 복잡한 문자 체계를 남긴 문명은 발견되지 않았다.

칠레가 남북으로 길고 동서로 좁은 독특한 형태를 형성한 것은 여러 요인이 복합적으로 작용한 결과다. 지리적으로 보면 동쪽으로는 넘기 힘든 안데스산맥이, 서쪽으로는 광활한 태평양이라는 자연적인 장벽이 존재했다. 북쪽으로는 아타카마사막이라는 건조한 장벽이, 남쪽으로는 험준한 피오르 해안과 남극의 찬 기운이 확장을 어렵게 만들었다. 지리적 고립은 칠레가 독자적인 역사와 문화를 발전시키는 배경이 되었다.

에스파냐 식민 통치 시기 행정구역의 설정도 중요 요인이다. 에스파냐는 주로 광물자원이 풍부하거나 원주민 노동력 활용이 쉬운 지역에 관심을 집중했고, 칠레는 상대적으로 소외된 변방으로 여겨졌다. 페루 부왕령의 일부로 편입되었지만, 그 통치력은 해안을 따라 제한적으로 미쳤다.

1만 칠레페소 뒷면(티에라 델 푸에고), 2011년 발행

독립 이후 칠레가 남북으로 길게 뻗은 해안선을 따라 영토를 확보하고 자원을 개발하려는 노력을 기울인 것 역시 영토 형성에 중요한 배경이다. 특히 1879년부터 약 4년에 걸쳐 벌어진 태평양전쟁의

승리는 칠레가 영토를 크게 확장하는 결정적인 계기가 되었다. 페루, 볼리비아와 아타카마사막의 자원을 둘러싸고 벌인 태평양전쟁. 19세기 후반 칠레 역사에서 가장 중요한 사건 중 하나이다. 이 전쟁에 승리한 결과, 칠레는 북쪽으로 영토를 크게 확장하고 막대한 경제적 이익을 얻었다.

이 전쟁에서 칠레 국민에게 깊은 감동을 안겨준 두 명의 영웅이 지폐에 등장한다. 해군 제독 아르투로 프라트(1848~1879)는 이키케해전에서 자신의 함선이 침몰하는 위기 속에서도 적함에 뛰어올라 용감하게 싸우다가 전사했다. '이키케의 영웅'으로 불리며 1만 페소 지폐에 그 모습이 담겨 칠레 해군의 자부심을 상징한다. 육군 대위 이그나시오 카레라 핀토(1848~1882)는 라 콘셉시온 전투에서 소수의 병력으로 페루군에 맞서 용감하게 싸우다 장렬히 전사했다. 그의 희생은 칠레 군인 정신의 귀감으로 여겨져, 1천 페소 지폐에서 조국을 위한 헌신으로 기억되고 있다. 태평양전쟁의 승리는 칠레를 남아메리카의 강국으로 부상시키는 중요한 계기가 되었지만 동시에 이웃 국가들과의 관계에 깊은 상처를 남기기도 했다.

1만 칠레페소(아르투로 프라트), 2013년 발행

19세기 초, 라틴아메리카를 휩쓴 독립의 열기는 칠레에도 예외 없이 도달했다. 이 격동의 시기, 칠레 독립운동의 중심에는 3명의 중요한 인물이 있었다. 독립운동 초기의 중요한 지도자 중 한 명이 호세 미겔 카레라(1785~1821)다. 그는 칠레 최초의 국기, 국가 문장, 헌법 등을 제정하며 독립국가의 기틀을 마련하고자 한 야심 찬 인물이었다. 1807년 에스파냐로 건너가 프랑스의 침공에 맞서 풍부한 전투 경험을 쌓은 후 1811년 7월에 귀국했는데, 독립운동에 뛰어든 애국적인 모티브는 지니고 있었으나 다혈질에 충동적이었다.

1천 칠레페소(이그나시오 카레라 핀토), 2016년 발행

민주적인 절차를 중시하지 않는 전형적인 카우디요형 인물이었던 그는 1811년 7월 4일 칠레 의회가 개원하자마자 의석수 배분을 둘러싸고 다툼이 벌어졌던 와중에 산티아고에서 군 지휘관으로 있던 두 형제의 도움을 얻어 쿠데타에 성공했다. 세 차례 쿠데타로 훈타를 재구성하고 의회를 해산하는 등 권력을 장악해나갔다. 그러나 결국 오이긴스에게 주도권을 빼앗겨 앙심을 품는다. 급진적인 개혁을 추진했지만 다른 독립 지도자들과의 갈등과 정치적 미숙함으로 인해 결국 망명생활 끝에 비극적인 최후를 맞이했다.

칠레의 진정한 독립 영웅 베르나르도 오이긴스, 그의 시작은 그림자 속에 있었다. 1778년 칠레 치안에서 태어났지만, 아버지는 아일랜드 출신 에스파냐 총독 암브로시오 오이긴스였고 어머니는 그보다 훨씬 어린 이사벨 리켈메였다. 아버지는 식민지 고위 관리로서 자신의 지위와 어린 크리오요 여성과의 비정상적인 나이 차이, 그리고 정식 혼인에 필요한 왕실 승인이라는 부담 앞에 결국 결혼을 선택하지 못했다. 암브로시오는 페루 부왕 자리까지 올랐지만, 베르나르도는 사생아라는 꼬리표를 단 채 세상에 나왔다. 어머니 이사벨은 아들을 낳은 후 아무 일 없었다는 듯 다른 남자와 성대한 혼례를 올렸다. 출생 기록조차 한동안 불분명했으니 그의 유년기는 아버지의 부재와 여러 양육자의 손을 거치는 불안정한 시간이었을 것이다.

5칠레페소(호세 미겔 카레라), 1976년 발행

부표처럼 떠돌던 소년은 영국 런던 가톨릭학교로 보내졌다. 그 낯선 도시에서 20살의 외로운 청년 오이긴스는 운명처럼 프란시스코 데 미란다를 만난다. 오이긴스는 낮에는 런던 거리를 배회하다 해가 지면 미란다를 찾아가 독립사상을 거의 개인교습처럼 배웠다.

오이긴스의 오랜 방황을 끝낸 것은 1801년 아버지 암브로시오의 죽음이었다. 아버지의 막대한 장원을 상속받으며 24살 청년은 비로소 고국 칠레 땅을 밟았다. 처음으로 안정된 생활을 찾고 '오이긴스'라는 성도 당당히 사용하게 되었다. 솔직하고 소탈한 성품, 넉넉한 인심에 부왕 아들이라는 후광까지 더해져 그는 빠르게 명망을 얻었다.

1810년, 칠레에도 독립의 불씨가 당겨졌다. 대지주가 된 오이긴스는 주저 없이 독립운동에 뛰어들었다. 이때 안데스산맥 건너편에서 칠레의 해방을 준비하던 산마르틴이 그를 주목했다. 산마르틴은 동료들에게 깊은 신망을 얻고 있던 오이긴스를 가장 중요한 협력자로 선택했다. 두 사람의 깊은 신뢰는 평생 이어질 우정의 시작이었다. 오이긴스는 산마르틴과 함께 차카부코 전투와 마이푸 전투에서 에스파냐 군대를 격파하며 칠레 독립에 결정적인 역할을 했다.

독립 칠레의 첫 번째 국가 원수는 당연히 오이긴스 몫이었다. 국가의 기틀을 다지기 위해 애썼지만, 그의 개혁 정책은 보수적인 기득권층 귀족들의 거센 반발에 부딪혔다. 결국 정치적인 압력에 밀린 그는 1823년 스스로 권좌에서 내려와 페루로 망명길에 오른다. 자신이 칠레에 남아 있는 한 정치적 분열이 쉽게 극복되지 않으리라 판단했을까? 망명지 페루에서도 그의 조국 사랑은 식지 않았다. 칠레 해군 창설을 위해 사재를 털어 지원했다는 일화는 그의 변함없는 마음을 보여준다. 1842년 리마에서 눈을 감을 때까지 오이긴스는 다시는 칠레 땅을 밟지 못했지만, 칠레페소에 새겨져 고뇌와 희생을 기억하게 한다.

10칠레페소(베르나르도 오이긴스), 1975년 발행

칠레 독립운동에서 또 다른 중요한 인물은 민중적인 영웅으로 불리는 마누엘 로드리게스 에르도이사(1785~1818)다. 그는 정규군보다는 게릴라 활동을 통해 에스파냐군을 교란하며 독립운동에 이바지했다. 그의 대담하고 신출귀몰한 활약은 많은 일화와 전설을 낳으며, 민중들에게 큰 인기를 얻었다. 하지만 급진적인 성향과 민중적 인기는 기존 권력층에 위협으로 여겨져 결국 암살당하는 비운을 맞았다. 2천 페소 지폐에 그의 모습이 담겼던 것은 민중의 저항 정신과 독립을 향한 열망을 기리는 의미였다.

이처럼 칠레 독립운동은 여러 영웅의 헌신과 희생, 때로는 그들 사이의 갈등과 엇갈린 운명 속에서 이룩되었다.

독립 이후 칠레는 다른 라틴아메리카 국가보다 비교적 안정적인 정치체제를 구축하고 경제 발전을 이루어나갔다. 베네수엘라 출신의 위대한 인문학자 안드레스 베요(1781~1865)는 이 과정에 지대한 공헌을 한 인물이다. 칠레로 건너와 칠레

2천 칠레페소(마누엘 로드리게스 에르도이사), 2013년 발행

대학교 초대 총장을 역임하며 학문 발전에 크게 이바지했고, 칠레 민법전 편찬을 주도해서 국가 법률 체계의 기틀을 마련했다. 국경을 넘어선 지혜의 힘과 학문적 성과로 그의 모습은 2만 페소 지폐에 담겨 존경을 받고 있다.

20세기 칠레의 문화적 자긍심을 널리 드높인 인물은 1945년 라틴아메리카 작가 최초로 노벨문학상을 수상한 가브리엘라 미스트랄(1889~1957)이다. 그녀는 시인이자 교육가, 외교관으로 활동하며 인간의 사랑, 고통, 자연 등을 섬세하고 깊이 있는 시어로 노

래했다. 평생 독신으로 살며 조카를 친자식처럼 아끼며 길렀다. 그러나 조카의 갑작스러운 죽음은 그녀에게 큰 슬픔을 안겨주었고, 이후 그녀의 시 세계에 깊은 영향을 미쳤다고 한다. 전 세계적으로 인정받은 그녀의 문학적 성취는 5천 페소 지폐에 그녀의 모습으로 담겨 칠레의 빛나는 문화유산을 상징하고 있다.

2만 칠레페소(안드레스 베요), 2012년 발행

그러나 20세기 칠레의 현대사는 순탄하지만은 않았다. 1970년대 살바도르 아옌데의 사회주의 정권 수립과 아우구스토 피노체트의 군부 쿠데타는 칠레 사회에 극심한 이념 갈등과 인권탄압이라는 깊은 상처를 남겼다. 이후 칠레는 민주주의를 회복하고 경제성장을 이루었지만 사회적 불평등과 과거사 청산이라는 과제는 여전하다. 칠레페소에 새겨진 인물들과 풍경은 길고 좁은 땅

5천 칠레페소(가브리엘라 미스트랄), 2012년 발행

위에서 펼쳐졌던 독립을 향한 열정과 국가 발전을 위한 헌신, 그리고 문화적 성취를 보인다. 칠레가 당면한 과제들을 해결하는 데 적어도 바라보는 방향은 같다는 점을 보여주는 긍정의 신호일 것이다.

2

태초의 땅, 역사가 선택한 화폐

유럽은 잘 짜인 모자이크 같다. 알프스를 넘고 라인강을 건너도 사람들은 비슷한 신을 믿고 닮은 역사를 공유한다. 오랜 세월 다투었지만 결국 형제인 듯 그들의 서사는 기독교라는 하나의 뿌리에서 뻗은 가지들이다. 아메리카나 오세아니아 대륙은 거대한 여백으로 시작했다. 태평양과 대서양이라는 망망대해가 울타리가 되어주었고, 그 안에서 자연과 사람이 독창적인 무늬를 냈다. 그들의 역사는 광활한 대지 위로 거침없이 뻗어 나가는 활주로 같다.

아시아는 다르다. 다른 대륙을 한두 단어로 요약할 수 있다면, 아시아 앞에서는 침묵해야 한다. 시작부터 하나의 세계가 아니었다. 아시아는 정의할 수 있는 대상이라기보다 모든 것의 기원, 태초의 땅 자체에 가깝다고나 할까.

이 땅은 너무나 거대하다. 하늘의 척추 히말라야가 대륙을 남과 북으로 갈라, 바람의 길과 물의 흐름을 정했다. 한쪽에서는 몬순의 비가 생명을 키우고, 그 반대편에서는 혹독한 바람이 모든 것을 얼린다. 신도 침묵하는 고비사막이 있는가 하면, 수천 개 섬이 흩뿌려진 인도네시아 바다가 있다. 황허와 인더스, 티그리스 유프라테스강은 문명의 새벽을 열었고, 시베리아의 동토는 시간마저 얼려버렸다.

역사의 깊이 또한 다르다. 이곳에서는 땅을 파면 역사가 나오고, 그 아래에 또 다른 시대가 잠들어 있다. 인류 최초의 법전이, 최초의 문자가, 최초의 철학이 모두 이 땅에서 태어났다. 로마가 공화정을 논하기 전부터 페르시아는 제국을 경영했고, 유럽이 신을 찾아 헤맬 때 인도의 현자들은 인간 내면의 우주를 탐구했다. 칭기즈칸의 말발굽은 세계 지도를 다시 그렸고, 실크로드를 오가던 대상들은 비단만이 아니라 동과 서의 정신을 교환했다. 아시아 역사는 층층이 쌓인 지층과 같다. 함부로 파헤칠 수도, 전부 이해할 수도 없는 무게를 지녔다.

그 땅과 역사는 결국 그곳에 사는 사람들을 빚어냈다. 사상과 종교, 예술을 낳고 길러냈다. 그리고 그 사이로 쌓인 역사는 저마다의 화폐를 선택했다. 압도적인 자연 앞에서, 수천 년 이어진 역사의 무게 앞에서 아시아 각 지역의 사람들은 자긍심과 시대정신과 긍지와 혹은 아픔까지 지폐 도안에 담아냈다. 어느 대륙보다 다양한, 그러면서도 아픈 이야기가 아시아 화폐에 남은 이유이자 함께 톺아보려는 까닭이다.

둥근 동전에 담긴 세 운명
원

한국인은 원(Won)으로, 일본인은 엔(Yen)으로, 중국인은 위안

(Yuan)으로 밥을 먹고 생활한다. 발음은 다르지만 세 이름 모두 하나의 한자, '둥글 원(圓)'에서 왔다. 가깝고도 치열하게 부딪쳐 온 세 나라는 어쩌다 같은 이름의 돈을 쓰게 되었을까? 우연이라 하기에는 너무나 공교롭고, 약속이라 하기에는 그들의 역사는 너무 어긋나 있다. 그 비밀은 19세기, 낯선 이방인의 동전부터 봐야 풀린다.

19세기 동아시아 무역망을 지배한 것은 청나라의 비단도, 일본의 은도 아니었다. 신항로 개척 시기 에스파냐가 신대륙의 막대한 은으로 주조한 '스페인달러'였다. 맞다. 아메리카 화폐에서 계속 들어왔던 이름! 멕시코에서 만들어져 필리핀을 거쳐 아시아로 흘러들어 온 이 은화는 믿음의 상징이었다. 어떤 왕조의 흥망성쇠에도 변하지 않는 은의 함량과 무게. 동아시아 사람들은 이 낯선 은화를 '양은(서양의 은)' 혹은 그 둥근 모양 때문에 '은원(둥근 은)'이라 불렀다. 바다는 욕망과 폭력이 오가는 길이었다. 은원은 그 길 위에서 통용되는 유일한 언어였다.

곧 거대한 파도가 낡은 제국의 문을 부수기 시작했다. 아편 연기가 광저우 거리를 뒤덮고, 도쿄만에는 검은 증기선이 나타났다. 살아남기 위한 근대화의 길목에서 그들은 모두 같은 문제와 마주쳤다. 돈이었다. 무게로 재고 순도를 따지던 복잡한 옛 화폐단위, '냥'이나 '관'으로는 서양식 금융자본주의를 감당할 수 없었다. 새 시대에는 새 돈이 필요했다. 명확하고, 합리적이며, 세계와 통하는 그런 돈이.

가장 먼저 칼을 뽑아 든 것은 일본이었다. 1871년, 메이지유신 정부는 화폐개혁을 단행하며 새로운 단위 '엔'을 선포했다. 모델은 명확했다. 세계를 지배하던 둥근 은화, 바로 은원이었다. '엔'은 둥글 원의 일본식 발음이다. 그것은 과거와의 단절 선언이자 서양을 따라잡겠다는 강력한 의지의 표명이었다. 거대한 몸집 때문에 뒤늦게 깨어난 중국 역시 뒤를 따랐다. 아편전쟁의 상처 속에서 청나라는 1889년 근대식 은화, '위안'을 만들기 시작했다. 세계 표준이었던 둥근 은화를 모방한 필사적인 자구책이었다. 간략한 글자 '元'을 섞었지만, 뿌리는 원이었다.

운명은 조선에 가장 가혹했다. 일본과 청, 러시아의 각축장이 된 한반도 위에서 조선은 제 목소리를 내지 못했다. 결국 1894년 갑오개혁의 소용돌이 속에서 일본의 영향 아래 화폐제도를 바꾸기 시작했다. 그렇게 탄생한 새 단위가 바로 '원'이다. 일본이 만든 길을, 중국이 뒤따르고, 그 끝에서 조선이 떠밀리듯 걸어 들어온 형국이었다. '원'이라는 이름은 동아시아 3국이 함께 근대로 들어서는 문이었지만, 그 문을 여는 방식과 서 있는 자리는 모두 다른 셈이었다. 물론 한국은 광복 후에도 원을 계속 사용하다가 1950년대 '환'으로 바꾸었다. 오늘날 사용하는 '원'은 1962년에 채택된 이래 한국 화폐의 기본단위가 되었고, 순수 한글 명칭이다.

그렇다면 이 둥근 모양은 서양 동전의 모방일 뿐일까? 조선의 동전, 상평통보를 떠올려보자. 둥근 모양에 네모난 구멍이 뚫려 있다. 하늘은 둥글고 땅은 네모나다는 '천원지방' 사상을 담은, 우주의 축소판이었다. 그러나 19세기 새 동전 원에는 네모난 구멍이 없다. 우주와 철학이 들어설 자리가 없었다. 오직 효율과 표준, 세계라는 거대한 힘만이 존재할 뿐이었다.

'원'이라는 이름은 하나의 역설이다. 근대를 향한 열망이자 스스로 길을 찾지 못하고 외부의 표준을 받아들여야 했던 시대의 아픈 흔적이다. 오늘날 원을 사용하는 우리는 그 둥근 이름에 담긴 역사의 무게를 얼마나 알고 있을까?

은의 길에 남은 제국의 유산
루피와 루피아

히말라야 설산 기슭의 사원에서 종소리가 울린다. 인도양 바다 위에서는 쿠란 구절이 바람을 타고 퍼져나간다. 전혀 다른 신을 섬기고, 서로 다른 언어를 쓰는 땅. 네팔, 인도, 파키스탄, 인도네시아. 그러나 그들이 물건값을 치를 때 부르는 이름은 놀랍도록 닮았다. 루피(Rupee), 그리고 루피아(Rupiah). 어떻게 이토록 다른 사람들이 같은 돈의 기억을 공유하게 되었을까?

답을 찾으려면 시간을 거슬러 고대 인도 언어인 산스크리트어를 만나야 한다. 그 안에 '만들어진 은' 또는 '모양이 있는 은 조각'을 뜻하는 단어 '루피아(rupya)'가 잠들어 있다. 이름의 시작은 종교나 철학이 아니었다. 지극히 물질적이고 실용적인, 바로 '은(銀)' 그 자체였다.

이 변함없는 은에 대한 믿음을 화폐라는 제도로 굳힌 것은 16세기,

아프가니스탄 출신 군주 셰르 샤 수리였다. 무굴제국 통치를 잠시 중단시킨 수르제국의 뛰어난 통치자인 그는 북인도 전역에 흩어져 있던 복잡한 화폐를 정리하고, 표준 은화 '루피야(Rupiya)'를 주조했다. 정확한 무게와 순도는 곧 신뢰가 되었다. 백성은 혼란스러운 화폐 대신 명확한 가치를 지닌 루피야를 사용했다. 제국의 피가 돌기 시작했다.

그 뒤를 이은 무굴제국은 이 제도를 더욱 확장하고 공고히 했다. 돈의 언어는 종교가 아니라 경제였다. 효율적인 통치를 위해, 광대한 제국을 하나의 시장으로 묶기 위해 루피야보다 더 좋은 수단은 없었다. 황제의 권위가 찍힌 둥근 은화는 힌두교도와 무슬림, 시크교도를 가리지 않고 모두의 주머니 속으로 흘러 들어갔다.

바다는 또 다른 길이었다. 인도 상인들은 이미 오래전부터 계절풍을 타고 아라비아해와 벵골만, 말루쿠 해협을 누볐다. 그들의 배에는 향신료와 직물, 그리고 인도의 믿음직한 은화 루피야가 실려 있었다. 인도네시아 군도의 상인들에게 이 이름은 낯설지 않았다. 그것은 먼 곳에서 온 가치의 이름, 교역의 약속이었다.

진정한 확산은 또 다른 제국, 바다의 제국이 도래하면서 완성되었다. 영국은 인도를 점령한 뒤, 이미 깊게 뿌리내린 루피를 자신들 식민 제국의 공식 화폐로 삼았다. 인도에서 네팔, 파키스탄, 스리랑카에 이르기까지 대영제국의 깃발이 꽂히는 곳마다 루피의 이름이 따라갔다. 인도네시아를 지배한 네덜란드도 마찬가지였다. 그들은 '네덜란드령 동인도 굴덴(휠던)'이라는 자신의 화폐를 통용시키려 했지만, 사람들은 이미 입에 익은 루피아를 버리지 않았다. 독립 후 인도네시아는 네덜란드의 흔적 대신 민중이 부르던 그 이름을 자랑스럽게 선택했다.

결국 루피와 루피아라는 이름은 두 개의 거대한 축을 따라 퍼져나갔다. 하나는 무굴제국이라는 강력한 내륙 제국의 행정력, 다른 하나는 인도양의 교역망과 그것을 집어삼킨 유럽 식민 제국의 지배력이었다.

초원의 후예, 스스로 이름을 찾다
솜과 텡게, 마나트

1991년 12월 26일 소련이 무너졌다. 하루아침에 벌어진 일이었다. 중앙아시아의 다섯 공화국은 망망대해에 홀로 남겨졌다. 수십 년간 당연하게 여겼던 삶의 방식, 언어, 무엇보다 돈이 갑자기 길을 잃었다. 어제까지 주머니 속에 있던 소련 루블은 이제 거대한 이웃 나라의 화폐일 뿐이었다.

시장은 혼돈에 빠졌다. 가치는 폭락했고, 사람들은 내일을 기약할 수 없었다. 독립이라는 감격은 생존의 절박함 앞에 힘을 잃었다. 새로운 국가를 세우려면 새로운 피가 돌아야 했다. 그들에게는 자신만의 돈이, 자신만의 이름이 절실히 필요했다. 중앙아시아 화폐 탄생의 서사는 그렇게 갑작스러운 자유와 혹독한 현실 사이에서 시작된다.

가장 먼저 깃발을 든 것은 키르기스스탄이었다. 1993년, 그들은 루블을 버리고 '솜(Som)'을 도입했다. '솜'은 튀르크어로 '순수한'을 뜻한다. 금처럼 순수한, 불순물이 섞이지 않은 본질. 그것은 단순히 새 화폐의 이름이 아니었다. 러시아의 그림자를 지우고, 자신들만의 순수한 정체성을 되찾겠다는 선언이었다. 우즈베키스탄 역시 같은 길을 걸어 '숨(So'm)'을 선택했다. 두 나라는 국경을 맞대고, 같은 튀르크 언어 뿌리를 나누며 '순수함'이라는 가치를 공유한 것이다.

카자흐스탄의 선택은 '텡게(Tenge)'였다. 텡게 역시 '저울, 균형'을 뜻하는 고대 튀르크어에서 왔다. 실크로드 대상들이 물건값을 치를 때 쓰던 작은 은화, 그 이름에서 역사를 길어 올렸다. 저울은 공정과 상업, 그리고 동과 서를 잇는 지정학적 운명의 상징이다. 흥미롭게도 이 '텡게'는 러시아어 '뎅기(돈)'의 어원이기도 하다. 카자흐스탄은 이 이름으로 자신들을 지배했던 나라의 돈의 뿌리가 실은 자신들의 초원에 있었음을 증명한 셈이었다.

투르크메니스탄은 이와 조금 다른 길을 택했다. 그들의 화폐 '마나트(Manat)'는 튀르크어가 아닌 러시아어 '모네타(동전)'에서 왔다. 그리고 모네타는 더 거슬러 올라가면 로마신화와 닿아 있는 라틴어 '모네타(moneta)'가 기원이다. 고유한 민족의 역사보다 강력한 지도자 니야조프를 중심으로 한 새로운 국가 건설에 더 집중했던 당시 투르크메니스탄의 현실이 화폐 이름에 스며 있다.

이 이름은 혼돈 중에 피어난 자긍심이었다. 레닌의 얼굴이 찍힌 루블을 버리고, 자신들의 지폐에 알 파라비 같은 위대한 학자와 칭기스

아이트마토프 같은 대문호를 새겼다. 유목민의 천막 유르트와 날개 달린 말을 그리며 잊혔던 역사를 각인했다. 제국과 강대국 사이에서 끊임없이 살아남아야 했고, 그 과정에서 자신들의 뿌리가 어디에 있는지 잊지 않으려 발버둥친 그들의 돈, 솜과 텡게와 마나트. 초원의 후예는 마침내 자신의 힘으로 세상에서 가장 짧고도 강력한 자립 선언문을 지어 붙였다.

정복자와 상인의 다른 선택
리알과 디나르

이란 사람은 페르시아의 후예다. 그들은 아랍인과 다른 언어를 쓰고, 자신들의 유구한 역사에 대한 자부심이 대단하다. 반면 이라크와 사우디아라비아 사람은 아랍 민족이라는 핏줄로 묶여 있다. 그런데 어찌 된 일일까? 페르시아의 자존심 이란은 화폐단위로 '왕족의'를 뜻하는, 에스파냐어에서 온 '리알(Rial)'을 쓰고, 아랍의 맹주를 자처하는 이라크와 쿠웨이트는 멀고 먼 로마제국의 동전 '디나르(Dinar)'를 쓴다. 그 시작은 민족이나 종교가 아닌, 역사의 거대한 갈림길에서 찾을 수 있다. 리알과 디나르는 전혀 다른 두 시대의 정신이 박제된 화석과 같다.

먼저 '디나르'의 길. 그 이름은 2천 년 전 로마제국이 쓰던 은화, '데나리우스(Denarius)'에서 왔다. 로마 군단이 주둔하던 시리아와 팔레스타인 땅에 황제의 얼굴이 새겨진 이 동전은 권력 그 자체였다. 로마가 동서로 갈라진 뒤에도 비잔티움제국은 '데나리온'이라는 이름으로 그 유산을 이어갔다.

7세기, 아라비아사막에서 일어난 이슬람 세력은 비잔티움을 밀어내고 거대한 제국을 세웠다. 초기 칼리프들은 정복지의 화폐를 그대로 썼다. 하지만 우마이야왕조의 칼리프 아브드 알 말리크(646~705)는 생각했다. 왜 우리는 우리 땅에서 타국의 황제 얼굴이 박힌 돈을 써야 하는가? 그는 대담한 결단을 내린다. 비잔티움 화폐의 형태는 빌리되 그 안의 영혼을 완전히 바꾼 것이다. 황제의 초상을 지우고, 그 자리에 쿠란의 성스러운 구절, "알라 외에 신은 없다"를 새겨 넣었다.

이것은 단순한 화폐개혁이 아니었다. 로마의 유산 위에 이슬람의 신앙을 덮어씌운, 문화적 독립 선언이자 정신적 정복이었다. '디나르'라는 이름은 그렇게 제국의 힘 위에서 강력한 자신감을 바탕으로 아랍의 것이 되었다. 오늘날 이라크, 쿠웨이트, 요르단이 디나르를 쓰는 이유는 자신들이 바로 그 이슬람 황금시대의 찬란한 유산을 계승했다는 자부심의 표현이다.

'리알'은 달랐다. 16세기 이후 세계는 바다를 지배하는 자의 것이었다. 신대륙의 은을 실어 나르던 에스파냐의 '레알' 은화는 당시 국제무역의 기축통화였다. 유럽 상인들은 이 돈을 가지고 페르시아만과 홍해의 항구로 몰려들었다. 이란과 아라비아반도 상인들에게 가장 익숙하고 믿을 수 있는 돈은 자국 왕조의 금화가 아닌, 멀리서 온

이 은화였다.

　오스만제국의 영향력 아래 신음하던 이란과, 아직 통일국가를 이루지 못했던 아라비아반도에 '리알'은 선택의 문제가 아니었다. 그것은 시대의 흐름, 즉 세계경제의 표준이었다. 20세기 초, 마침내 나라의 기틀을 세운 이란과 사우디아라비아는 가장 현실적인 선택을 했다. 이미 시장과 민중에게 깊숙이 뿌리내린 '리알'이라는 이름을 공식 화폐로 채택한 것이다.

　디나르가 과거 제국의 영광을 흡수한 이름이라면, 리알은 세계의 질서를 실용적으로 받아들인 이름이다. 결국 디나르는 '정복자의 언어'이고, 리알은 '상인의 언어'인 셈이다. 하나는 과거를 돌아보며 위대한 제국의 그림자를 좇고, 다른 하나는 바다를 바라보며 세상의 흐름에 올라탔다. 민족도 종교도 아닌, 화폐를 선택하던 그 순간의 역사적인 힘과 운명이 그들의 돈에 서로 다른 이름을 새겨 놓았다.

잿더미 위에 새긴 이름, 끝나지 않는 서사
리브르와 세켈

　세 대륙이 만나고, 세 개의 종교가 태어난 땅. 예루살렘의 돌 하나에도 수천 년의 역사가 쌓여 있는 곳. 시리아, 레바논, 이스라엘의 하늘 아래에는 언제나 화약 냄새와 기도가 함께 감돈다. 이곳의 돈은 경제적 수단만이 아니다. 그것은 '우리는 누구인가'라는 절박한 외침이자, 서로를 향해 쏘아 올린 포탄이며, 끝내 이루지 못한 꿈의 잔해다.

20세기 초까지 이 지역은 오스만제국이라는 거대한 우산 아래 있었다. 사람들은 오스만의 화폐를 썼다. 제1차 세계대전으로 제국이 무너지자 유럽 열강은 자를 대고 땅을 가르듯 이 지역을 나누어 가졌다. 아프리카에서와 마찬가지로. 영국은 팔레스타인(현재의 이스라엘과 팔레스타인 자치 지구)과 요르단을, 프랑스는 시리아와 레바논을 차지했다. 식민 지배자의 언어가 곧 돈의 이름이 되었다.

시리아와 레바논은 자연스럽게 프랑스 화폐와 연동된 '리브르'를 썼다. 리브르(Livre)는 프랑스어로, 라틴어 '리브라(libra)', 즉 '저울'에서 온 말이다. 프랑스에서 한때 통화단위이기도 했다. 프랑스는 자신들의 문화와 제도를 이식하며 식민 통치를 공고히 하려 했다. 레바논은 독립 후에도 그 이름을 유지하며 유럽 지향적인 정체성을 이어갔지만, 반서방 민족주의가 강했던 시리아는 21세기에 접어들며 통화단위를 리라(Lira)로 변경한다. 뿌리는 같지만 프랑스의 그림자를 조금이라도 지우려는 상징적인 저항이었다.

영국의 통치 아래 있던 팔레스타인 지역은 '팔레스타인파운드'를 사용했다. '파운드(Pound)' 역시 라틴어 '폰두스(pondus)', 즉 '무게'를 뜻하며 '리브라'와 어원이 같다. 같은 무게의 가치를 저울질하던 로마의 기억이 프랑스와 영국을 통해 이곳에 각각 다른 발음으로 도착한 것이다. 이 돈에는 히브리어, 영어, 아랍어가 나란히 새겨졌다. 그것은 영국이 유대인과 아랍인 모두를 아우르려 했던 불안한 약속의 증표였다. 하지만 평화로운 공존은 곧 깨질 운명이었다.

제2차 세계대전의 비극이 끝나고 전 세계에 흩어져 살던 유대인들이 '약속의 땅'으로 돌아왔다. 시온주의의 열망이 1948년 이스라엘이라는 국가로 결실을 얻었다. 그들은 가장 먼저 자신들의 돈을 만들었다. 처음에는 영국의 흔적이 남은 '파운드', 히브리어 '리라' 순으로 사용했지만, 그 이름에 만족할 수 없었다. 그것은 자신들의 이름이 아니었다.

마침내 1980년, 이스라엘은 고대 히브리인들이 쓰던 무게 단위, '셰켈(Shekel)'을 화폐 이름으로 부활시켰다. '셰켈'이라는 단어는 성경에 수십 번 등장한다. 아브라함이 아내 사라의 무덤을 사기 위해 치른 돈의 단위도, 예루살렘 성전에 바치던 세금 단위도 셰켈이었다. 2천 년 만에 나라를 되찾은 민족이 자신들의 가장 오래된 기억, 여호와와 맺었던 최초의 계약을 화폐에 새겨 넣은 것이다. 셰켈은 단순한 돈이 아닌, 잃어버렸던 역사를 현재로 소환하는, 시온주의의 완성된 형태다.

이 땅의 화폐 역사는 그래서 비극이다. 리브르, 파운드, 셰켈은 모두 외부의 힘에 따라 운명이 결정되었던 역사의 상흔이다. 식민 제국의 그림자와 민족주의의 열망, 종교적 신념이 뒤엉켜 서로를 밀쳐낸 결과물이다. 지금 이 순간에도 총성이 울리는 그 땅에서 사람들은 저마다 다른 이름의 돈을 쓰며 서로 다른 역사를 살고 있다.

원과 엔 사이 엇갈린 자화상

한국 · 일본

동북아시아 끝 바다를 사이에 두고 이웃하며 함께 격랑을 넘어온 한국과 일본. 각자의 지폐 원과 엔에 새겨진 인물과 상징은 두 나라가 걸어온 길, 현재 위치, 그리고 서로를 바라보는 시선까지 은연중에 드러낸다. 지폐가 한 시대의 정신과 국민적 자긍심을 담아내는 작지만 강력한 매체라는 사실은 부정할 수 없는 듯하다. 양국 관계에서는 특히 그렇다.

　고대부터 한반도는 대륙의 문물을 받아들여 일본으로 전하는 다리 역할을 했다. 삼국시대 불교와 한자, 유교 같은 사상과 제도는 일본 고대국가 형성에 큰 영향을 미쳤다. 물론 양국의 교류가 늘 평화롭고 우호적인 것은 아니었다. '왜란', '왜구'가 한국사에 등장하는 이유였다.

　근대에 이르러 양국의 운명은 극명하게 엇갈렸다. 서구 열강이라는 거센 파도 앞에 일본은 재빨리 '메이지유신'이라는 배로 갈아타고 제국주의 항로에 합류했다. 반면 조선은 성리학을 최고의 가치로 삼아 통상과 수교를 거부하며 변화에 더디게 대응했다. 결국 일본에 국권을 빼앗기는 역사 속 한반도에서 사용된 지폐에 일본 인물이 등장했다. 단순한 화폐 도안의 변화가 아닌, 지배와 피지배라는 냉엄한 현실의 상징이었다.

당연하겠지만, 오늘날 한국과 일본의 지폐가 서로 주목하는 시대는 천양지차다. 지폐 속의 도안을 기억하려는 역사에 대한 국민적 합의라고 할 때, 양국 간 역사적 인식에는 큰 차이가 있다는 의미다. 양국은 과거사 문제로 여전히 감정의 앙금이 껄끄러운 것이 사실이다. 그러나 역사의 부침 속에서도 지리적으로 가장 가까운 이웃이라는 사실 역시 부정할 수 없다. 서로의 문화를 소비하고 경제적으로 긴밀하게 연결되어, 협력하고 경쟁하는 관계는 계속이다. 한일 양국의 지폐 속 도안을 통해 오늘날 마주한 문제의 뿌리를 이해할 수는 없을까? 과거를 직시할 수 있는 용기라면 현재의 갈등을 넘어 미래의 공존으로 나아갈 수 있지 않을까?

되살아난 전통의 영광

대한민국 지폐 도안을 보면 유독 한 시대가 도드라진다. 천 원권의 퇴계 이황, 5천 원권 율곡 이이, 만 원권 세종대왕, 5만 원권 신사임당까지 모두 조선, 그중에서도 15세기와 16세기에 집중되어 있다. 왜 한국은 조선의 학자, 왕, 예술가를 앞세워 정체성을 말할까?

일본 엔화는 근대국가의 기틀을 닦은 메이지유신 시기의 인물들로 채워져 있다. 스스로 근대화하고 제국으로 나아간 힘의 역사를 전면에 내세우는 셈이다. 그 인물이 정치가나 군인이 아니라고 해서 의미가 반감되는 것이 아니다. 반면 한국은 찬란했던 문화 황금기, 가장 이상적인 인간상을 추구했던 시대를 내보인다. 이는 어쩌면 식민과 전쟁으로 점철된 근현대의 상처를 딛고, 한국다운 정신의 원형을 되찾으려는 염원의 발현일지 모른다. 식민사학을 통해 망국의 원인으로 폄하되었던 조선의 영광을 힘이 아닌 정신의 고귀함으로 증명하려는 의지 말이다.

기원전 2333년 고조선 건국신화와 함께 시작된 한반도 역사는 철기의 유입으로 새 장이 열린다. 청동검이 지배자의 권위를 상징하던 시대 대신 철제 무기와 농기구는 힘의 판도를, 사람 사는 풍경을 송두리째 바꾸었다. 크고 작은 나라들이 부딪치며, 세 나라가 역사 전면에 떠오른다. 고구려, 백제, 신라. 삼국시대의 개막이다. 삼국은 서로를 베고 서로에게 배우며 700년 가까운 세월을 다투었다. 한강 유역은 주인이 수없이 바뀌는 격전장이었고, 승자의 차지였다.

신라 선덕여왕 시절 경주에 세워진 첨성대. 동양에서 가장 오래된 천문 관측 시설 중 하나로 알려진 이 석조건축물은 하늘과 땅을 잇는 신성한 통로였다. 별자리의 변화를 읽어 농사 시기를 가늠하고, 길흉을 점치며, 백성의 안녕을 빌었던 마음. 그 간절함과 백제의 공격으로부터 살아남아야 한다는 절박함이 신라를 삼국통일의 길로 이끌었을지 모른다. 당나라를 끌어들인 대가로 고구려

10원(첨성대), 1965년 발행

땅 대부분을 잃었지만, 그 자리에 고구려 유민이 세운 발해가 들어서 남북국시대로 이어진다.

영원한 왕조는 없었다. 천 년 가까이 이어진 신라도 기울기 시작했다. 골품제라는 신분제도의 벽에 막힌 6두품이 반기를 들고, 굶주린 백성이 곳곳에서 일어났다. 다시 땅은 셋으로 쪼개졌다. 견훤이 옛 백제 땅에 후백제를, 궁예가 철원에 후고구려를 세우며 후삼국시대(892~936)가 열렸다. 한때 미륵을 자처한 궁예는 의심에 찬 폭군으로 사라졌다. 그의 휘하 장수였던 왕건이 혼란을 수습하고 새 왕조, 고려(918~1392)의 문을 열었다.

왕건은 포용의 군주였다. 신라의 항복을 받아내고 후백제를 멸망시켰으며, 멸망한 발해 유민까지 끌어안았다. '코리아'라는 이름의 뿌리가 된 고려는 불교문화를 중심으로 한 개방적이고 역동적인 나라였다. 그러나 끊임없는 외침과 저항 역시 함께였다. 거란의 침입을 세 차례나 막아냈고, 세계를 휩쓴 몽골제국에 맞서 40년 가까이 항전하기도 했다.

기나긴 전쟁은 고려의 기력을 쇠하게 했다. 원나라 부마국으로 전락한 뒤 권문세족의 부패는 극에 달했다. 땅은 소수 권력자가 독점했고, 불교는 타락했으며, 백성은 신음했다. 낡고 병든 시대를 끝내려는 새로운 세력이 등장했다. 성리학이라는 새 이념으로 무장한 신진사대부, 그리고 왜구와 홍건적을 토벌하며 백성의 영웅으로 떠오른 장수, 이성계였다.

1388년, 요동 정벌을 위해 압록강 위화도에 당도한 이성계는 역사적인 결단을 내린다. 그는 말머리를 돌려(위화도회군) 개경으로 향했고, 권력을 장악했다. 4년 뒤 스스로 왕위에 올라 새 왕조를 여니, 조선(1392~1897)이었다. 수도를 한양으로 옮기고 왕조의 기틀을 다지기 시작했다. 정도전의 치밀한 설계 아래 유교 이념을 담은 새 도성이 건설되었다.

새 도성의 얼굴은 경복궁이었고, 경복궁의 얼굴은 정문인 광화문이었다. 정도전이 지은 이름. '왕의 큰 덕이 온 나라를 비춘다'. 문 하나에 나라의 이상을 새겨 넣은 것이다. 3개의 무지개 모양 문 가운데 가장 큰 문은 왕만이 드나들었다. 그 앞을 지키고 선 상상 속의 동물 해치는 옳고 그름을 판단하고 화기를 막는 수호신이었다. 광화문은 백성이 우러러보는 왕조의 권위 그 자체이자 성군이 다스리는 태평성대를 향한 약속이었다. 하지만 그 약속은 숱한 시련을 겪어야 했다. 임진왜란(1592~1598)으로 불타고, 일제강점기(1910~1945)에는 조선총독부 건물에 가려 제자리를 잃고 옮겨지는 수모를 당했다. 한국전쟁으로 파괴된 후 콘크리트로 복원되었다가 2010년에야 제 모습을 되찾아 제자리로 돌아왔다.

조선 건국의 기쁨 뒤에는 피비린내가 따랐다. 이성계의 아들 이방원, 훗날의 태종은 왕좌를 차지하기 위해 형제와 개국공신을 베는 '왕자의 난'을 일으켰다. 아버지 이성계는 함흥으로 떠나버렸다. 둘이 다시 마주할 때까지는 꽤 오랜 시간이 필요했다.

100원(광화문), 1950년 발행

광화문을 지나 궁 안으로 들어가면 거대한 인공 연못 위로 그림처럼 솟은 누각과 마주한다. 경회루다. '경사스러운 만남이 있는 누각'이라는 이름은 이곳의 쓰임을 말해준다. 나라에 큰 경사가 있을 때 연회를 열고, 외국 사신을 접대하던 공식적인 장소. 처음에는 작은 누각이었으나 태종이 왕의 위엄에 걸맞게 크게 지으라 명했고, 노비 출신으로 공조판서까지 오른 박자청이 이 대역사를 성공적으로 마무리했다. 사각의 연못은 땅을, 둥근 기둥은 하늘을 상징했다. 작은 건물 하나에도 천지간의 조화를 담고자 했던 조선 건축 미학의 절정이다.

태종이 낸 피의 강을 건너 세워진 강력한 왕권. 그 단단한 반석 위에, 이 장대한 무대 위에 한 시대가 기다려 온 위대한 군주가 왕위에 오를 준비를 마친다. 세종대

1만 원 뒷면(경회루), 1983년 발행

왕(1397~1450). 만 원권 지폐 뒷면의 혼천의는 그의 시대를 과학을 비롯한 민족문화 발달 시대로 기억하게 한다. 혼천의는 천체의

1만 원(세종대왕), 2007년 발행

운행을 재현해주는 기구로, 정인지 등이 설계하고 장영실이 제작해 1433년 우리나라 하늘에 맞게 완성된 것이었다. 천체 운행을 정밀하게 관측해 절기를 알려 농사에 도움을 주고 왕조의 권위를 높이려는 의지의 산물이었다.

백성의 삶을 풍요롭게 하는 동시에 왕조의 정통성을 확보하려 한 세종의 15세기. 가장 큰 업적인 훈민정음 창제(1443)는 백성을 향한 애틋한 마음 그 자체였다. 하지만 그 역시 위대한 군주이기 전에 치열한 인간이었다. 평생 지독한 육식주의자이자 일중독자였던 세종 이도. 병중에도 책을 읽는 아들을 걱정한 태종이 환관을 시켜 책을 모두 감추자 병풍 뒤에 숨겨 둔 책 한 권을 무려 백 번 이상 읽었다고 한다. 송나라 구양수와 소식이 주고받은 서간집 《구소수간》이었다. 그런 그의 집념이 새 문자를 낳고 조선의 하늘을 연 것이다.

16세기, 조선은 성리학이라는 깊은 사유의 숲으로 들어선다. 퇴계 이황(1501~1570)과 율곡 이이(1536~1584)는 그 숲을 대표하는 거목이다. 조선 최고의 성리학자 이황. 평생 학문 연구와 후학

양성에 힘쓰며 인간의 본성과 우주의 원리를 탐구했다. 안동 도산서원은 그가 학문하며 제자들을 가르치기 위해 직접 세운 곳이다. 이황이 머물던 서당과 주변 풍경을 담은 〈계상정거도〉. 이는 그가 관직에서 물러나 학문에 몰두하던 모습을 그린 그림이다. 18세기 진경산수화의 최고봉 정선의 작품으로, 고미술 경매 역사상 역대급인 34억 원에 낙찰되었다는 뒷이야기는 그 가치를 대변한다.

이황은 학자적 풍모만이 아닌 가정생활로도 유명하다. 부인 허씨가 출산 도중 사망하자 첩을 들였는데, 퇴계를 지극정성으로 섬겼고 어린 두 아들도 친모처럼 잘 챙겼다고 한다. 후에 부인 권씨를 맞이한 후에도 장애가 있는 권씨를 대신해 실질적인 안살림을 충실하게 해냈다. 퇴계는 첩에 대한 고마움을 잊지 않고 자녀에게 친어머니와 같게 대하라고 했다. 첩과 사이에서 난 아들을 호적에 올리며, 차후 그 후손들이 적서 차별받을 것을 염려해 족보에 적서의 구별을 두지 못하게 했다. 온전하지 못한 권씨 부인도 끝까지 아끼고 존중했다

1천 원(이황), 2007년 발행

1천 원 뒷면(계상정거도), 2007년 발행

는 이야기는 유명하다. 원칙주의자라는 이면에 숨겨진 인간적인 깊이는 그의 학문이 왜 그토록 많은 사람의 마음을 움직였는지 짐작하게 한다.

한편 아홉 번 과거에 모두 장원급제한 구도장원공, 천재 이이는 경세가에 가까웠다. 특히 선조 대 현실 정치에 적극적으로 참여해 다가올 임진왜란 같은 국난을 예견하며 국가 개혁과 국방력 강화를 강력하게 조언했다. 그의 생가인 강릉 오죽헌은 검은 대나무에 둘러싸인, 단정하고 기품 있는 그의 성격을 닮았다. 지나치게 명민하고 현실적이어서 때로 정치적 오해에 시달리기도 했지만, 이황의 기반 위에 학문적 체계를 만들어 조선 성리학의 양대 산맥으로 우뚝 설 수 있었다.

1972년 발행이 시작되어 통용된 5천 원권 지폐의 이이는 서양인 얼굴이었다. 이 초상을 두고 한동안 '서양 율곡'이라 할 정도였다. 당시 대한민국은 기술 부족으로 화폐 원판을 외국에 제작 의뢰했다. 미국 몰래 화폐개혁을 하느라 영국에서 서둘러 찍어내 '조폐공사'를 '조폐공사'로 잘못 인쇄하기도 했던 시절. 5천 원권 지폐 원판은 영국의 토머스 데라루 사에서 제작해 들여왔다. 율곡 선생이 서양인 얼굴을 갖게 된 이유이자 몇 년 만에 표준 영정으로 곧 대체된 이유이기도 했다.

5천 원(이이), 1972년 발행

신사임당(1504~1551), 율곡 이이의 어머니. 그녀를 단순히 '현모양처'라는 말에 가두는 것은 그녀가 이룬 세계에 대한 몰이해일 수 있다. 이 표현은 근대 일본이 만들어낸 여성상에, 군사정권

5만 원(신사임당), 2009년 발행

시절 국가가 주도적으로 그녀에게 덧씌운 이미지다.

물론 그녀는 태교에서부터 정성을 기울여 아들 주나라 문왕을 얻은 현숙한 부인 태임을 본받는다는 의미에서 아호를 사임으로 정했다. 어린 자녀들을 두고 일찍 병사했지만, 아들 이이는 대학자이자 정치인으로, 딸 이매창과 아들 이우 등은 문인 화가로 명성을 날렸다. 그녀가 자녀교육의 모범인 어머니가 된 이유다.

그녀의 탁월한 교육법은 오히려 자신에게 집중하고 능력을 발휘하며 모범을 보인 데 있다. 성리학적 지식과 문장, 고전 등에 해박했던 그녀는 그림, 서예, 시에도 출중한 예술가였다. 5만 원권 초상의 배경이 된, 먹의 농담만으로 생생하게 포도송이를 그려낸 〈묵포도도〉와 풀, 벌레를 섬세하게 묘사한 〈초충도수병〉은 그녀가 얼마나 뛰어난 관찰력과 표현력을 지녔는지 증명한다. 자신의 이름으로 작품을 남긴 독립적인 예술가이자 지식인. 그런 어머니를 보고 자란 자녀들은 어머니를 자연스럽게 닮아갔을 것이다. 그녀를 지폐에 새긴 힘이 '누구의 어머니' 뿐만 아니라 한 인간으로서 여성을 존중하려는 시대의 변화된 시선이기를 바란다.

16세기 정신적 거인들을 뒤로하고 조선 역사는 전쟁에 접어든다. 조선과 일본, 명까지 참전한 7년에 걸친 동북아시아 전쟁, 임진왜란이다. 절체절명의 위기 속에서 이순신의 활약은 눈부셨다. 그의 압도적인 승리와 거북선 신화는 대한민국 국민 모두 아는 사실이다. 그러나 그가 남긴 《난중일기》를 펼치면 영웅의 모습 뒤에 가려진 인간의 고뇌가 드러난다. 조정의 의심, 동료의 질투, 연이은 전투 속의 피로와 병마, 그리고 아들과 어머니의 죽음을 겪으며 흘리는 눈물까지. 그는 흔들리고 아파하면서도 매일 자신을 다잡았다. 그의 위대함은 초인적인 능력 때문이 아니라 인간적인 고통을 끌어안고도 끝내 자신의 책임을 저버리지 않았다는 데 있지 않을까.

500원 뒷면(거북선), 1966년 발행

조선은 왜란과 호란이라는 전쟁을 버텼지만 깊은 상처를 입었다. 그리고 300년 후 더 큰 시련에 맞서야 했다. 구한말 독립문(1897)은 병자호란 이후 예속된 청나라로부터 독립을 선언한 지식인의 의지였다. 청나라 사신을 맞이하던 영은문을 헐고 그 자리에 세운 독립문. 그러나 결정적인 위협은 한반도를 넘보던 영국, 청, 러시아에 순서대로 승리하며 결국 독점적 지배권을 확립한 일본에서 왔다. 나라

100원(독립문), 1962년 발행

를 잃은 시대, 일제강점기는 36년간 이어졌다.

1945년 8월 15일 마침내 기나긴 어둠이 걷히고 광복이 찾아왔다. 수많은 이들이 빼앗긴 나라를 되찾기 위해 목숨을 걸고 버티며 싸워 얻은 승리였다. 혼란 속에서 대한민국 정부를 수립했고, 초대 대통령으로 이승만(1875~1965)이 선출되었다. 건국의 과정은 험난했고, 해결해야 할 과제는 수많았다. 분단과 전쟁이라는 시련 역시 닥쳤다.

한국전쟁 중 대구에서 발행된 지폐에 이승만 대통령의 초상이 담기기 시작했다. 신생 독립국의 정체성을 상징하는 동시에 전쟁이라는 비상 상황 속에서 국가의 단결을 호소하는 의미도 있었을 것이다. 1956년부터 발행한 500환 지폐 중앙에 이승만 대통령 초상이 있었는데, 지폐를 접을 때 얼굴이 접혀 불경하다고 했다. 그래서 1959년 발행을 시작한 새로운 500환권에서 초상이 오른쪽으로 옮겨지는 웃지 못할 일이 있었다.

500환(이승만), 1956년 발행

복장과 위치를 달리하면서 지폐에 올랐던 이승만. 사실 그는 평생을 독립운동에 바친 투사였고, 국민이 대부분 문맹이던 그 시절 미국 박사학위까지 취득한 지식인이었다. 대한민국 초대 대통령이 되어 민주주의의 초석을 놓은 것은 분명한 공이다. 교육제도 확립은 더욱 그렇다. 그러나 권력 유지를 위해 정적을 제거하고 독재의 길을 걸었으며, 민주주의를 외친 시민을 향해 총부리를 겨누었다. 결국 그는 국민의 손에 의해 권좌에서 끌려 내려와 망명지에서 생을 마감했다. 건국이라는 빛과 독재라는 그림자를 동시에 품고 있는 그의 삶은 한국 현대사의 질곡과 비극을 상징한다.

지갑 속 지폐. 전자결제가 보편화되어 마음먹지 않으면 볼 수조차 없다는 사실이 안타까운 요즈음. 지폐 도안 속의 인물들은 대한민국 과거의 유물이 아니다. 혼란한 오늘에 끊임없이 말을 건네고 질문을 던진다. 어떤 나라를 만들고 싶은가? 어떤 인간으로 살아가고 싶은가? 길고 깊은 역사의 강물을 건너온 지금이 답해야 할 질문이다.

근대화라는 광휘

2024년 7월, 일본은 20년 만에 지폐의 얼굴을 바꾸었다. 위조방지라는 표면적인 이유 뒤에 숨은 선택의 기준은 명확하다. 바로 '근대국가의 초석을 놓은 인물'이다. 메이지유신이라는 거대한 전환점을 통과하며 새로운 일본을 설계한 이들의 시대. 일본 지폐 속의 얼굴들은 놀라울 만큼 이 시대에 집중되어 있다. 이는 조선의 정신과 문화를 화폐에 새겨 넣은 한국과 뚜렷한 대조를 이룬다. 가장 역동적으로 세계를 향해 나아갔던 출발의 시대를 선택한 일본은 정신의 깊이보다 변화의 속도를 자국의 정체성으로 삼은 것이다.

섬나라 일본에 국가의 기틀이 마련된 시기는 언제일까? 고고학적 성과에 따라 여러 견해가 있지만, 중국 역사서에 왜의 통치자로 기록된 히미코 여왕이 등장한 3세기경을 중요한 시점으로 본다. 히미코는 야마타이국을 중심으로 여러 소국 연합체를 다스린 것으로 알려 있다. 시간이 지나 긴키 지방을 중심으로 3세기 후반에서 4세기 초 무렵 고대 왕권인 야마토정권이 성립되었다. 이들은 야마토 분지와 가와치 평야 일대를 개발해 세력을 확장하며 고대국가의 기틀을 다졌다.

일본이라는 나라의 기틀이 잡히던 아스카시대(592~710)의 중심에 있었던 쇼토쿠 태자(574~622). 일본에서 지폐 도안에 가장 많이 오른 인물로도 알려진 그는 한반도에서 전해준 선진문물, 특히 불교를 적극적으로 수용하고 중앙집권 국가의 초석을 다졌다. 일본 토착신앙인 신도와 외래 종교인 불교가 융합하는 '신불습합' 사상의 기틀을 마련한 상징적인 인물이라는 점에서도 역사적 의의가 크다. 이 사상은 일본이 외국 문물을 자신들의 방식으로 소화하는 '이이토코도리(좋은 점만 취하기)' 문화의 바탕이 되었다. 일본이 아시아에서 유일하게 근대화에 성공할 수 있던 배경 중 하나였을 것이다.

100엔(쇼토쿠 태자), 1930년 발행

8세기 나라시대(710~794)에 이어 헤이안시대(794~1185)가 전개되었다. 이때 문인 관료 스가와라 미치자네(845~903) 역시 지폐에 등장했던 인물이다. 학자 가문에서 태어나 당대 최고의 문장가로 칭송받던 그는 우대신의 자리에 올랐다. 무려 130년 만에 학자 출신 대신이 탄생한 사건이다. 인생의 절정기를 맞은 그였지만, 이례적인 영달은 다른 학자들의 질투를 불러일으켰다. 결국 정적인 좌대신 후지와라 도키히라의 모함으로 반역의 누명을 쓰고 좌천되어 실의 속에서 생을 마감한다. 그런데 그의 사후, 수도에는 낙뢰 현상, 도키히라의 서거, 황태자의 죽음 등 재앙이 잇따랐다. 사람들은 이를 미치자네의 원혼 탓으로 여겼고,

5엔(스가와라 미치자네), 1930년 발행

그를 '덴진(천신)'으로 모시며 두려워했다. 이 원혼 신앙은 시간이 지나며 그를 '학문의 신'으로 추앙받게 했다.

귀족의 힘이 약해지고 무사 계급이 새로운 지배층으로 떠오르며 바쿠후(막부) 정치 시대가 시작된 것은 12세기였다. 가마쿠라시대(1185~1333)와 무로마치시대(1336~1573)를 거치면서 바쿠후 정치가 확립되었고, 무로마치의 권위가 약해진 15세기 후반부터는 전국 각지에서 다이묘들이 할거하는 센고쿠(전국)시대(1467~1590)가 시작된다. 100여 년간 피와 칼이 난무하는 혼란이 계속된 끝은 도요토미 히데요시의 조선 침략으로 향했다.

기나긴 전국시대와 임진왜란으로 이어진 전란의 시대를 끝내고 평화의 시대를 연 것은 도쿠가와 이에야스였다. 에도 바쿠후

(1603~1868) 아래 일본은 약 260년간 비교적 안정된 사회를 유지했다. 이 시기, 농촌 사회의 피폐함을 안타까워하며 백성의 삶을 일으키려 한 인물이 니노미야 손토쿠(1787~1856)다. '긴지로'라는 애칭으로 더 잘 알려진 그는 가난한 농민의 아들로 태어나 어린 나이에 황무지 개간 등의 지혜를 터득하며 어엿한 지주로 성장했다. 신도와 불교, 유교 사상을 바탕에 깔고 스스로 근면, 검약, 양보를 실천하면서 풍요로운 농촌 건설에 매달린다. 다른 지역 영주들도 그를 초빙하려 안달했고, 결국 605개 마을이 그의 풍부한 농업 지식으로 되살아났다. 제2차 세계대전 패전 직후, 매우 어렵고 혼란스러웠던 시기에 지폐 도안으로 소환된 그의 모습은 당시 일본 국민에게 근면, 노력, 학문 장려의 상징으로 여겨졌다. 어려운 환경일지라도 열심히 일하고 배우며 국가를 재건하자는 메시지를 담고 있던 것이다.

1엔(니노미야 손토쿠), 1946년 발행

에도 바쿠후 시대는 서양 세력의 등장으로 거대한 전환점을 맞이한다. 1853년 미국의 개항 요구는 바쿠후 정권의 무력함을 드러낸 동시에 새로운 세상에 대한 갈망을 불러일으켰다. 천황 중심의 근대국가를 세우려는 메이지유신(1868)의 바람이 일본 열도를 휩쓸었다. 이 격변의 시대에 서서 서구 문물을 적극적으로 받아들이고 일본 근대화를 이끌고자 했던 인물 중 한 명이 이와쿠라 도모미다. 그는 구미 각국을 순방한 이와쿠라 사절단을 이끌며 서양의 발전상을 목도했고, 이를 바탕으로 일본 개혁에 앞장섰다.

메이지시대의 문을 활짝 연 또 다른 거인은 일본의 힘과 독립을 주장한 계몽사상가, 후쿠자와 유키치(1835~1901)다. 최고액권인 1만 엔권 도안에 1984년부터 40년 동안 자리잡아 1만 엔권이 유키치라 불릴 정도로, '스승'으로 추앙받는 인물. 교육자, 저술가로도 활약한 그는 1858년 에도에 네덜란드 학문을 가르치는 작은 학원을 열었는데, 이 학원이 발전해 일본 최고의 명문 사학으로 손꼽히는 게이오기주쿠대학이 된다.

후쿠자와의 아버지는 한학자였지만 신분이 낮은 무사로, 봉건제도에서는 출세가 어려운 신분이었다. 그는 아들, 그것도 차남으로 태어난 후쿠자와가 승려가 되기를 바랐다고 한다. 후쿠자와는 아버지의 생각에 "문벌제도는 부모의 적"이라며 반발했다. 난학과 영어를 공부한 그는 세 번에 걸쳐 유럽과 미국으로 건너가 그 사회를 관찰했다. 유신까지 세 번이나 서양을 경험한 사람은 그가 유일했다. 자연과학의 발달과 개인의 독립을 서양 문명의 요체라고 깨달은 시기였다.

그는 《학문의 권장》에서 "하늘은 사람 위에 사람을 만들지 않았고, 사람 아래 사람을 만들지 않았다"라는 평등사상을 전파해 봉건적인 의식에 갇혀 있던 일본 사회에 큰 충격을 안겼다. 인간은 평등하다. 단 차이는 있는데, 배워서 지식을 얻은 여부에 달려 있다. 지식은 '수리학', 즉 합리적인 자연과학이다. 자연과학과 그에 기초를 둔 과학의 발달로 문명은 진보한다. 서양 문물을 받아들이고 부국강병을 해야 한다고 역설한 그는 조선에도 관심을 가진다. 김옥균의 스승이 되는 등 급진 개화파에게 영향을 주었고, 갑신정변에 개입하기도 했다.

그러나 조선의 근대화가 번번이 실패하고, 특히 갑신정변 실패 후 참여 인사에 대한 혹독한 형벌과 연좌제 등을 보며 크게 실망해 조선을 규탄했다. 결국 조선을 비롯한 주변국을 멸시하며 정벌할 것을 주장했고, 이른바 '탈아론'을 내놓아 근대 이후 일본의 '탈아입구(아시아를 벗어나 유럽으로 들어감)'와 제국주의의 사상적 토대를 마련한 결말로 나아갔다.

일본이 근대국가의 틀을 다지고 제국으로 나아가는 길목에서 이토 히로부미(1841~1909)도 빼놓을 수 없다. 초대 내각총리대신을 역임한 인물. 유럽에서 헌법을 공부하고 돌아와 대일본제국헌법 반포를 주도해, 일본 근대화의 핵심 설계자 역할을 담당했다. 정치가로서 그의 최대 공적을 헌법 제정과 그 운용이라고 보는 이유다.

1만 엔(후쿠자와 유키치), 2004년 발행

외교 무대에서도 핵심적인 역할을 맡았다. 그는 갑신정변 사후 처리를 위해 청나라 이홍장과 담판을 벌여 톈진조약 체결(1885)을 주도했다. 청일전쟁 승리 후에는 전권대신으로 전쟁을 마무리 짓는 시모노세키조약을 체결(1895)해 일본의 대륙 침략 발판을 마련한다. 20세기 초, 러시아의 남하정책에 대응하는 과정에서 그의 외교 노선은 특히 주목할 만하다. 당시 일본 내에서는 영국과 동맹을 맺어 러시아를 견제하자는 '영일동맹론'이 대세를 이루었지만, 이토 히로부미는 러시아와 직접 교섭을 통해 문제를 해결하려는 '러일협상론'을 강력하게 주장했다. 하지만 그의 구상은 받아들여지지 않았고, 일본은 결국 영일동맹을 체결(1902)하며 러일전쟁으로 향하는 길을 걷게 된 것이다.

그러나 그의 탁월한 시각과 빛나는 업적 이면에는 조선 침략을 비롯한 제국주의 팽창이라는 어두운 그림자가 드리워져 있다. 그는 러일전쟁 후 초대 한국 통감으로 취임했고, 사임한 뒤 하얼빈에서 한국인 청년 안중근

1천 엔(이토 히로부미), 1963년 발행

에게 저격당해 생을 마감했다. 그의 결말은 근대화에서 나타날 수 있는 영광과 오욕의 양면성을 극명하게 보여준다.

격동의 시대를 살았던 정치가 중에는 일본의 경제위기 극복에 힘쓴 인물도 있었다. 다카하시 고레키요(1854~1936). 그는 대기업의 사환이라는 미천한 시작에서 총리대신과 일본은행 총재까지 오른 입지전적인 인물로, 젊은 시절 미국 유학 중 노예계약에 속아 혹독한 시간을 보낸 일화로도 유명하다.

일본 경제의 안정과 발전에 이바지한 그의 능력이 특히 빛을 발한 것은 일본은행 부총재 시절, 러일전쟁의 전비 조달을 위해 해외에서 외채를 성공적으로 모집한 일이다. 러일전쟁은 임시 군사

비 17억 엔 중 7억 엔을 영국, 미국, 독일의 외채에 의존한 전쟁이다. 당시 약체였던 일본의 국채를 사려는 사람이 없었으나, 그의 끈질긴 설득과 유대인 금융자본가 제이컵 시프와의 만남 등을 통해 막대한 전쟁 자금을 확보할 수 있었다. 이 공적으로 그는 1907년 귀족(남작)의 반열에 올랐다.

이후 총리대신과 대장대신을 여러 차례 역임하며 일본 경제를 이끌었다. 특히 세계 대공황 시기에는 과감한 확장 재정 정책을 펼쳐 일본이 다른 나라들보다 빠르게 위기에서 벗어나는 데 큰 역할을 했다. 하지만 끝없이 팽창하는 군사 예산을 삭감하고자 했고, 이에 불만을 품은 청년 장교들에 의해 1936년 2·26사건 당시 자택에서 암살당하는 비극적인 최후를 맞이했다.

50엔(다카하시 고레키요), 1946년 발행

같은 시간, 다르게 새겨진 역사

20년 만에 바뀐 일본 지폐의 인물 도안을 두고 한국은 우려 섞인 시각을 표명했다. 후쿠자와 유키치 대신 1만 엔권 인물로 등장한 시부사와 에이이치(1840~1931) 때문이다. '일본 자본주의의 아버지'로 불리는 그는 19세기 근대 일본의 여러 지도자와 마찬가지로 유럽 파견 사절단의 일원으로 근대적 산업설비와 경제 제도를 경험했다. 메이지 정부의 대장성(재무성) 관리로 등용되어 화폐, 금융, 재정 제도 제정과 개혁에 참여했다. 1873년 대장성을 그만둔 뒤 일본 최초의 민간은행인 제일국립은행을 창립한다.

10엔(시부사와 에이이치, 대한제국), 1902년 발행

이후 재계 지도자로 활약하며 도쿄증권거래소를 비롯해 무려 500여 기업과 단체의 설립에 관여하면서 경제 발전에 헌신했다. "실업가는 국가 목적에 기여하는 비즈니스맨이어야 한다"라는 '경제 도덕 합일설'을 주장한 그는 명실상부한 일본 재계의 사상적 리더였다.

그렇게 경제대국 일본의 상징이 된 그의 경제 철학과 활동은 한국에 어떤 의미일까? 일본이 제국주의 열강으로 나아가던 무렵, 대한제국은 풍전등화의 위기에 놓여 있었다. 일본은 청일전쟁과 러일전쟁에서 승리하며 조선에 대한 독점적 지배권을 확보했고, 그 과정에서 시부사와 에이이치가 설립한 제일은행은 조선 금융을 장악하는 첨병 역할을 했다. 대한제국에 파견된 경제고문 메가타의 화폐정리사업으로 대표되는 사건이다. 시부사와 에이이치는 이때 이권 침탈을 위해 한반도에서 통용될 근대적 지폐(제일은행권) 발행을 주도하며, 그 지폐에 다른 사람도 아닌 자기 얼굴을 새겨 넣었다. 이후 한반도 철도 부설, 경성전기(현 한국전력의 전신)

사장 등을 맡으면서 경제 침탈에 깊이 관여했다. 그런 인물이 현재 일본의 최고액권에 자리하게 된 의미를 두고 한국이 촉각을 곤두세우는 것은 당연한 일일 것이다.

1910년, 대한제국은 일본에 강제 병합되었다. 이후 한반도에서는 조선은행권이 통용되었다. 단위는 조선엔. 일명 '수노인'으로 알려진 도안이 일제강점기 내내 사용된 지폐였다. 수노인의 정체는 알려 있지 않은데, 일본 신화 속의 인물인 타케우치 스쿠네라 보기도 한다. 임나일본부 신화에서 진구황후 휘하 무장으로 신라 정벌의 선봉장이었다고 전해지는 인물이다. 당시 일본에서 통용되던 1엔 지폐에도 스쿠네의 얼굴이 찍혀 있고, 두 지폐는 도안이

10조선엔(수노인), 1911년 발행

비슷하다고 한다. 광복 이후 1947년까지도 미군정의 조치로 계속 사용된 수노인 도안 지폐. 한국 측에서는 구한말 김윤식이 모델이었다고 설명한다.

한때 한국 땅을 지배했던 지폐 속의 일본 인물, 그리고 조선을 중심으로 그린 한국의 원과 메이지시대가 주인공인 일본 엔. 이들은 오늘날 우리에게 끊임없는 질문을 던진다. 과거를 어떻게 기억하고, 그 기억 위에서 어떤 미래를 만들어가야 하는지. 이는 한국과 일본, 양국에 결코 가벼운 질문이 아닐 것이다.

두 얼굴의 불안한 공존

중국 · 대만

지폐 도안 속의 인물과 풍경은 폭풍 같은 시대를 살아낸 영웅들의 초상이고 민족의 애환이 서린 강산의 기록이다. 그 안에 한 국가의 자부심과 역사가 담겨 있다고 이야기하는 이유다. 그러나 풀리지 않은 시대적 과제 역시 담겨 있다는 사실을 생각해본 적 있을까?

　중화민국의 깃발을 지키며 섬나라로 남은 대만(타이완), 거대한 대륙을 붉게 물들인 중화인민공화국. 이들은 한때 형제였으나 등을 돌린 채 총부리를 겨누고, 여전히 서로를 '미수복 영토' 혹은 '하나의 중국'이라는 이름으로 부른다. 어쩌면 이들의 역사는 20세기 냉전 위에 펼쳐진 비극이자 현재진행형인 지정학적 갈등의 축소판일지도 모른다. 위안과 대만달러(위안)에 선택된 도안들은 그들의 이런 현재를 그대로 드러낸다.

　수천 년을 이어온 문화와 현대사 속의 갈등이 남긴 역사의 흔적 역시 마찬가지다. 문화대혁명으로 전통의 흔적을 찾기 어려워진 대륙의 중국 대신 대만의 종교, 언어, 전통예술 속에 흐르는 중국 전통문화의 향기. 지폐 도안은 한눈에 깨닫지 못했던 역사적 연결고리 또한 현실로 웅변한다.

 사회주의를 표방하는 대륙 중국과 첨예하게 대립하며 자유민주주의의 가치를 지키고 있는 대만. 그를 향한 우리의 시선은 복잡할 수밖에 없다. 분단이라는 아픔을 공유하는 한국인의 눈으로 볼 때, 분명 그들의 선택과 결과는 많은 것을 의미한다. '승리한 사회주의'와 '고립된 민주주의'라는 단순한 이분법으로는 설명할 수 없는, 역사와 현실의 아이러니가 그 속에 담겨 있기 때문이다. 지폐 속 인물과 그들의 흔적으로 이들은 어떤 역사를 기억하기로 합의했을까? 현재 우리가 주목해야 할 부분은 어디일까?

대륙의 역사 중화의 기억

 대륙 중국의 서사는 강에서 시작한다. 해마다 거친 숨결을 토하며 모든 것을 집어삼키는 황허강. 고대 중국 사람들은 이 예측 불가능한 자연의 폭력 앞에 속수무책이었다. 혼돈을 다스리고 질서를 세우려는 최초의 몸부림. 그것이 중국 역사의 첫 장을 연다.

 전설 속 하나라의 우임금은 강물 길을 돌려 치수에 성공한 영웅이었다. 신화 속의 인물이지만, 그 이야기는 중국 문명의 본질을 꿰뚫는다. 자연의 혼돈을 다스리는 자, 그가 곧 인간 세상의 지배자가 될 것이다. 전설의 안개가 걷히고 역사의 실체가 드러난 것은 상나라(기원전 1600경~1046경) 시대. 그들은 청동 그릇에 정교한 무늬를 새겼고, 거북의 등껍질과 짐승의 뼈에 미래를 물었다. 갑골문은 왕이 하늘과 인간을 잇는 유일한 존재였음을 증언한다. 주나라(기원전 1046~256) 무왕은 상나라의 폭군을 몰아내고 새로운 시대를 열었다. 그는 자신의 정복을 정당화할 새로운 논리를 내세웠다. 천명사상. 이것은 혁명의 논리이자 이후 3천 년 중국 왕조 교체의 거대한 순환을 지배하는 대원칙이 되었다. 주나라는 혈연과 공신들을 각지에 보내 다스리게 하는 봉건제도를 통해 거대한 질서의 그물망을 짰다.

하지만 시간이 흐르면서 그물은 느슨해졌다. 주나라 왕실의 권위는 땅에 떨어지고, 각지에 흩어져 있던 제후들이 왕을 자처하며 일어섰다. 춘추전국시대(기원전 770~221)의 시작이었다. 춘추는 아직 옛 질서의 이름이나마 남아 있던 시대로, 힘센 제후들은 '존왕양이(왕을 높이고 오랑캐를 물리친다)'를 외치며 명분을 찾았다. 그러나 전국시대에 이르면 그런 겉치레조차 사라진다. 약육강식, 오직 힘만이 정의가 되는 시대. 7개의 강력한 나라는 서로를 집어삼키기 위해 대군을 동원해 총력전을 벌였다. 춘추전국이라는 극심한 혼란 속에서 나라를 부강하게 하고 난세를 끝낼 방법을 모색한 사상가 집단, 제자백가의 꿈은 요원한 듯 보였다.

500년 넘게 이어진 분열과 전쟁. 모두가 통일을 꿈꾸었지만 아무도 이루지 못하던 그 일을 서쪽 변방의 가장 거칠고 강한 나라 진이 해낸다. 그리고 그 중심에 진시황이 있었다. 무자비한 법치와 강력한 군대로 여섯 나라를 차례로 무너뜨리고, 마침내 기원전

1위안 뒷면(만리장성), 1980년 발행

221년 역사상 최초로 중원을 묶어낸 진왕 정. 그는 스스로 황제라 칭했고, 문자와 화폐, 도량형을 통일하며 새로운 제국을 설계했다. 흩어진 국가, 다양한 문화, 제각기 다른 생각들. 진시황은 이 모든 것을 녹여 '중국'이라는 단일한 개념을 주조해냈다. 그가 없었다면 중국은 어쩌면 유럽과 같은 형태로 역사가 나아갔을지 모른다.

그러나 이 위대한 통일은 끝이 아니었다. 내부의 적을 모두 제거한 황제의 시선은 이제 밖을 향했다. 북쪽 초원에서 불어오는 거칠고 자유로운 바람. 이제 거대하고 불안한 통일 제국의 꿈이 하나의 성벽으로 모습을 드러내기 시작했다. 만리장성은 춘추전국시대, 북방의 바람을 막고자 각 나라가 쌓아 올린 소박한 흙더미에서 비롯되었다. 진시황은 이 흩어진 성벽들을 이어 하나의 거대한 방어선으로 만들었다. 그의 야심은 북방 흉노의 말발굽을 막는 동시에 자신이 세운 통일 제국의 위용을 천하에 과시하는 것이었다. 물론 수많은 백성의 목숨과 피와 눈물을 먹으면서 쌓인 대역사였다. 이후 왕조에도 수많은 증축과 보수가 반복된 만리장성.

그것은 중원의 농경문화와 북방 유목문화 사이, 문명의 충돌과 교류가 교차하는 경계선이었다.

장강(양쯔강) 남쪽, 물의 도시 항주(항저우). 그곳에는 그림처럼 아름다운 서호가 자리하고 있다. "하늘에는 천당이 있고, 땅에는 소주와 항주가 있다"라는 말이 괜히 나온 것이 아니다. 수려한 풍경과 풍요로운 물산은 일찍부터 항주를 번영으로 이끌었다. 항주가 역사의 전면에 나선 것은 남송(1127~1279) 시대였고, 그때까지 중국 역사는 통일과 분열을 반복하며 굽이굽이 많은 흔적을 남겼다.

진시황이 쌓아 올린 통일 왕조는 불과 15년 만에 그의 죽음과 함께 반란의 불길 속에서 사라졌다. 그 잿더미 위에서 한 인물이 새로운 질서를 세운다. 미천한 농민 출신의 유방, 훗날 한 고조다. 그는 진나라의 가혹한 법 대신 관용과 현실적인 통치로 민심을 얻어 마침내 400년 역사의 한나라(기원전 202~기원후 220)를 열었다. 중국이라는 거대한 그

1위안 뒷면(항주의 서호), 2019년 발행

릇의 형태를 완성한 한나라. 무제는 유학을 국가 통치 이념으로 삼아 제국의 정신적 뼈대를 세웠고, 밖으로는 흉노를 몰아내고 비단길을 개척해 동서 문물의 교류를 열었다. 한나라가 남긴 강력한 유산은 너무나도 선명해서, 오늘날까지 중국의 주요 민족은 자신을 한족이라 부른다.

그러나 영원한 제국은 없었다. 거대한 한나라도 내부의 부패와 호족의 발호로 무너져 내렸다. 뒤이어 찾아온 것은 300년을 훌쩍 넘는 기나긴 분열과 혼돈의 시대, 위진남북조시대(220~589)였다. 북방에서는 수많은 유목민족이 중원으로 밀려 들어와 왕조를 세우고 스러지기를 반복했다. 중원의 귀족과 지식인들은 전란을 피해 짐을 꾸려 남으로 향했다. 그들의 피난 행렬은 황무지 같았던 장강 이남, 즉 강남을 새로운 경제와 문화의 중심지로 바꾸어 놓았다.

이 기나긴 분열을 끝낸 것은 짧지만 강력했던 수나라(581~618)였다. 수 문제는 북조의 힘을 바탕으로 남조를 정복하면서 천하를 다시 통일했다. 그 시대가 남긴 가장 위대한 유산은 대운하였다. 북쪽의 정치와 남쪽의 부를 연결한 이 거대한 물길은 이후 왕조들의 번영을 약속하는 기반이 되었다. 그 위에서 중국 역사상 가장 찬란한 황금기, 당나라(618~907)가 꽃을 피웠다. 당나라의 수도 장안(시안)은 세계의 모든 길이 통하는 국제도시였다. 서역의 상인과 중앙아시아의 무희, 신라와 발해 유학생들이 거리를 활보했다. 한자, 유교, 불교, 율령은 주변국을 동아시아 문화권이라는 깊은 영향 속으로 끌어들였다.

그러나 화려했던 당나라 역시 절도사의 반란으로 힘을 잃고 역사의 뒤안길로 사라졌다. 또 한 번의 짧은 혼란기(5대 10국)를 거쳐 천하를 재통일한 것은 송나라(960~1279). 태조 조광윤은 당나라가 군인 때문에 멸망했다고 믿었다. 그는 칼이 아닌 붓을 숭상하는 나라, 문치주의 국가를 설계했다. 그 결과 송나라는 놀라운 경제적·문화적 번영을 누렸다. 인쇄술, 화약, 나침반이 탄생했고, 수도 개봉(카이펑)은 인구 100만의 거대 상업도시로 북적였다. 그러나 이 화려한 번영의 발목에는 군사적 나약함이라는 아킬레스건이 있었다. 북방 유목민족 요나라와 서하에 매년 막대한 세금을 바치며 평화를 사야 했던 이유였다.

마침내 두려워하던 일이 터졌다. 1127년, 북방에서 새로 일어난 여진족의 금나라(1115~1234)가 무서운 기세로 남하했다. 송나라 군대는 속수무책으로 무너졌고, 금나라 군대는 수도를 함락시키고 황제와 태상황을 포로로 끌고 갔다. 왕조의 남은 숨결이 그렇게 장강을 건너 강남으로 향하며, 송 조정은 항주를 임시 수도로 삼았다. 강남의 풍요로움 속에서 항주는 정치, 경제, 그리고 화려한 문화의 중심지로 꽃피었다. 남송 사

10위안(한족&몽골족), 1980년 발행

1자오(고산족&만주족), 1980년 발행

람들은 서호의 아름다움을 보며 슬픔을 달랬고, 성리학을 발전시키며 상처 난 자존심을 어루만졌다.

사실 중국의 역사는 한족이라는 거대한 물줄기를 중심으로 흐르지만, 그 곁에는 수많은 소수민족의 강물이 함께 흘러 바다를 이룬다. 한족은 중국 인구의 대다수를 이루며, 황허문명에서 시작해

진한시대를 거치며 그 정체성을 다져 왔다. 유교문화를 기반으로 중국 문명의 큰 틀을 형성했다. 하지만 중국 역사를 자세히 들여다보면 한족 왕조가 늘 중국 전역을 지배했던 것은 아니다. 때로는 북방 민족의 거센 힘 앞에 무릎 꿇기도 했고, 그들의 지배를 받으며 또 다른 모습으로 변화하기도 했다.

그 대표가 몽골족이다. 몽골 초원의 거친 바람을 맞으며 살아온 이 유목민족은 13세기 초, 칭기즈칸이라는 이름 아래 세계를 뒤흔든 대제국을 건설했다. 칭기즈칸의 손자 쿠빌라이칸이 세운 원나라(1271~1368)는 중원을 약 100년간 지배했다. 멸망당한 남송의 한족에게는 시련의 시간이었을지 모르지만, 동서 문화 교류의 길이 이전 어느 시대보다 활짝 열린 때였다.

만주족도 마찬가지다. 본래 여진족이라 불리며 만주 벌판을 누볐다. 수렵과 농경으로 삶을 꾸린 그들은 17세기 초 누르하치라는 걸출한 지도자 아래 하나로 뭉쳤다. 그의 아들 홍타이지는 국호를 청(1636~1912)으로 바꾸고 족명 또한 만주족이라 칭했다. 이들은 원을 이은 명나라(1368~1644)의 쇠퇴를 틈타 중원을 장악하고, 이후 약 300년간 대륙을 호령했다. 문화와 정체성을 지키려 애썼지만, 거대한 한족 문화 속에 점차 경계가 희미해지기도 했다. 역사의 아이러니다.

중국 서북쪽, 광활한 사막과 험준한 산맥이 펼쳐진 신장 땅. 이곳은 고대부터 동서 문명을 잇는 비단길의 주요 통로였다. 다양한 민족과 문화가 이곳에서 만나고 섞이며 독특한 색채를 만들어냈

2위안(위구르족&이족), 1990년 발행

다. 이 땅의 주요 거주민인 위구르족은 튀르크계 민족으로, 오랜 세월 자신들만의 문화를 꽃피웠다.

8세기 중반, 위구르족은 강력한 제국을 건설해 중앙아시아를 호령했다. 그들은 당나라와 활발하게 교류하며 불교와 마니교 등 여러 종교를 받아들였다. 그러나 몽골제국의 지배를 거쳐 18세기 중반 청나라 건륭제 때 중국 영토로 편입된다. '새로운 강역'이라는 뜻의 신장. 이 이름에는 정복자의 시선이 배어 있다. 청나라는 이곳에 여러 민족을 이주시키며 통치를 강화했다. 그러나 그들은 이슬람을 따르며 고유한 언어와 문자를 지켜왔고, 청나라의 지배 아래에서도 그들만의 삶의 방식을 이어가고자 노력했다.

만리장성의 돌 하나, 서호의 물 한 방울, 신장의 모래 한 알, 그리고 그 안에서 살아 숨 쉬었던 수많은 이름. 그러나 위안 지폐에는 중국에 스며든 문화, 즉 유교와 불교, 여러 제도와 관련된 역사 속의 인물, 흔적들이 없다. 대신 소수민족의 도안은 굳건히 남아있다. 그런 도안 선택 자체가 무엇을 의미하는지, 중국 속내를 드러내는 역사의 현장 같아 씁쓸하다.

하나의 뿌리, 두 가지로 뻗다

 수천 년 중화의 자부심은 서양 열강의 함포 앞에 속절없이 무너졌다. 영국 상인들이 들여온 아편은 중국인의 몸과 마음을 잠식했고, 막대한 양의 은이 나라 밖으로 흘러나갔다. 임칙서는 아편을 불태우며 저항했지만 돌아온 것은 무력 침공이었다. 아편전쟁의 패배는 난징조약(1842)이라는 치욕적인 결과로 이어졌다. 홍콩이 할양되고, 항구가 강제로 개방되었다. 이는 시작에 불과했다. 이후 서구 열강은 연이어 청의 이권을 침탈하며 반식민지 상태로 전락시켰다. 중화의 자존심은 산산조각났다.

 외세의 침략과 청나라 조정의 무능은 백성의 삶을 극한으로 내몰았다. 이런 절망 속에서 태평천국운동(1850~1864)이라는 거대한 농민 봉기가 일어났다. 홍수전은 기독교 교리를 바탕으로 '만민 평등'을 내세우며 새로운 세상을 꿈꾸었다. 그의 군대는 남경(난징)을 점령하고 '태평천국'을 선포하며 한때 청나라를 위협할 정도로 세력을 떨쳤다. 토지 균등 분배와 악습 철폐 같은 개혁안은 굶주린 민중의 마음을 사로잡았지만, 내부 분열과 청나라 및 서구 열강의 개입으로 결국 진압되고 말았다. 그러나 태평천국운동은 봉건 질서에 대한 강력한 도전이었으며, 이후 혁명운동에 큰 영향을 미쳤다.

100대만달러(쑨원), 2011년 발행

멸망 직전의 청나라를 구하기 위한 양무운동(1861~1894)이나 변법자강운동(1898) 같은 개혁 시도는 미봉책에 그쳤다. 시대는 근본적인 변화를 요구했다. 그리고 그 중심에 쑨원(1866~1925)이 있었다. 중국 남부 광둥성의 가난한 농가에서 태어난 그는 하와이와 홍콩에서 서구 학문을 접하며 혁명의 뜻을 키웠다. 그는 만주족의 청나라를 타도하고 한족 중심의 공화국을 세우고자 했다. 그의 삼민주의(민족주의, 민권주의, 민생주의)는 혁명의 이념적 토대가 되었다. 수많은 좌절과 실패 속에서도 그는 멈추지 않았다.

마침내 1911년 우창 봉기를 시작으로 신해혁명이 성공하며 아시아 최초의 공화국, 중화민국(1912)이 탄생했다. 하지만 혁명의 과실은 북양군벌의 수장 위안스카이에게 돌아갔다. 그는 쑨원에게서 임시 대총통 자리를 넘겨받았지만, 황제가 되려는 야심을 드러냈고 공화국은 또다시 혼란에 빠졌다. 위안스카이의 죽음 이후 중국은 군벌들이 각축을 벌이는

200대만달러(장제스), 2001년 발행

혼란기로 접어든다. 혁명의 길은 멀고도 험난했다. 쑨원의 이상은 현실 정치의 벽 앞에서 좌절을 맛보았지만, 그가 뿌린 혁명의 씨앗은 중국 근대사의 결정적인 전환점이 되었다. 대륙 중국과 대만에서 국부처럼 추앙되면서 대만 사람들이 가장 많이 사용하는 100대만달러 지폐 도안으로 그가 자리한 이유다.

쑨원의 유지를 이어받은 인물은 장제스(1887~1975)였다. 그는 황포군관학교 초대 교장을 역임하며 군사력을 키웠고, 북벌(1926~1928)을 통해 군벌 세력을 제압하고 명목상 중국을 통일했다. 그는 강력한 중앙집권 국가를 추구했지만, 그의 앞에는 내부의 공산당 세력과 외부의 일본 제국주의라는 거대한 도전이 기다리고 있었다.

한편, 중국 농촌에서는 새로운 혁명의 불꽃이 타오르고 있었다. 그 중심에 자리한 마오쩌둥(1893~1976). 그는 마르크스-레닌주의를 중국 현실에 맞게 재해석해 농민을 혁명의 주체로 삼고자 했다. 그의 동지로는 홍군의 아버지라 불린 주더, 실용적인 행정가였던 저우언라이, 그리고

혁명 50주년 기념 50위안(마오쩌둥), 1999년 발행

한때 마오쩌둥의 후계자로 여겨졌으나 비극적인 최후를 맞은 류사오치 등이 있었다. 이들은 중국 공산당을 이끌며 장제스의 국민당과 대립했다.

외세의 침략과 내부의 혼란 속에서 국민당과 공산당은 때로는 손을 잡기도 하고, 때로는 서로에게 총구를 겨누었다. 제국주의 열강의 이권 침탈에 맞서기 위한 1차 국공합작(1924~1927)은 국민당 내부의 반공 세력 강화와 장제스의 공산당 탄압으로 결렬되었다. 이후 공산당은 도시에서 농촌으로 근거지를 옮겨 정강산 등지에 혁명 근거지를 건설하고, 국민당의 토벌 작전을 피해 무려 1

만 2천여 킬로미터에 달하는 대장정(1934~1935)이라는 고난의 행군을 감행한다. 마오쩌둥이 당내 지도권을 확립한 과정이었다.

일본 침략이 본격화되면서 항일이라는 공동 목표 아래 2차 국공합작(1937~1945)이 성사되었다. 그러나 이 협력 또한 불안정한 것이었고, 항일전쟁 승리 후 국공 양측은 중국의 미래를 걸고 격렬한 내전에 돌입했다. 결국 내전에서 승리한 것은 마오쩌둥이 이끄는 공산당이었다. 1949년 10월 1일, 마오쩌둥은 천안문 광장에서 중화인민공화국 수립을 선포했다. 장제스와 국민당 정부는 대만으로 쫓겨 가듯 이동해 중화민국 정부를 이전하는 국부천대(1949)를 단행했다. 이로써 중국은 대륙의 중화인민공화국과 대만의 중화민국으로 나뉘는 비극을 맞이했다.

마오쩌둥 시대 중국은 거대한 실험의 연속이었다. 토지개혁, 대약진운동(1958~1962) 등 사회주의 국가 건설을 위한 시도들이 이어졌으나, 그 과정에서 심각한 경제적 혼란과 인명피해가 발생했다. 특히 1966년부터 1976년까지 약 10년간 이어진 문화대혁명은 중국 사회 전체를 극도의 혼란으로 몰아넣었다. 전통문화가 파괴되고, 지식인과 당 간부들이 박해받았으며, 수많은 이들이 목숨을 잃거나 고통받았다. 마오쩌둥 개인에 대한 숭배가 극에 달했고, 중국 사회는 깊은 상처를 입었다. 그의 사상은 중국 혁명의 원동력이었

100위안(주더&류사오치&저우언라이&마오쩌둥), 1990년 발행

200대만달러 뒷면(대만 총통부), 2001년 발행

지만 동시에 엄청난 비극을 낳은 양날의 검이었다. 현재 중국 위안의 모든 지폐 앞면에 자리하는 마오쩌둥. 중국사에서 그의 의미는 영원히 불변할까?

한편, 국공내전에서 패배해 대만으로 이전한 장제스 정부는 '대륙 수복'을 최우선 국시로 삼고, 수십 년간 이어진 강력한 계엄령을 통해 권위주의적 통치 체제를 구축했다. 이런 통치 아래, 먼저 대만에 정착해 있던 본성인과 장제스를 따라온 외성인 사이의 갈등은 깊어졌다. 결국 1947년, 정부의 폭정에 항거하는 민중을 군대가 무자비하게 학살한 '2·28사건'이 발생한다. 이 사건을 시작으로 수십 년간 지식인과 반체제 인사에 대한 정치적 탄압, '백색테러'가 이어졌다. 대만 현대사의 가장 큰 비극이자 여전히 치유되지 않은 상처다. 이 모든 역사의 격랑을 타이베이의 중심에서 지켜본 건물이 대만 총통부다. 본래 일제강점기 식민 통치의 심장부 대만 총독부 청사였던 이 건물은 이제 중화민국 총통부로 사용되며 한 시대의 지배가 다른 시대의 지배로 이어지는 대만의 복잡한 역사를 상징하고 있다.

1960년대 말, 대만은 장제스 총통의 국민당 정부 아래 경제발전을 이루어 가고 있었지만, 외교적으로는 절체절명의 위기에 놓여 있었다. 미국이 중화인민공화국과의 관계 개선을 모색하며 대만을 압박했고, 유엔에서 대표권 상실 위기가 현실로 다가오던 암울한 시기였다. 바로 그때, 1969년 진퉁 리틀야구단의 월드시리즈 제패 소식은 대만 사회 전체에 큰 자부심과 위안을 안겨주었다. 이 작은 야구공의 승리는 척박한 국제 환경 속에서 대만의 이름을 세계에 각인시킨 상징적인 쾌거였기 때문이다. 지폐에 도안으로 남은 이유로 충분했다.

대륙 중국에서 마오쩌둥 사후 실권을 장악한 덩샤오핑은 '개혁개방' 정책을 추진하며 중국 경제의 비약적인 발전을 이끌었다. 그러나 급격한 경제성장의 이면에서는 관리들의 부패, 심각한 인플레이션, 빈부격차 등의 문제가 심화했고, 정치적 자유와 민주화에 대한 시민

500대만달러(리틀야구 우승), 2004년 발행

들의 요구 또한 커졌다. 이런 사회적 불만은 1989년 4월, 개혁파 지도자였던 후야오방의 갑작스러운 죽음을 계기로 폭발했다. 그의 죽음을 추모하기 위해 베이징 천안문 광장에 모인 학생들은 점차 부패 척결, 언론 자유 보장, 민주화 등을 요구하는 대규모 시위

를 벌였고, 여기에 수많은 시민이 동참했다.

  시위가 몇 주간 이어지자 중국 지도부는 이를 동란으로 규정하고 5월에 계엄령을 선포한다. 그리고 마침내 6월 4일 새벽, 인민해방군의 탱크와 장갑차는 천안문 광장의 시위대를 참혹하게 진압했다. '6·4천안문사건'. 수많은 사상자가 발생한 이 사건으로 중국 사회는 지울 수 없는 깊은 상처를 안았다. 이후 중국 공산당은 정치적 통제를 더욱 강화했으며, 이 비극은 오늘날까지도 중국 내에서는 언급이 금기시되는 역사가 되었다.

  현재 대륙 중국과 대만의 관계, 즉 양안 관계는 여전히 복잡하고 민감한 문제로 남아 있는 상황이다. 그 속에서 중국과 대만이 지폐 도안으로 택해 기억하게 하고 보여주려 하는 것은 너무나 다르다. '하나의 중국' 원칙을 내세우는 중국, 독자적인 정체성을 강조하는 대만 사이 정치적·군사적 긴장 역시 계속이다. 경제적으로는 교류가 활발하지만, 그 이면에는 서로 다른 미래를 꿈꾸는 두 체제의 팽팽한 힘겨루기가 존재한다. 이 아슬아슬한 공존의 역사는 여전히 현재진행형이고, 미완성이며, 결과는 예측불허다.

10위안 뒷면(천안문), 1965년 발행

인도양을 잇는 찬란한 은 이야기

인도네시아 · 인도
· 파키스탄

인도양을 따라 펼쳐진 거대한 군도 국가 인도네시아와 유구한 문명의 발상지 인도, 파키스탄. 이들은 공통점을 지닌다. 장대한 고대문명의 새벽을 열었고, 거대한 왕국들의 흥망성쇠를 지켜보았다. 외부 세계로부터 새로운 종교와 문화가 밀려와 기존의 것들과 뒤섞이며 독특한 색채를 만들어냈고, 특히 이슬람의 영향력은 국경을 넘어 광범위하게 스며들었다. 근대에는 영국과 네덜란드라는 유럽 열강의 쓰라린 식민 지배 경험을 공유했고, 독립을 향해 나아가 이루어냈다. '루피아' 혹은 '루피'라는, 어딘가 닮은 이름의 화폐 사용도 그렇다.

 이처럼 비슷한 역사의 물줄기를 헤쳐 왔음에도 불구하고 이들이 피워낸 문화의 꽃은 저마다 다른 향기를 내뿜는다. 수천 섬이 빚어낸 인도네시아의 역동적인 예술혼, 갠지스강의 신성과 무수한 신들의 이야기를 간직한 인도의 영성, 그리고 이슬람의 이상을 국가 초석으로 삼고 고대 인더스문명의 깊이를 자랑하는 파키스탄의 뚜렷한 색채까지.

 이 모든 개성과 다양성은 루피아와 루피 위에 어떻게 투영되어 있을까? 어떤 인물이 민족의 영웅으로 추앙받으며 그 얼굴을 새겼을까? 어떤 건축물이 과거의 영광을 증언하며 당당히 자리잡았을까? 또 어떤 풍경이 그 나라 사람들의 마음속 가장 깊은 곳에 자리한 이상향을 대변하고 있을까? 이제 그 화폭을 펼쳐 인도양을 사이에 둔 이들 나라의 역사를 들여다볼 차례다. 익숙한 듯 낯선 이름 뒤에 숨겨진 장엄한 역사와 문화, 그리고 그 모든 것을 함축하고 있는 지폐 속 세상을 향해 설레는 발걸음을 내디뎌보자.

아르키펠라고 연대기, 1만 7천 섬의 파노라마

정교하고 아름다운 바틱 염색, 영혼을 울리는 신비로운 가믈란 음악, 빛과 그림자로 이야기를 풀어내는 와양 쿨릿 그림자 인형극. 세계적으로도 잘 알려진 인도네시아의 문화유산이다. 단순한 볼거리가 아닌, 그들의 삶과 정신이 깃든 예술이다.

인도네시아는 익히 알려진 섬들 자바, 수마트라섬, 보르네오로 익숙한 칼리만탄, 술라웨시, 파푸아나 말루쿠 외에도 세계에서 가장 많은 섬, 무려 1만 7천여 개로 이루어진 군도 국가다. 각 섬과 지역은 저마다 고유한 언어와 전통예술, 음악, 춤, 그리고 삶의 의식들을 간직하고 있다. 인도네시아라는 이름이 단순한 지리적 명칭을 넘어 수많은 종족과 문화가 숨 쉬며 엮어 온 거대한 서사시라 표현될 수 있는 이유다.

인도네시아 역사는 먼 옛날, 바다를 건너온 외부 세계와 조우로 그 막을 올렸다. 기원후 몇 세기가 지났을 무렵, 인도 상인과 브라만 계급이 새로운 사상과 종교를 가지고 이 땅을 밟았다. 힌두교와 불교의 가르침은 인도네시아 군도에 자연스럽게 스며들었고, 이는 위대한 왕국들의 탄생으로 이어졌다. 7세기부터 13세기까지 해상무역을 장악하며 번영한 스리위자야는 강력한 불교 왕국이었다. 그 뒤를 이어 8세기에서 10세기 사이에는 마타람왕국이, 13세기 말부터 16세기 초까지는 마자파힛제국이 힌두-불교문화의 꽃을 피웠다.

중부 자바 땅, 이른 아침 안개 속에 고요히 솟아오르는 보로부두르. 8세기와 9세기 샤일렌드라왕조 시대에 건립된 이 거대한 사원은 캄보디아의 앙코르와트, 미얀마의 바간과 함께 세계 3대 불교 유적지로 꼽힌다. '산의 왕'이라는 뜻의 샤일렌드라는 강력한 해상 세력이었고, 대승불교를 신봉한 왕조였다.

100만여 개의 바위를 깎아 접착제 없이 정교하게 층층이 쌓아올린 단과 회랑, 그리고 수백의 불상과 정교한 부조. 이들은 우주와 인간, 그리고 깨달음에 이르는 길을 형상화한 거대한 입체 만다라다. 순례자들은 동쪽 계단에서 시작해 각 층의 회랑을 시계 방향으로 돌며

1만 루피아 뒷면(보로부두르), 1992년 발행

부조를 감상하고 정상으로 올라가도록 설계되었다. 인간의 번뇌에서 해탈로 나아가는 순례의 여정을 상징하는 길이다.

멀지 않은 곳에는 또 다른 위대한 유산, 프람바난이 하늘로 날카로운 첨탑들을 뻗고 서 있다. 힌두교의 주요 신들, 브라흐마, 비슈누, 시바에게 봉헌된 동남아시아 최대 규모의 힌두 사원 단지. 9세기 보로부두르가 완공된 직후, 힌두교를 신봉하던 마타람왕국(8세기~11세기) 왕 라카이 피카탄이 샤일렌드라 공주와 결혼하면서 건설했다고 한다. 정치적 안정을 꾀하고 힌두교 세력의 구심점을 세우기 위해서였다. 무려 240여 개의 크고 작은 사당들이 모여 있는데, 특히 중앙의 시바 신전은 47미터 높이의 압도적인 위용을 자랑한다.

완공 후 얼마 지나지 않아 인근 므라피 화산이 폭발하고 정치적 중심지가 동부 자바로 이전하면서 수 세기 동안 정글에 버려졌다. 그러다 18세기 네덜란드 동인도회사 직원이 우연히 발견하며 세상에 나왔는데, 지금도 사원 곳곳에서는 무너진 돌들을 제자리에 맞추려는 노력이 계속이라고 한다. 벽면을 장식한 〈라마야나〉 서사시 부조가 살아 움직이는 듯 생생하고 역동적인 프람바난. 장인의 손길이 빚어낸 석조 예술의 극치를 보여준다.

시간이 흘러 13세기경, 군도에 이슬람교가 전파되었다. 무력이나 강요가 아닌, 교역과 일상의 교류를 통해 평화롭게 말이다. 기존 토착신앙과 힌두-불교문화 토양 위에 이슬람은 뿌리를 내렸고, 점차 인도네시아 군도 전역으로 퍼져나가 여러 이슬람 술탄국이 세워졌다. 오늘날 인도네시아가 세계에서 가장 많은 무슬림 인구를 가진 나라로 알려지는 시작이었다. 물론 유명한 발리는 여전히 힌두교 전통을 굳건히 지키고 있는 섬이지만.

몇 세기 뒤, 이 땅이 품은 풍부한 향신료는 유럽 땅의 욕망을 자극하며 길고도 고통스러운 식민 지배의 그림자를 불러들였다. 포르투갈 함대가 1511년 말루쿠 해협을 점령하며 그 물꼬를 텄다.

1만 루피아 뒷면(프람바난), 1979년 발행

곧이어 등장한 더 강력한 경쟁자, 네덜란드 동인도회사는 그 자리를 대신해 약 350년간 식민 통치를 이었다. 막강한 군사력과 교묘한 상업적 술책으로 포르투갈을 몰아내고 인도네시아 군도 대부분을 장악한 것이다. 향신료 무역을 독점하고, 강제 경작을 통해 원주민의 피와 땀으로 막대한 이익을 쌓아 올렸다. 1799년 네덜란드 동인도회사가 해산된 이후에는 정부가 직접 통치하는 네덜란드령 동인도로 편입되었다. 억압은 깊어졌고, 저항의 불길 또한 거세게 타올랐다. 루피아 도안에는 그 저항의 중심인물들이 자리잡았다.

"늙은 파티무라들은 부서져도 좋다. 언젠가 젊은 파티무라들이 다시 일어설 것이다!"

1817년, 한 인물이 교수대 위에서 마지막 말을 남기고 떠났다. 그의 나이 서른넷. 이름은 토마스 마툴레시(1783~1817). 인도네시아 사람들은 그를 '파티무라'라는 이름으로 기억한다. 오늘날 인구 대다수가 무슬림인 인도네시아에서 기독교 신자였던 그는 어떻게 국가 영웅이 되었을까?

19세기 초 유럽을 휩쓴 나폴레옹전쟁은 동남아시아 섬들의 운명까지 바꿔 놓았다. 나폴레옹 손에 넘어간 네덜란드를 대신해 영국이 잠시 인도네시아를 통치했다. 이때 자바 총독으로 부임한 토머스 스탬퍼드 래플스가 몇몇 개혁 정책을 시도했고, 잊혔던 보로부두르 사원을 재발견해서 세상에 알리는 업적을 남기기도 했다. 영국군은 현지인으로 보조 군단을 꾸렸고, 토마스 마툴레시는 그 군단 소속의 유능한 군인이었다. 하사관까지 올랐지만, 평화는 짧았다. 1816년, 전쟁이 끝났고 네덜란드가 돌아왔다. 그들은 돌아오자마자 현지 보조 군단을 해산했고, 주민들에게는 강제노동과 무거운 세금을 부과했다. 한때 제국 군인이었던 이들은 하루 아침에 일자리를 잃고 억압받는 식민지 백성으로 전락했다. 마툴레시와 말루쿠 주민들이 분노한 지점이다. 1817년, '캡틴 파티무라'가 이끄는 항쟁의 불길이 타올랐다.

1천 루피아(토마스 마툴레시), 2000년 발행

파티무라 군대는 네덜란드 요새를 점령하며 식민 정부를 충격에 빠뜨렸다. 그러나 승리는 길지 않았다. 압도적인 군사력과 신무기를 앞세운 네덜란드의 총공세가 시작되었다. 설상가상 내부 배신자까지 나오며 전세는 빠르게 기울었다. 몇 달에 걸친 치열한 저항 끝에 1817년 11월, 파티무라는 결국 체포되고 만다. 그의 육신은 파괴되었지만, 이름과 정신은 사라지지 않았다. 스스로 예언했듯 '젊은 파티무라들'은 인도네시아 독립 투쟁 역사 속에서 계속 일어섰다. 그의 저항 정신은 암본의 파티무라 대학교와 공항에, 그리고 1천 루피아 지폐에 새겨져 지금도 인도네시아 사람들의 마음을 뛰게 한다.

19세기 수마트라의 고원지대에서는 다른 불길이 타올랐다. 투안쿠 이맘 본졸(1772~1864). 그의 시작은 전사가 아니었다. 32세, 두 친구와 함께 메카로 성지순례를 떠났던 그는 이슬람 근본주의 사상에 깊이 매료되어 돌아온다. 당시 그의 고향 미낭카바우 땅에서는 토착 관습(아닷)과 섞인 이슬람이 뿌리내리고 있었다. 이맘 본졸의 눈에 도박, 투계, 음주는 순수한 신앙을 더럽히는 악습일 뿐이었다. 그는 개혁의 칼을 뽑아 들었다. 자신과 뜻을 같이하는 이들을 '파드리'라 불렀고, 관습 철폐를 외쳤다. 파드리의 칼날은 오랜 관습을 지켜온 아닷 세력의 거센 반발을 불렀다. 결국 형제끼리 칼을 겨누는 비극, 파드리전쟁(1803~1837)이 시작되었다.

내전에서 수세에 몰린 아닷 세력은 돌이킬 수 없는 선택을 했다.

5천 루피아(투안쿠 이맘 본졸), 2001년 발행

1821년, 네덜란드에 손을 내민 것이다. 이는 네덜란드에 수마트라 내륙으로 세력을 뻗칠 절호의 기회였다. 외세가 개입하며 전쟁의 성격은 완전히 뒤바뀐다. 동족 간 싸움은 이민족 침략자에 맞서는 저항 전쟁이 되어갔다. 이맘 본졸의 저항을 도운 것은 네덜란드의 또 다른 적이었다. 당시 네덜란드의 발목을 잡은 인물, 자바 땅에서 봉기한 디포네고로 왕자(1785~1855)였다. 그는 왕족의 안락함을 버리고 백성 편에 서서 네덜란드에 맞서 싸웠다. 그의 자바전쟁(1825~1830)은 인도네시아 전역에 식민 통치의 부당함을 알리고 저항의 불씨를 지폈다. 두 개의 전선에서 싸워야 했던 네덜란드는 수마트라에 모든 힘을 쏟을 수 없었다. 그 덕에 이맘 본졸은 잠시 숨을 돌리며 성공적으로 저항을 이어갔다.

하지만 디포네고로의 투쟁이 패배로 끝나자 운명의 저울추는 급격히 기울었다. 자바를 제압한 네덜란드는 압도적인 병력과 화력을 수마트라로 돌렸다. 결국 이맘 본졸의 마지막 요새마저 함락되었다. 그는 기만적인 평화협상 자리에 나섰다가 속임수에 빠져 체포되었고, 머나먼 유배지에서 눈을 감았다. 단순한 종교 지도자를

1천 루피아(디포네고로 왕자), 1975년 발행

넘은 그는 네덜란드의 침략에 맞서 공동체를 이끌고 끈질기게 투쟁한 전사로 남았다.

수마트라 북부 아체 지역의 저항은 더욱 치열하고 길었다. 이곳에서는 용맹한 여성 지도자가 네덜란드군을 공포에 떨게 했다. 컷냐크 디엔(1848경~1908). 남편 테우쿠 우마르와 함께, 그리고 남편이 전사한 후에도 그녀는 항전을 멈추지 않았다. 밀림을 누비며 게릴라전을 이끌었고, 네덜란드군에는 가장 껄끄러운 존재가 되었다. 눈을 다치고 포로가 되어서도 그녀의 기개는 꺾이지 않았다. 불굴의 정신과 용기는 인도네시아 여성의 강인함을 상징하며, 역시 과거 지폐에 그 모습이 담겨 많은 이들에게 영감을 주었다. 역사는 그녀를 '아체의 사자'라 부른다.

20세기로 접어들면서 민족의식은 더욱 고양되었다. 새로운 시대의 지식인들은 조직적인 운동을 통해 독립의 기초를 닦기 시작했다. 의사였던 수토모 박사(1888~1938)는 1908년 인도네시아 최초의 민족운동 단체인 '부디 우토모(고귀한 노력)' 창립을 주도

했다. 지식인들의 문화 학술적인 주제들을 논의하고 현대화를 추구하는 인도네시아 최초의 민족주의 단체. 수토모 박사의 선구자적인 역할은 그를 인도네시아 독립의 초석을 놓은 인물로 평가받게 했다. '인도네시아' 라는 이름이 네덜란드령 동인도를 대체하는, 민족의 정체성과 열망을 담은 정치적 용어로 널리 사용되기 시작한 때도 이 무렵이었다. '인도(Indus)'와 '섬(nesos)'을 뜻하는 그리스어에서 유래한 이 명칭은, 19세기 중반 영국 학자들이 처음 사용했지만, 20세기 초 민족운동가들의 손에서 새로운 생명을 얻었다.

1만 루피아(컷 나크 디엔), 1998년 발행

마침내 인도네시아 독립운동의 가장 빛나는 두 별, 아흐메드 수카르노(1901~1970)와 모하마드 하타(1902~1980)가 역사의 전면에 등장한다. 카리스마 넘치는 웅변가였던 수카르노와 냉철한 지식인이었던 하타는 서로 다른 개성을 가졌다. 각각 인도네시아 국내와 해외에

1천 루피아(수토모 박사), 1980년 발행

서 해방운동 세력의 지도자로 등장했지만, 조국 독립이라는 하나의 목표 아래 평생의 동지가 된 그들이었다. 네덜란드 식민 당국

에 의해 투옥되고 유배되는 중에도 독립 의지는 절대 꺾이지 않았다. 1945년 8월 17일, 일본 패망 직후, 수카르노와 하타의 이름으로 인도네시아 독립선언문이 낭독되었다. 인도네시아 공화국의 초대 대통령과 부통령이 된 두 사람의 모습은 현재 10만 루피아 지폐에 나란히 담겨 인도네시아 독립과 건국의 아버지로서 영원히 기억된다. 두 초상 사이에 보이는 서류가 인도네시아의 독립선언문이다.

독립선언은 끝이 아니었다. 네덜란드는 이를 인정하지 않고 재식민화를 시도했고, 4년간의 치열한 인도네시아 독립전쟁 (1945~1949)이 발발했다. 이때 인도네시아 공화국군의 총사령관으로 불굴의 투혼을 보여준 인물이 바로 수디르만 장군 (1916~1950)이다. 그는

10만 루피아(아호메드 수카르노&모하마드 하타), 2014년 발행

심각한 폐결핵을 앓아 한쪽 폐가 제 기능을 하지 못하는 상황에서도 들것에 실려 전장을 누비며 게릴라전을 지휘했다. 그의 헌신적인 리더십은 열악한 상황에 놓여 있던 인도네시아군에 큰 용기를 불어넣었다. 열악한 무기와 장비에도 불구하고 인도네시아군은 불굴의 의지로 저항했다. 국제사회의 지지가 더해지면서 1949년 네덜란드는 인도네시아의 완전한 주권을 인정할 수밖에 없었다. 수많은 희생 끝에 얻어낸 값진 독립이었다.

독립 이후 인도네시아는 수많은 도전과 시련 속에서 국가의 기틀을 다져나갔다. 헤아릴 수 없이 많은 섬과 다른 언어, 문화를 가진 종족 사이의 국가 통합. 이 거대한 과제를 앞에 두고 초대 대통령 수카르노에 이어 권좌에 오른 하지 모하마드 수하르토(1921~2008)는 30년 넘게 장기 집권하며 '신질서' 시대를 이끌었다. 그의 통치 아래 인도네시아

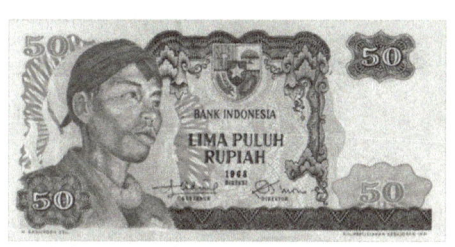

50루피아(수디르만 장군), 1968년 발행

는 경제발전을 이루었지만, 권위주의적 통치와 인권 문제라는 어두운 그림자 또한 드리웠다. '비네카 퉁갈 이카', 다양성 속의 통일을 뜻하는 국가 표어와 루피아 속 독립 영웅들의 치열한 삶은 21세기 수많은 과제 속 미래를 모색하는 인도네시아의 길을 비추는 거울이 되어주고 있다.

인더스에서 갠지스로, 간디에서 진나로

2009년 아카데미 시상식은 한 편의 영화를 위한 무대였다. 인도 뭄바이 빈민가를 배경으로 한 영화, 〈슬럼독 밀리어네어〉가 작품상과 감독상을 포함해 8개 부문을 휩쓸었다. 영화의 한 장면. 경찰은 수사받는 주인공에게 묻는다. 1천 루피 지폐에 누가 그려져

있습니까? 미국 100달러 지폐 속 인물이 벤저민 프랭클린이라 답했던 주인공은 정작 이 질문에 답하지 못한다. 경찰의 의심은 깊어진다. 인도의 모든 지폐에는 액면가와 상관없이 단 한 사람의 얼굴이 새겨져 있기 때문이다. 마하트마 간디. 이웃 나라 파키스탄 역시 마찬가지다. 모든 지폐 앞면은 한결같이 무함마드 알리 진나를 향한다.

한 국가의 모든 화폐가 오직 한 사람만을 기리는 것은 무슨 까닭일까? 여기에는 단순한 존경을 넘어, 한 문명이 겪어낸 거대한 서사와 피할 수 없었던 분열의 역사가 담겨 있다. 아침이면 갠지스강 둑에 기도 소리가 울려 퍼지고, 저녁이면 모스크에서 아잔이 흐르는 땅. 인도 아대륙. 간디와 진나는 수천 년 신앙과 전통이 공기처럼 스미든 이 거대한 문명의 마지막을 장식한 두 주인공이다. 한때는 영국의 압제에 맞서는 동지였지만, 결국 각자의 길을 걸어야 했던 비운의 인물들. 그들의 얼굴이 새겨진 지폐는 단순한 돈이 아니다. 그것은 매일 손에 쥐는 역사의 증표이며, 결코 하나로 남지 못한 두 나라의 정체성이다.

기원전 2600년경, 현재 파키스탄과 인도 북서부를 관통하는 인더스강 유역에는 세계 4대 문명 중 하나인 인더스문명이 꽃을 피웠다. 그 중심에는 모헨조다로라는 놀라운 도시가 있었다. 파키스탄 신드주에 자리한 이 유적은 고대도시의 모습을 생생하게 보여준다. 붉은 벽돌로 정교하게 구획된 거리, 위생적인 하수시설, 그리고 거대한 공중목욕탕까지 갖춘 계획도시. 당시 사람들의 높은

20파키스탄루피 뒷면(모헨조다로), 2005년 발행

생활수준과 조직력이 짐작된다. 모헨조다로의 정교한 도시와 유물들은 파키스탄의 20루피 지폐 뒷면에 새겨져, 그 땅이 품은 문명의 유구함을 자랑스럽게 드러내고 있다.

시간이 흘러 기원전 1500년경, 중앙아시아로부터 아리아인들이 인도 북서부로 이동해 오면서 베다 시대가 열렸다. 이 시기 그들의 지혜와 신앙을 담은 경전 '베다'가 편찬되었고, 이는 힌두교의 뿌리가 되는 브라만교 발전의 토대가 되었다. 점차 브라만, 크샤트리아, 바이샤, 수드라로 나뉘는 카스트제도의 원형이 나타나기 시작했다. 수천 년 동안 인도 사회에 영향을 미칠 질서의 시작이었다.

기원전 6세기경, 브라만교의 지나친 권위와 형식주의에 대한 반성이 일어나면서 새로운 사상과 종교가 태동했다. 그중 하나가 불교다. 고타마 싯다르타는 생로병사의 고통을 목격하고 그 해답을 찾아 깨달음을 얻어 부처가 되었다. 그의 가르침은 카스트의 차별 없이 모든 존재가 해탈에 이를 수 있다는 희망이 되었다. 비슷한 시기 자이나교 또한 엄격한 불살생과 고행을 통해 영혼의 정화를 추구하며 등장했다.

이런 종교적 각성의 시대에 인도 최초의 통일 제국, 마우리아왕조(기원전 322~185)가 등장했다. 특히 제3대 왕인 아소카 대왕(기원전 304~232)의 이름과 업적을 빼놓고 인도 고대사를 논할 수 없다. 99명의 왕자를 죽이고 왕위에 오른 것에서 보이듯 잔인함과 권력에 대한 그의 집착은 상상을 초월할 정도였다. 초기에 폭력과 정복 전쟁을 통해 영토를 확장한 이유였다.

그러나 칼링가왕국과 처참한 전쟁 이후 깊이 참회하고 불교에 귀의한 그는 폭력이 아닌 법(다르마)에 의한 통치를 선언한다. 불교의 가르침을 널리 전파하며 자비와 관용의 정치를 펼쳤다. 아소카 대왕이 제국 곳곳에 세운 석주 중, 사르나트에서 발견된 아소카 석주 사자상은 4마리의 사자가 등을 맞대고 용맹하게 포효하는 모습으로, 사방으로

100인도루피(사자 석주상), 1975년 발행

퍼져나가는 불법을 상징한다. 오늘날 인도 공화국의 국장으로 채택되어 인도의 정체성을 나타낸다.

마우리아왕조 이후, 1세기~3세기경 중앙아시아에서 온 유목민 쿠샨족이 세운 쿠샨왕조로 이어진다. 인도 북서부를 중심으로 번영한 쿠샨왕조는 간다라미술로 세계사에 각인된 시대다. 뒤

이어 320년경부터 550년까지 북인도를 중심으로 번영한 굽타왕조는 '인도의 황금시대'로 불린다. 힌두교가 부흥하고, 산스크리트 문학, 천문학, 수학 등 학문과 예술이 눈부시게 발전했다. 0의 개념과 십진법 체계가 이 시기에 발명되거나 체계화되었다는 점은 인류 문명사에 남긴 위대한 공헌이다. 수많은 힌두 사원 건축의 기초가 마련되었고, 그 예술적 전통은 후대에까지 이어졌다. 굽타 시대 이후 라슈트라쿠타왕조 등에 의해 조성된 엘로라 석굴(6~10세기)은 이런 종교적 다양성과 예술적 성취를 웅변하는 거대한 증거다. 하나의 언덕 전체가 불교, 힌두교, 자이나교의 석굴 사원으로 이루어져 있는데, 그중에서도 단일 암석을 깎아 만든 거대한 카일라사 사원은 그 규모와 정교함으로 보는 이를 압도한다.

엘로라 석굴의 장엄한 모습은 인도 20루피 지폐 뒷면에도 새겨져, 종교 간 조화와 고대 건축 기술의 위대함을 전한다.

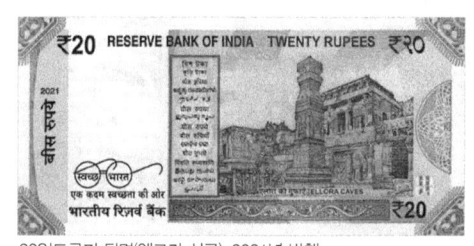

20인도루피 뒷면(엘로라 석굴), 2021년 발행

굽타왕조가 쇠퇴한 후 인도는 여러 지역 왕조로 분열되는 시대(7~12세기)를 맞이한다. 남인도에서는 촐라왕조가 강력한 해상 세력을 바탕으로 번영했고, 북인도에서는 라지푸트족의 여러 왕국이 할거했다. 이 시기에 힌두교 사원 건축은 그야말로 절정이었다. 남인도 타밀나두주 탄자부르에 우뚝 솟은 브리하디스와라 사원(11세기 초)은 시바 신에게 봉헌된 거대한 사원으로, 하늘을 찌를 듯한 비마나(탑)는 드라비다 양식 사원 건축의 위용을 과시한다.

1206년, 이슬람 세력이 북인도를 정복하면서 델리 술탄 왕조 시대가 열렸다. 이후 300여 년간 여러 이슬람 왕조가 차례로 북인도를 지배하면서 인도 땅에는 이슬람문화가 본격적으로 유입되고 기존 힌두 문화와 융합되기 시작했다. 건축, 미술, 음악, 그리고 언어에까지 영향을 미쳐 독특한 인도-이슬람문화를 형성한 계기였다.

1천 인도루피 뒷면(브리하디스와라 사원), 1975년 발행

1526년, 중앙아시아 티무르제국의 후예인 바부르가 델리 술탄 왕조를 무너뜨리고 인도 역사상 가장 강력하고 화려했던 제국 중 하나인 무굴제국(1526~1857)을 건설했다. 무굴제국은 특히 건축 예술 분야에서 찬란한 유산을 남겼다. 제3대 황제 악바르 대제는 종교 관용 정책을 펼치며 제국의 기틀을 다졌고, 그의 손자인 샤 자한 황제 시대에는 타지마할로 대표되는 인도-이슬람 건축이 절정에 달했다.

오늘날 파키스탄 라호르에 있는 라호르 요새는 악바르, 자한기르, 샤 자한 등 여러 황제에 걸쳐 건설되고 확장된 웅장한 성채다. 아름다운 궁전과 정교한 모자이크 장식, 그리고 드넓은 정원은 무굴 황제들의 권위와 세련된 취향을 보여준다. 인도 수도 델리에 있는 붉은 요새 역시 샤 자한이 건설한 황제의 궁성이자 요새로, 붉은 사암으로 지어진 성벽이 인상적이다. 이곳은 훗날 인도 독립 선언의 역사적인 장소가 되기도 했으며, 인도 500루피 지폐 뒷면에도 그 위용을 드러낸다.

그러나 영원할 것 같았던 무굴제국도 점차 쇠퇴의 길을 걸었고, 그 틈을 타 유럽 세력, 특히 영국 동인도회사가 인도에 대한 영향력을 확대하기 시작했다. 1757년 플라시전투를 기점으로 영국 동인도회사는 인도를 잠식해나갔다. 이에 대한 인도인의 불만과 저항은 100년 뒤 세포이항쟁으로 폭발했다. 동인도회사에 고용된 인도인 용병(세포이)들이 일으킨 이 대규모 봉기는 비록 실패로 끝났지만, 인도의 민족의식을 일깨우고 영국 통치 방식에 큰 변화를 가져왔다. 영국 정부가 동인도회사를 해체하고 인도를 직접 통치하는 영국령 인도제국(1858~1947) 시대를 연 것이다. 서구식 교육과 제도가 도입되고 철도와 같은 기반시설이 건설되기도 했지만, 경제적 수탈과 민족 차별은 더욱 심화했다. 이런 억압 속에서 인도 민족운동은 더욱 거세게 타올랐다.

50파키스탄루피 뒷면(라호르 요새), 1986년 발행

500인도루피 뒷면(붉은 요새), 2016년 발행

20세기 초, 독립을 향한 인도의 열망은 거대한 물결이 되었다. 그 물결의 중심에 총도, 칼도 아닌 맨손으로 제국에 맞선 마하트마 간디(1869~1948)가 있다. 관리의 아들로 태어나 영국에서 법을 공부한 변호사. 처음부터 위인이었던 것은 아니다. 고향 뭄바이에서 개업했지만 이렇다 할 성공을 거두지 못했다. 1년짜리 계약직 일자리를 찾아 남아프리카로 떠났을 때, 누구도 그 걸음이 한 시대의 운명을 바꾸리라 상상하지 못했다. 그러나 그곳에서 보낸 21년은 그의 모든 것을 바꾸어 놓았다. 인도인을 향한 깊은 모욕과 야만적인 차별 속에서 젊은 변호사는 투사로 다시 태어난다. 그는 인간의 영혼이 지닌 가장 강력한 무기를 발견했다. 바로 '진리의 힘', 사티아그라하였다.

1930년의 소금 행진은 그 철학이 어떻게 세상을 움직이는지 보여준 위대한 서사다. 영국이 소금에마저 세금을 물리자 그는 지팡이 하나에 의지해 걷기 시작했다. 거의 400킬로미터. 그의 마른 발걸음은 곧 억압받던 인도의 발걸음이 되었다. 마침내 바닷가에 도착해 소금 한 줌을 집어 드는 그 순간 제국의 법은 부서져 내렸

2천 인도루피(마하트마 간디), 2017년 발행

다. 물레를 돌려 직접 옷을 해 입는 행동 또한 단순한 저항을 넘어섰다. 인간의 존엄은 스스로 일어서는 것에서 시작된다는 침묵의 외침이었다. 인도의 모든 지폐가 오늘날 그의 미소 띤 얼굴을 담는 이유다. 잃지 말아야 할 평화와 존엄의 가치를 상기시키는 무언의 약속을.

500인도루피 뒷면(소금 행진), 2012년 발행

하지만 위대한 정신만으로 국가는 세워지지 않는다. 간디의 곁에는 또 다른 거인이 있었다. 현대 인도의 기틀을 닦은 자와할랄 네루. 그는 인도 독립이라는 꿈을 현실의 땅 위에 빚어냈다. 간디가 인도의 영혼을 일깨웠다면, 네루는 민주주의와 세속주의라는 국가의 뼈대를 세웠다. 두 사람의 위대한 동행 속에 오늘날 우리가 아는 인도가 직조되고 있었다.

한편, 모두가 간디의 길을 걸었던 것은 아니다. 역사의 갈림길에서 다른 방향을 택한 지도자가 있었다. 인도무슬림연맹을 이끈 무함마드 알리 진나(1876~1948). 한때 그 역시 통합을 꿈꾸었다. 힌두와 무슬림이 하나의 인도 안에서 공존하는 미래를 말이다. 하지만 그의 마음속에는 거대한 통합 인도 안에서 무슬림의 정치적 목소리와 고유한 문화가 잠식되리라는 두려움이 자라났고, 결국 그는 결단했다. 더는 하나의 울타리를 고집할 수 없었다. 그의 냉철한 신념과 강력한 지도력은 마침내 역사를 갈랐다. 파키스탄이라는 새로운 국가가 탄생하며, 그는 '콰이드 에 아잠(위대한 영도자)'이라는 칭호를 얻었다. 오늘날 파키스탄의 모든 지폐에는 그의 초상이 새겨져, 건국 아버지를 향한 절대적인 경의를 표한다.

진나라는 지도자 곁에 빼놓을 수 있는 인물이 있다. 그의 여동생, 파티마 진나(1893~1967). 인도 최초의 여성 치과의사였던 그녀는 오빠의 위대한 여정에 헌신적인 동반자였을 뿐 아니라 파키스탄 건국 이후에는 민주주의와 여성 권익을 위해 싸운 또 한 명의 투사였다. '마다르 에 밀라트(국가의 어머니)'라는 이름이 그녀에게 주어진 이유다. 모든 지폐에 새겨진 오빠의 얼굴이

5천 파키스탄루피(무함마드 알리 진나), 2007년 발행

75파키스탄루피 뒷면(파티마 진나), 2023년 발행

국가의 탄생 자체를 상징한다면, 특별한 기념 지폐 75루피에 담긴 그녀의 모습은 파키스탄이 나아가야 할 또 다른 길을 묻는다.

1947년, 마침내 영국으로부터 독립이 현실이 되었을 때 인도와 파키스탄은 분리되었다. 이 과정에서 수백만 명이 고향을 떠나야 했고, 수많은 생명이 희생되는 참혹한 유혈충돌 역시 발생했다. 이제 사람들은 묻곤 한다. 그 희생을 치러가며 얻은 분리는 누구를 위한 것이었을까? 인도와 파키스탄 루피에 새겨진 유적과 인물들은 양국이 걸어온 길과 그들이 소중하게 여기는 가치를 끊임없이 내보이며 그에 대한 대답을 말해주는 듯하다.

중앙아시아, 민족을 새기다

키르기스스탄 ·
카자흐스탄 ·
우즈베키스탄 ·
투르크메니스탄

중앙아시아. 유라시아 대륙 지도 위 그곳은 바다 그림자 찾기조차 힘든 내륙이다. 북으로는 하늘과 맞닿은 카자흐초원이, 동남쪽에는 톈산과 파미르고원이 거대한 병풍처럼 둘러섰다. 키질쿰과 카라쿰, 두 거대한 사막은 작열하는 태양 아래 고요하다.

 물과 풀을 좇는, '유목'의 여정을 탄생시킨 땅. 문명은 이 땅을 가로지른 길 위에서 수천 년 동안 포개지고 흩어졌다. 아리아계 사람들이 불교, 조로아스터교 등 다양한 종교를 믿으며 살았던 기원후 9~10세기경까지 비단과 유리구슬뿐 아니라 새로운 기술과 지혜, 사상과 믿음이 바람처럼 드나들며 이 땅의 정신을 살찌웠다. 스키타이와 흉노 제국을 거친 뒤, 소그드 상인은 실크로드를 누비면서 문명의 피를 돌게 한 장대한 서사의 중심이 되었다.

 아리아 민족이 살던 이 땅에 튀르크계 유목민이 진출, 정착한 것은 이후 약 천 년 동안이었다. 튀르크 민족의 땅으로 변모된 이곳에서, 서아시아에서 출발한 이슬람은 유목민의 역동적인 기질과 만나 독특한 튀르크-이슬람문화를 피워냈다. 아프가니스탄, 타지키스탄, 이란을 중심으로 한 이란-이슬람문화와는 또 다른 모습이었다. 티무르(1336~1405)가 세운 티무르제국은 튀르크-이슬람문화가 단연코 눈부셨던, 이 땅의 가장 화려한 시대다.

18~19세기 러시아와 청나라에 정복당한 뒤, 특히 20세기 소련의 지배 속 그림자는 길고 어두웠다. 1927년부터 시작된 후줌. 여성의 전신을 가리던 파란자(차도르)를 불태우고 강제로 벗긴 이 운동은 이슬람에서의 '해방'과 '근대화'라는 이름 아래 사회를 갈기갈기 찢어 놓았다. 변화는 고통스러웠고, 전통과 근대 사이에서 수많은 사람이 길을 잃었다. 1989년 페르가나 사건은 소련 말기 민족 갈등이 얼마나 깊었는지 보여주는 비극이다.

상처는 땅에도 깊이 새겨졌다. 목화 생산량을 늘리기 위한 무리한 관개사업은 '아랄해의 비극'을 낳았다. 세계에서 네 번째로 큰 호수는 죽음의 사막으로 변해갔다. 더 끔찍한 재앙은 초원에서 벌어졌다. 1949년부터 40년간 450회가 넘는 핵실험이 자행된 세미팔라틴스크 핵 실험장. 방사능은 바람을 타고 퍼져 수많은 삶을 파괴했다. 민족의 저항은 시작되었다. 1991년, 마침내 한 시대가 저문 뒤 그들은 제 이름으로 역사 무대에 다시 섰다.

키르기스스탄, 카자흐스탄, 우즈베키스탄, 투르크메니스탄. 나라 이름 끝에 공통으로 붙는 '스탄'은 페르시아 '땅'에서 온 말로 '그 민족이 사는 땅'을 뜻한다. 그 이름마다 유목민의 숨결과 이슬람 신앙의 울림이 함께한다. 붉은 제국의 그림자 또한 마찬가지다. 그러나 무엇보다 수많은 강국이 스치던 속에서도 기어코 자신을 지켜온 민족의 자부심을 품고 있다. 오늘날 이 땅을 지키는 이름, 이 땅이 품은 기억, 시간이 새긴 흔적, 사람 사이에 흐르는 이야기를 솜과 텡게, 숨, 마나트 속 도안과 함께 따라 가보려 한다. 도안 속 인물과 흔적들은 결국 그들의 과거를 통해 현재와 미래를 말없이, 그러나 자랑스럽게 내보일 테니 말이다.

솜에 새긴 영혼, 역사를 노래하고 춤추다

 국토 대부분이 만년설로 덮인 톈산산맥과 파미르-알라이산맥으로 이루어져 있고, 2,100개 이상의 크고 작은 호수들, 초원 등이 눈부시게 펼쳐져 중앙아시아의 스위스로 불리는 키르기스스탄. 그 화폐 솜에는 이 땅의 산과 물, 사람들의 숨결과 역사의 깊은 주름이 고스란히 담겨 있다. 외세에 굴하지 않았던 민족의 투혼, 삶의 애환을 예술로 승화시킨 애틋함, 더 나은 미래를 향한 열망, 특히 웅장한 자연에 대한 경외심은 촘촘하다.

 그들 역사의 첫 장은 자연 그 자체였다. 키르기스인들의 정신적 뿌리는 하늘로 치솟은 위대한 봉우리, 칸 텡그리에서 시작한다. 해발 7천 미터에 육박하는 이 거대한 산은 이름부터 범상치 않다. '하늘의 군주', '텡그리의 칸'. 고대 튀르크-몽골 민족은 이 장엄한 산을 텡그리가 머무는 곳으로 믿었다. '텡그리즘'은 샤머니즘, 정령과 조상 숭배를 특징으로 하는 중앙아시아 전통 신앙인데, 텡그리는 고대 튀르크어로 천신을 의미한다. 칸 텡그리산을

100솜 뒷면(칸 텡그리산), 2002년 발행

단순한 돌덩이가 아닌, 경외의 대상이자 신과 소통하는 통로라고 여긴 까닭일 터다. 그 웅장함과 신성함으로 세계 산악인의 도전 정신을 불러일으키는, 이 땅 유목민의 정신세계를 지탱해온 거대한 버팀목이다.

거대한 물의 거울, 이식쿨호수 역시 마찬가지다. 세계에서 두 번째로 큰 산정호수. 지질학적으로는 수백만 년 전에 생겨났고, 그 안에 사람들이 깃들어 그 의미를 부여한 것은 수천 년 전이다. 호수에는 톈산에서 녹은 빙하수와 눈이 녹은 물이 118개의 강과 하천을 따라 흘러들어온다. 나가는 강은 없고, 물은 증발해 없어진다. '따뜻한 호수'라는 이름처럼 한겨울에도 좀처럼 얼어붙지 않아 예부터 생명을 품는 젖줄이자 험준한 산악 지형 속 중요한 길목이었다. 호숫가에서 스키타이 문명의 자취가 발견되기도 했으니, 동서 교역이 활발했던 시절 수많은 이야기가 그 푸른 물결 위를 스쳐갔을 것이다. '톈산의 진주'라 부르며 신성하게 여기는 키르기스 사람들에게 이식쿨은 단순한 호수 이상이다. 아름다운 풍광 속에 수많은 전설을 품고, 오늘날에도 그들의 삶과 영혼을 적신다. 현재까지 오랫동안 풍경을 바꿔 가며 200솜 지폐에 새겨지고 있는 까닭일 것이다.

땅과 하늘 아래 사람들이 모여들고 부족이 생겨났다. 하지만 그들의 삶은 평탄하지 않았다. 쉴 새 없이 밀려드는 외세에 맞서 흩어지고 뭉치기를 반복해야 했다. 투쟁의 역사 속에서 '키르기스'라는 민족의 정체성이 빚어졌고, 그 영혼을 담고 있는 것이 바로 서사시 〈마나스〉다.

200솜 뒷면(이식쿨호수), 2004년 발행

500솜 지폐 뒷면에 그려진 마나스 영묘는 서사시의 주인공, 마나스를 기리는 성지다. 북서부 탈라스 지역에 있는 건축물 자체는 14세기경에 세워졌다고 여겨지면서 실제 마나스가 잠든 곳인지는 학자들 사이에서도 의견이 분분하다. 하지만 그런 역사적 사실 여부는 중요하지 않다. 마나스는 키르기스스탄 국기에 그려진 40개 햇살이 그가 통합한 40개 부족을 상징한다고 할 만큼 흩어진 부족을 하나로 모으고 독립을 쟁취한 전설 속 영웅이다. 수많은 시련 속에서도 키르기스

500솜 뒷면(마나스 영묘), 2023년 발행

사람들은 〈마나스〉라는 거대한 서사를 함께 읊조리며 하나의 민족으로 거듭났기 때문이다. 그들에게 종교 경전과도 같다고나 할까. 마나스 영묘가 키르기스 민족 정체성의 성지이자 자긍심의 상

징이 된 이유다.

〈마나스〉는 전 3부로 구성되어 있다. 가장 긴 1부의 주인공 마나스의 이름을 따서 〈마나스〉로 불리지만, 내용은 키르기스 귀족인 마나스와 그 자손 3세대에 걸친 장대한 이야기다. 주변 부족과의 투쟁을 주제로 하면서도 유네스코 인류무형문화유산에도 올랐을 만큼 이들의 역사와 문화, 가치관 역시 오롯이 담고 있다. 예를 들어 마나스가 칸(군주) 자리에 추대될 때 사람들은 마나스를 하얀 카펫 위에 싣고 함께 들어 올려 일곱 번 돌았다고 한다. 오래전부터 돌궐 같은 유목민족의 군주 즉위 의식으로 알려진 것인데, 이 전통이 키르기스 사회에서도 유지되고 있었음을 보여주는 셈이다.

500솜(사야크바이 카라라예프), 2005년 발행

〈마나스〉는 한 번 암송할 때 13시간가량 걸릴 정도로 거대한 작품이라고 한다. 그에도 불구하고 전체를 기억하고 암송하는 위대한 마나스 이야기꾼 마나스치가 있다. 특히 '20세기의 호머'라 불린 사야크바이 카라라예프(1894~1971)는 마나스 서사시를 가장 방대하고 완벽하게 구술한 마나스치였다. 그에게서 흘러나오는 50만 행이 넘는 장대한 이야기는 수많은 키르기스인에게 감동과 자긍심을 안겨주었다. 한 사람의 기억과 목소리가 민족의 역사를 싣고 수백 년을 이어온다는 사실은 얼마나 경이로운가. 사야크바이 카라라예프의 존재는 키르기스인에게 그 자체로 살아 있는 역사였을 것이다.

서쪽에서 새로운 바람이 불어왔다. 이슬람의 물결이었다. 1천 솜에 등장하는 남부 도시 오쉬의 술레이만산은 이 거대한 변화를 상징한다. 원래 토착신앙의 성지였던 이 바위산은 예언자 솔로몬이 다녀갔다는 이슬람 전설을 품으며 새로운 순례지로 다시 태어났다. 오래된 바위 그림과 동굴 사원, 16세기에 지어진 모스크가 함께 자리한 이곳은 믿음의 교체가 아닌, 기존 믿음 위에 새 믿음이 겹겹이 쌓여 더 깊고 단단한 문화의 지층을 이루었다. 자그마치 1,500년 넘게 이곳이 성스러운 공간으로 여겨진 까닭일 것이다. 키르기스스탄 최초로 유네스코 세계문화유산에 이름을 올린 이유이기도 하다.

1천 솜 뒷면(술레이만산), 2000년 발행

19세기, 자유롭던 유목민의 땅 위로 거대한 제국의 손길이 뻗쳐 왔다. 제정러시아, 그리고 그 뒤를 이은 소련 지배의 시대였다. 100솜 지폐에 자리한 국민 시인, '위대한 키르기스스탄의 예술가' 톡토굴 사틸가노프(1864~1933)는 이 시대를 온몸으로 살아낸 인물이다. 그는 '코무즈'라는 키르기스스탄 전통 현악기를 능숙하게 다룬 구전 시인이자 가수 아큰으로, 민중의 삶과 애환을 노래하고 불의한 사회를 향해 날카로운 비판을 던진 사상가이기도 했다.

톡토굴은 가난한 사람들을 모아 놓고 시와 연주를 자주 들려주었다고 한다. 봉건질서와 제정러시아의 압제 속에서 그의 노래는 꺼지지 않는 희망의 불씨였고, 자유와 정의를 향한 민중의 열망이었다. '튤립혁명' 등 시민혁명을 통해 민주주의를 추구해온 키르기스인의 민주적 사고가 그에게서 비롯되었다고 할 정도다. 민중을 선동해 제정러시아에 대항하게 했다는 이유로 체포된 그는 1933년 감옥에

100솜(톡토굴 사틸가노프), 2002년 발행

서 사망했다. 키르기스스탄의 국민적 영웅으로 추앙받는 그의 이름은 솜뿐 아니라 오늘날 마을, 공원, 국립 필하모닉 홀 등에 남아 기억되고 있다.

소비에트연방이라는 거대한 체제 속에서 키르기스스탄은 독립을 잃었지만, 역설적으로 새로운 문화를 꽃피우기도 했다. 알리쿨 오스모노프(1915~1950)는 키르기스 언어로 현대시의 지평을 연 인물이다. 일명 키르기스 현대문학의 아버지로 불린다. 이식쿨호수로 유명한 이식쿨 출신인 그는 '생에 대한 사랑'을 항상 노래했지만, 고

200솜(알리쿨 오스모노프), 2023년 발행

아로 보낸 불행했던 어린 시절에 얻은 병을 극복하지 못하고 서른 다섯에 세상을 떠난 안타까운 천재 시인이다. 그가 남긴 서정적이고 애국적인 시들은 키르기스 언어의 아름다움을 한껏 살려냈다

5솜(부부사라 베이셰날리예바), 1997년 발행

는 평가를 받는다. 지금도 널리 읽히며 키르기스 사람들의 마음을 울리는 그의 시들은 자연과 사랑, 조국을 노래한다.

옛 5솜 지폐에는 부부사라 베이셰날리예바(1926~1973)가 우아하게 자리하고 있다. 키르기스스탄 최초의 발레리나인 그녀는 〈백조의 호수〉, 〈로미오와 줄리엣〉, 〈잠자는 숲속의 미녀〉 등의 작품에 주연을 맡아 세계 각국에서 순회공연을 하며 국제적인 명성을 얻었다. 유목민의 후예가 클래식 발레 무대에서 빛나는 별이 되었다는 사실 자체로 하나의 감동이 된 그녀의 춤은 키르기스 발레 예술을 세계적인 수준으로 끌어올렸고, 수많은 후배 예술가에게 영감의 원천이 되었다. 46세라는 젊은 나이에 암으로 세상을 떠난 이 전설적인 발레리나를 기념하기 위해 수도 비슈케크에는 그녀의 이름을 딴 거리가 만들어졌고, 국립 예술원도 그에 따라 명명되었다.

마침내 1991년, 소련이 무너지며 꿈에 그리던 독립이 찾아왔다. 하지만 독립은 끝이 아니었다. 진정한 주인이 되기 위한 기나긴 여정의 시작이었고, 2005년 튤립혁명은 그 여정의 고통스러운 이정표다. 오랜 권위주의 통치와 부정부패에 맞서 일어난 시민의 함성은 결국 정권교체를 이뤄냈다. 비록 그 후에도 정치적 여정은 순탄하지 않았지만, 스스로 역사의 주인이 되려는 키르기스 민중의 열망과 의지를 보여주었다. 지폐 속 인물들이 지켜온 정신, 그 땅의 자연이 불어넣어 준 용기가 이런 변화의 밑거름이 되지 않았을까.

초원길에 꽃핀 지혜, 텡게 속으로

실크로드가 형성되기 전 동서 교역로였던 '초원의 길'. 그 길을 개척한 유목민족 사카족이 활동하던 무대가 카자흐스탄이다. 수도는 아스타나. 유라시아 대륙 한가운데 위치한, 세계에서 가장 큰 내륙국. 거의 초원과 사막인 이 땅의 국민은 대부분 카자흐인이지만 러시아, 우크라이나, 우즈벡인, 심지어 고려인도 살고 있다. 고려인! 연해주에 살던 이들은 1937년 스탈린 이주 정책으로 중앙아시아에 강제로 옮겨와야 했다. 17만 명 중 우즈베키스탄에 7만 7천여 명, 카자흐스탄에 9만 5천여 명이 이주했다고 한다. 그 후예들일 터다.

카자흐스탄의 화폐는 '텡게'로, 이 땅의 깊은 역사, 별처럼 빛나는 인물, 특히 대지를 압도하는 자연이 지폐 도안으로 섬세하게 내려앉아 있다. 텡게 곳곳에서 배경처럼 펼쳐지는 알라타우산맥이 특히 그렇다. '얼룩덜룩한 산'이라는 뜻의 알라타우는 톈산산맥 북쪽 줄기로, 카자흐스탄 남동부를 감싸 안고 있다. 만년설과

5천 텡게 뒷면(알라타우산맥), 2011년 발행

빙하, 푸른 초원과 깊은 계곡이 빚어내는 풍경은 자체로 한 폭의 그림이다. 유목민의 삶의 터전이자 쉼터, 동서를 잇던 교역로의 중요한 길목이기도 했던 곳으로, 카자흐스탄 최대 도시 알마티 또한 이 산자락에 기대어 있다. 옛 5천 텡게 속 독립 기념비와 함께 그려진 산악 풍경은 이 자연이 카자흐인의 정체성과 문화에 얼마나 깊은 영감을 주는지 말해준다.

1999~2003년 모든 텡게 지폐는 오래된 지혜의 눈빛을 담아냈다. 중세 이슬람 대학자 알 팔라비(872~950). 그는 그리스 헬레

5천 텡게(알 팔라비), 2001년 발행

니즘 문화를 적극적으로 받아들여 '이슬람 황금시대'를 연 아바스왕조(750~1258)의 대표적인 철학자다. 바그다드에서 주로 활동했지만, 태어난 곳은 카자흐스탄 남부

오트라르다. 이 땅 위에서 그는 아리스토텔레스 철학을 이슬람 세계에 전하고 발전시켜 '제2의 스승'이라는 영예로운 칭호를 얻었다. 그의 사유는 논리학과 형이상학을 넘어 정치, 윤리 심지어 음

악까지 미치지 않은 곳이 없었고, 훗날 중세 유럽 스콜라철학에도 큰 파장을 일으켰다. "무함마드는 예언자가 아니라 철학자"라는, 현재 이슬람 세계에서는 상상할 수도 없는 주장을 한 알 팔라비. 중앙아시아 한복판에서 태어난 한 인간의 이성과 진리 탐구가 인류 전체 지성사에 거대한 발자국을 남기며 텡게에도 새겨졌다.

같은 지폐의 뒷면에는 호자 아흐메드 야사위(1103~1166경) 영묘가 각각 다른 도안으로 고요한 위엄을 드러낸다(1만 텡게 표범만 예외). 카라한 칸국(840~1212) 후반기에 활동한 그는 위대한 수피즘 이슬람 지도자이자 시인, 철학자, 그리고 민중의 정신적 지도자였다.

본래 수피즘은 7~8세기, 이슬람 정복 전쟁에서 얻은 전리품으로 종교 지도부가 사치와 향락에 빠지자 이에 대한 반동으로 출현했다.

5천 텡게 뒷면(호자 아흐메드 야사위 영묘), 2001년 발행

뜻은 '수프(양털)를 몸에 걸친 것'인데, 속세의 허식을 떠나 속죄와 참회의 뜻으로 허름한 양털 옷을 입고 수도 생활을 하기 때문이다. 이슬람 율법을 존중하되 이에 얽매이지 않으며 금욕주의가 기본이다. 내면적 수행으로 신과 직접 만남을 추구해 '이슬람 신비주의'라고 불리고, 친(親)시아파 성향을 띈다. 수니파가 시아파에 대해서처럼 수피즘 역시 비아랍적이고 비정통적이라 규정하고 배척하는 이유다.

유목 사회 전통에 맞는 수피즘 이슬람을 확립한 인물이 바로 아흐메드 야사위다. 참고로 '호자(Khoja)'는 스승, 주인, 정신적 지도자를 의미하는 페르시아어에서 유래한 최고의 경칭이다. 그는 특히 《디완-이-히크마트》, 즉 《지혜의 서》라는 시집을 통해 어려운 이슬람 가르침을 평범한 튀르크 사람들이 쓰는 오구즈-킵차크 방언으로 쉽게 풀어냈다. 이슬람의 규범과 계율을 쉽게 표현한 이 서사시는 구전으로 전해져 중앙아시아 튀르크인들에게 이슬람이 전파되는 데 지대한 공헌을 한다. 그의 지혜가 이 땅에 이슬람 신앙의 뿌리를 내리게 한 것이다. 티무르제국의 위대한 군주 아미르 티무르가 14세기 말 그의 영묘를 현재 웅장한 모습으로 다시 지은 것은 야사위를 향한 존경심을 보여준다.

유네스코 세계문화유산에 등재된 이 영묘는 정교하게 만들어진 천장, 장식용 아치, 생생한 모자이크가 시대를 초월한 우아함을 뿜어내, '중세 동양의 진주'라고 일컫는다. 특히 카자흐 칸국의 칸들과 주요 인물, 종교 지도자 등 232명이 영면하고 있어 중앙아시아 튀르크족의 정신적 고향과도 같은 곳이다. 이곳을 두 번 방문하면 이슬람교 제1성지 사우디아라비아 메카를 한 번 방문한 것과 같다고 한다.

15세기 탄생한 카자흐 칸국(1459~1848)은 '카자흐'라는 이름의 민족국가, 오늘날 카자흐스탄의 모체가 된 나라다. 그러나 19세기 제정러시아 그림자가 중앙아시아를 덮치며 이 땅에도 암울한 역사가 시작되었다. 이때 카자흐 민족의 자존심을 지킨 것은 칼이 아니라 노래였다.

19세기 카자흐스탄의 전설적인 아큰으로 꼽히는 수인바이 아로 눌리(1815~1898). 그는 전통악기 '돔브라'를 연주하며 즉흥적으로 시를 짓고 노래하는 데 타의 추종을 불허했다. 특히 '아이티스(Aitys)'라는 즉흥시가 대결에서는 단 한 번도 패배한 적이 없는 명인이었다. 두 명의 대결자가 주어진 시사적 주제로 즉흥시를 교대로 지어 자신의 인생관과 기지를 드러내며 경쟁하는 아이티스. 오늘날에도 TV로 생중계될 만큼 큰 인기를 누리고 있는, 카자흐 민족의 정체성과 자부심을 상징하는 문화유산이다. 그가 노래한 시어들은 사회 부조리를 찌르는 창이 되었고, 민족정신이 되었으며, 민중의 아픔을 어루만졌다. '민중의 예언자', 그의 이름이 도시, 거리, 음악당 등에 붙여지고 동상 역시 곳곳에 선 까닭일 것이다.

3텡게(수인바이 아로눌리), 1993년 발행

목소리와 음악으로 혼을 지키는 이가 있었다면, 이성으로 민족의 갈 길을 밝히려 한 선구자도 있었다. 쇼칸 왈리하노프(1835~1865)는 카자흐 칸국의 위대한 군주였던 아블라이칸의 직계 후손으로 태어났다. 러시아 사관학교에서 교육을 받으며 러시아어와 유럽 학문에 눈을

10텡게(쇼칸 왈리하노프), 1993년 발행

떴다. 훗날 세계적인 문호가 되는 도스토옙스키와 만나 깊은 우정을 나누기도 한 때였다.

그의 생은 29년으로 매우 짧았지만, 카자흐 역사에 미친 영향은 '19세기 카자흐스탄의 혜성'이라 불릴 만큼 지대했다. 그는 당시 외부에 거의 알려지지 않았던 톈산산맥과 카슈가리아(신장 위구르 자치구)에 위장 잠입해서 방대한 자료를 수집하고 이를 유럽 학계에 알린 탐험가였다. 최초로 키르기스 민족의 〈마나스〉 일부를 학문적으로 기록하고 연구해 그 가치를 세상에 알린 민족학자였다. 교육과 지식을 통해 민족의 미래를 열고자 한 계몽주의 정신의 대표자였다. 카자흐 최초의 근대적 지식인으로 카자흐 민족이 단순한 유목민이 아니라 세계적인 수준의 학자를 배출한 위대한 민족임을 증명한 쇼칸. 그는 왕족의 후손으로 태어나 러시아제국이라는 거대한 힘 앞에서도 민족적 정체성을 잃지 않고, 오히려 근대 학문을 통해 민족 가치를 드높인 천재 학자이자 영웅이었다.

카자흐스탄의 음악과 국가 사상은 아바이 이브라힘 쿠난바이울리(1845~1904)에 의해 집대성되었다고 해도 과언이 아니다. 시

20텡게(아바이 쿠난바이울리), 1993년 발행

인이자 교육자, 철학자이면서 작곡가, 뛰어난 번역가이기도 했던 그는 '카자흐스탄 문학의 창시자'로도 불린다. 카자흐 전통 구전문학의 맥을 이으면서도 러시아와 유럽의 선진 사상을 받아들여 카자흐 현대 문어의 기틀을 다졌기 때문이다. 독일의 괴테, 러시아의 푸시킨 등에 비견되기도 하는 아바이의 대표작 《단어의 책》은 오늘날까지도 카자흐 민족의 도덕적 각성과 교육의 중요성을 일깨우는 지혜의 보고로 여겨진다. 카자흐스탄에서 그의 생일인 8월 10일을 '아바이의 날'로 정해 기념하는 이유일 것이다. 서울 강북구에 그의 흉상이 있는 것도 놀라운 사실이다. 그의 사후 30여 년 뒤 이곳에 강제로 이주해 온 고려인들의 삶과 영혼에 빛이 되어준, 고마운 선각자를 기리기 위해서라고 한다.

시간은 흘러 20세기가 저물었다. 소련의 붉은 깃발이 내려지고, 오랜 잠에서 깨어난 카자흐스탄은 마침내 자신의 이름으로 일어섰다. 독립 카자흐스탄은 새로운 상징들을 텡게 지폐에 새겨 넣었다. 개선문과 함께 새겨진 카자흐 엘리 기념비는 그 위대한 순간을 증언한다. 수도 아스타나 독립 광장에 우뚝 솟은 이 탑은 높이 91미터로, 카자흐스탄이 독립을 선언한 1991년을 기억하게 한다. 초대 대통령으로 '엘바(국부)'라는 호칭까지 누리며 30년 장기 집권한 누르술탄 나자르바예프 전 대통령. 그를 결국 2022년 대규모 반정부 시위로 해임시킨 카자흐스탄 국민의 힘과 미래에 대한 열망은 카자흐스탄의 과거와 현재를 엮어 내보이는 텡게 도안에서 이미 그 씨앗을 품고 있었다.

실크로드의 심장, 티무르의 영광을 품고

 실크로드. 그 이름만으로도 흙먼지 날리는 대상의 행렬과 푸른 돔의 도시가 떠오른다. 우즈베키스탄은 비단길의 가장 빛나는 곳이다. 그 길의 주인공 소그드인이 세운 사마르칸트, 부하라, 타슈켄트 등 주요 오아시스 도시국가들이 있던 소그디아나 대부분을 품고 있기 때문이다. 751년 당나라와 이슬람 아바스 군대가 맞붙은 탈라스전투. 전투 자체보다 더 중요한 제지술이 전해진 곳 역시 사마르칸트다. 사마르칸트 제지 공방이 세워진 뒤 지식은 양피지보다 가벼운 종이에 담겨 이슬람 세계 전역으로 퍼져나갔다. 13세기 몽골의 서방 원정을 자초했던 호라즘제국, 그리고 중앙아시아의 가장 화려한 역사 티무르제국의 중심이기도 했다.

 그런 역사적 배경 때문일까? 3,600만여 명으로 중앙아시아 5개 '스탄국' 가운데 최대 인구를 자랑하는 우즈베키스탄은 현재도 중앙아시아 맹주국을 자처한다. 화폐 숨 역시 그 찬란했던 기억과 자부심을 오롯이 담아내고 있다.

 우즈벡의 장대한 서사는 이 땅에 새로운 믿음의 씨앗이 뿌려지던 때로 거슬러 올라간다. 7~8세기 아랍 세계로부터 이슬람이 전파되면서, 조로아스터교와 불교가 번성하던 이 땅의 정신세계는 거대한 변화를 맞는다.

 부하라의 차쉬마 아윱 영묘. '욥의 샘'이라는 뜻이다. 구약성경 속 인물 욥이 지팡이로 땅을 치자 맑은 물이 솟았다는 전설이 깃든 곳이다. 병을 치유하는 힘이 있다고 여겨져 많은 순례자가 찾는다고 한다. 최초 건축은 12세기 카라한왕조 시절까지 거슬러 올라가지만, 오늘날 독특한 원뿔형 돔과 위용은 14세기 티무르 시대에 대대적인 증축과 개축을 거친 결과다. 물이 귀한 이 땅에서 샘은 생명의 젖줄이었고, 그곳에 깃든 성스러운 이야

3숨 뒷면(차쉬마 아윱 영묘), 1994년 발행

기는 사람들의 마음을 모으는 구심점이 되었을 것이다. 성경의 전설과 이슬람 신앙이 만나 이 땅의 문화와 어우러진 것을 보여주는 상징이라고 할까.

다니야르 호자 영묘도 마찬가지다. 15세기에 만들어진 다니야르 호자 영묘는 성경 속 다니엘의 영묘라고 한다. 유대교, 이슬람교, 기독교 3대 종교에서 선지자로 추앙받는 인물. 긴 터널 모양의 무덤 안에 관이 안치되어 있는데, 티무르가 이란 수사에 있는 다니야르 호자의 묘에서 가져온 팔뼈와 다리뼈가 안장되어 있다고 한다. 다니야르 시신 중 일부를 가지고 있으면 행복과 번영을 누릴 수 있다는 믿음 때문에 가져왔다는 전설 같은 이야기가 전해진다.

분열과 혼란이 거듭되던 14세기, 이 땅은 마침내 자신들의 역사상 가장 강렬하게 타오를 영웅을 맞는다. 1336년, 샤흐리삽스 근교에서 몽골계 바를라스 부족의 귀족 가문에서 태어난 티무르는

우즈베키스탄 역사에서 가장 빛나는, 민족 정체성의 중심이다.

젊은 시절 전투에서 입은 부상으로 '절름발이 티무르', 즉 '타메르란'이라는 별명으로 더 알려졌지만, 불편한 다리는 그의 야망을 잠재우지 못했다. 1370년, 그는 분열된 차가타이 울루스 서부를 통합하고 사마르칸트를 수도로 삼아 티무르제국이라는 거대한 문을 연다. 비록 칭기즈칸의 후예를 명목상 칸으로 세우고 자신은 '아미르(사령관)'라 칭했지만, 제국의 실질적인 주인은 티무르 자신이었다. 페르시아, 메소포타미아, 인도 북부, 아나톨리아, 남부 러시아까지 그의 말발굽이 닿는 곳마다 역사의 지도가 새로 그려졌다. 1402년 앙카라전투에서 막강한 오스만제국의 술탄 바예지드 1세를 무릎 꿇린 사건은 그의 이름을 유럽에 공포와 경외의 대상으로 각인시켰다. 명나라 원정을 준비하던 중 오트라르에서 병으로 쓰러지기까지 그의 삶은 멈추지 않는 정복의 역사였다.

500숨 뒷면(아미르 티무르 기마상), 1999년 발행

그러나 티무르를 무자비한 정복자로만 기억하는 것은 반쪽만을 보는 것이다. 피의 전장을 누비는 군주였지만, 동시에 예술과 학문을 뜨겁게 사랑하고 장려한 문화 군주이기도 했다. 정복지에서 데려온 수많은 학자, 예술가, 장인들은 그의 수도 사마르칸트를 당대 세계에서 가장 아름답고 지적인 도시로 탈바꿈시켰다. '세

계의 보석', '동방의 로마'. 사마르칸트에 붙여진 찬란한 별명들은 결코 과장이 아니었다. 거대한 블루 모스크와 마드라사, 궁전과 영묘가 하늘을 찌를 듯 솟아올랐고, 그 화려함과 정교함은 보는 이를 압도했다. 비비하늄 모스크, 악사라이 궁전, 그리고 자신이 잠들 구르 아미르까지 그는 건축 현장을 직접 누비며 장인들에게 최고의 것을 만들도록 독려했다고 전해진다.

더 놀라운 것은 티무르가 사마르칸트 교외 목초지에 설치한, 거대한 천막에서 살았다는 사실이다. 권력 장악 후에도 천막생활이라는 유목민의 생활양식을 견지하고 있었다는 것이다. 게다가 그는 학교에 다니지 않았기에 읽고 쓸 수가 없었음에도 학문을 사랑했으며 학자들을 가까이에 두고 이야기 듣기를

10숨 뒷면(구르 아미르 영묘), 1994년 발행

좋아했다고 한다. 시리아 다마스쿠스를 정복했을 때 고명한 맘루크왕조의 역사가, 사상가인 이븐 할둔을 막사로 불러 학문에 대해 환담한 것은 유명한 사실이다. 체스 실력 역시 대단했다고도 한다. 그의 시대 '티무르 르네상스' 라 불리는 학문과 예술의 황금기는 중앙아시아 역사에 가장 눈부신 꽃을 피워낸 시기였다.

그 위대한 영혼이 잠든 곳, 사마르칸트의 구르 아미르 영묘는 10숨 지폐 뒷면에서 그 위용을 자랑한다. 본래 손자 무함마드 술탄의 묘였으나 티무르가 합장되면서 구르 아미르, 즉 아미르(티무

르)의 묘로 알려져 있다. 푸른 이중 돔과 눈부시게 정교한 타일 장식은 티무르제국 건축예술의 정수를 보여준다. 인도 타지마할이 이곳에서 영감을 받아 건축되었다는 사실은 그의 유산이 인류 전체에 얼마나 큰 영향을 미쳤는지를 묵묵히 증명한다.

10만 숨(울루그벡), 2019년 발행

사마르칸트에는 위대한 티무르의 정신을 이어받은 후대 왕조들이 완성한 또 하나의 장엄한 무대가 있다. 레기스탄 광장이 그곳이다. '모래 광장'이라는 소박한 이름과 달리, 세 개의 거대한 마드라사가 병풍처럼 둘러싸고 있는, 우즈베키스탄 최고의 자랑이다. 우즈베키스탄의 과거와 현재를 이어주는 이곳은 유네스코 세계문화유산이기도 하다.

레기스탄 광장 서쪽의 울루그벡 마드라사는 티무르의 손자 울루그벡(1394~1449)이 1417년 세운 곳이다. 그는 칼 대신 과학, 특히 별을 잡은 군주였다. 쿠란의 거의 전체를 암기해 필요할 때 장과 구를 인용할 수 있었고, 정확한 아랍어를 쓸 줄 알았으며, 법학과 논리학, 문장학, 운율학에도 정통했다. 특히 수학, 천문학에 조예가 깊어 마드라사에서 벌어지는 수학 토론회에도 참가할 정도였다. 심지어 말 위에서조차 특정 시간 태양의 경도를 암산으로 계산해냈다고 한다.

그의 마드라사는 단순한 신학교가 아니라 당대 최고의 과학 연구 센터였으며, 울루그벡이 직접 별과 우주의 신비를 강의한 학문의 전당이었다. 건물 정면을 장식한 별과 기하학무늬는 그의 학문적 열정을 고스란히 보여준다. 그는 거대한 천문대를 세우고 밤하늘을 관측했는데, 그의 계산은 수백 년 후 유럽의 계산과 거의 차이가 없을 만큼 정밀했다.

"종교는 안개와 같이 흩어지고, 왕국은 멸망하게 된다. 그러나 과학자들의 업적은 영원히 남는다."

울루그벡이 한 말이다. 그러나 그의 시대는 별을 헤는 현자가 아닌 칼을 쥔 정복자를 원했다. 그는 결국 아들에게 살해당했고, 천문대는 폐허가 되었다.

울루그벡 마드라사와 마주보는 쉬르도르 마드라사는 17세기 초 부하라 칸국 시대에 세워졌다. '사자가 그려져 있는'이라는 이름처럼 입구 아치에는 대칭으로 사슴을 쫓는 사자와 사람 얼굴을 한 태양이 강렬한 모자이크로 표현되어 있다. 생명체

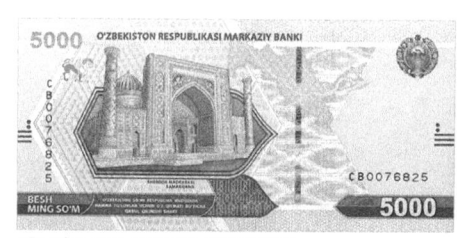

5천 숨(쉬르도르 마드라사), 2021년 발행

를 묘사하는 것을 금기시하는 이슬람 미술 전통에 비춰 볼 때 매우 파격적인 시도를 했던 셈이다. 당시 예술가들의 대담함과 페르시아 문화의 영향을 짐작하게 한다.

레기스탄 광장 세 마드라사 중 북쪽을 채우는 틸라카리 마드라사는 '금으로 덮인'이라는 뜻이다. 역시 부라하 칸국 시대의 건

물로 그 이름처럼 복도에서부터 이슬람 전통에서 우주의 심오함을 나타내는 블루 색상과 화려한 황금색이 조화를 이뤄 심오하면서도 화려한 분위기를 자아낸다. 화려함의 극치를 자랑하는 돔 천장, 눈부신 황금 장식으로 가득 찬 모스크 기도실은 보는 이를 압도한다. 이 세 마드라사는 시대를 달리하며 쌓아 올린 예술적 성취가 어떻게 하나의 완벽한 조화를 이루는지 숨 막히는 아름다움으로 증명하고 있다.

50숨 뒷면(레기스탄 광장 세 마드라사), 1994년 발행

티무르제국의 영광 이후 우즈베키스탄은 여러 칸국의 분열과 러시아제국, 그리고 소비에트연방의 지배를 받는 시련의 세월을 겪었다. 오랜 침묵 끝에 1991년 그들은 독립을 쟁취했다. 옛 5만 숨 뒷면의 안주만라르 사로이(국제회의장). 2009년 수도 타슈켄트의 중심 아미르 티무르 광장 근처에 타슈켄트 설립 2,200주년을 기념해 개관한 이 건축물은 과거의 위대한 유산 위에 새로운 역사를 쓰는 그들의 의지를 대변하고 있다.

우즈베키스탄의 숨 지폐 역시 돈 그 이상이다. 고대 전설부터 이슬람 신앙, 티무르제국의 웅장한 기상, 그리고 오늘을 살아가는 이들의 꿈까지 역사의 숨결이 그 안에 흐른다. 한 장의 지폐를 통해 한 나라의 영혼과 마주하고, 그 땅을 스쳐간 수많은 사람의 목소리를 듣는 것은 얼마나 놀라운 일인가.

마나트에 흐르는 튀르크의 피

중앙아시아 남서부, 카라쿰사막의 뜨거운 모래바람과 카스피해의 푸른 물결이 만나는 땅, 투르크메니스탄. 그 이름 속에는 '나는 튀르크인이다' 혹은 '튀르크인의 피'라는 강렬한 자긍심이 흐른다. 실제 투르크멘 민족은 유라시아 초원을 누비던 오구즈 튀르크의 직계 후손이다. 튀르키예나 아제르바이잔 사람들과 형제처럼 가까운 언어와 문화를 나누고 있다. 투르크메니스탄의 화폐, 마나트에는 이 유구한 투르크멘 민족의 피가 흐른다.

모든 이야기의 시작은 신화 속에 있다. 튀르크 민족 가슴에 살아 숨 쉬는 이름, 오구즈 카간. 그는 전설로 전해 내려오는 위대한 시조다. 한국인에게 단군과 같은 존재라고나 할까. 태어나자마자 말하기 시작했으며, 40일 만에 걷고 말을 탔다고 한다. 모유를 한 번만 마신 후 바로 날고기와 구운 고기, 그리고 술(포도주)을 찾을 정도로 비범한 아이였다. 하늘의 딸, 땅과 호수의 딸과 결혼해 그 사이에서 여섯 아들을 낳고, 원정을 떠나 용맹함과 지혜로 세계를 정복하고 위대한 제국을 건설한 뒤 자손에게 나눠주었다. 손자는 총 24명. 오구즈 사람들은 24명의 손자 이름으로 된 씨족끼리 모여 살았다고 한다. 그의 서사는

100마나트(오구즈 카간), 2020년 발행

투르크멘 민족에게 자신들의 뿌리와 자부심을 일깨워준다.

이와 함께 민족의 영혼을 오롯이 담은 이야기가 또 있다. 오구즈 튀르크의 삶과 지혜, 용기와 슬픔이 녹아든 거대한 서사시 〈데데 코르쿠트의 서(書)〉다. 9~11세기 그 뼈대가 갖춰졌을 12편 이야기는 모두 한 사람의 입을 통해 세상에 나온다. '할아버지 현자'라는 뜻의 데데 코르쿠트. 그는 이야기 속에 등장하는 주인공 영웅이 아니다. 이야기의 시작과 끝에 홀연히 나타나, 지난 일을 들려주고 다가올 삶의 교훈을 말한다. 영웅들의 삶을 지켜보고, 그들의 운명을 노래하며, 후대에 지혜를 전하는 현자다.

그가 전해주는 이야기 속에는 살루르 카잔, 밤시 베이렉 같은 영웅들이 살아 숨 쉰다. 그들은 명예를 위해 싸우고, 가족을 위해 희생하며, 뜨겁게 사랑한다. 튀르크 민족이 이슬람을 완전히 받아들이기 전, 드넓은 초원을 누비던 시절이 배경이다. 사냥과 전쟁, 모두가 어울려 여는 거대한 연회. 그들의 삶이 생생히 펼쳐진다. 오늘날 투르크메니스탄, 튀르키예, 아제르바이잔에 이르기까지 오구즈 후예들이라면 누구나 공유하는 정신적 고향과 같다.

50마나트(데데 코르쿠트), 2020년 발행

드넓은 초원 위로 새로운 믿음의 바람이 불어왔다. 이슬람이라는 바람은 유목민 튀르크의 운명을 송두리째 바꿨다. 그 흐름을

1마나트(투으룰 베이), 2017년 발행

읽고 역사의 중심에 뛰어든 인물이 투으룰 베이(993~1063)다. 오구즈 카간 손자들이 이룬 씨족 가운데 단연 돋보인 부족은 카의와 키닉 부족. 만형인 카의 부족은 훗날 오스만제국(1299~1922)을 일으켰고, 막내인 키닉 부족은 셀주크제국(1037~13세기 초)을 세웠다. 투으룰 베이는 할아버지 셀주크의 이름을 딴 나라를 세운 주역이다.

그는 1040년 단다나칸전투에서 승리하며 제국의 문을 활짝 열었다. 그의 시선은 페르시아를 넘어 이슬람 세계 심장을 향했다. 당시 바그다드 칼리프는 부와이왕조(932~1055) 손아귀에 잡힌 허수아비 신세였다. 1055년 투으룰은 군대를 이끌고 바그다드에 입성했고 해방했다. 칼리프는 투으룰 베이에게 '술탄' 칭호를 내렸다. 이슬람 최고 종교 지도자가 세속 권력의 실체를 인정한 순간이었다. 이로써 셀주크 군주들은 칼리프를 지키는 보호자이자 이슬람 세계의 실질적인 지배자로 우뚝 섰다. 튀르크 민족이 이슬람 세계의 패자로 떠오르는 순간이었다. 그 기세는 알프 아르슬란으로 이어져 1071년 만지케르트전투에서 비잔티움 황제까지 무너뜨린다.

아흐메트 산자르 술탄(1086~1157)은 그 셀주크라는 거대한 제국이 남긴 마지막 불꽃이다. 그는 제국 황혼기에 분열된 내부를 다독이고 밀려오는 외세에 맞서며 문화를 꽃피우려 애썼다. 그의 시대에 제국은 서쪽에서 밀려온 십자군과 맞서 싸워야 했다. 제2차 십자군전쟁을 일으킨 에데사 함락. 그 주역인 이마드 앗 딘 장기는 산자르 술탄 휘하에 있던 총독이다. 십자군에 맞서 이슬람 세력을 최초로 규합한 영웅이었다.

5마나트(아흐메트 산자르 술탄), 2017년 발행

그러나 산자르 술탄 자신은 끝내 비극을 피하지 못했다. 같은 핏줄인 오구즈 부족 반란군에 패배해 포로가 되는 치욕을 겪었고 그의 죽음과 함께 거대한 제국은 사방으로 찢겼다. 십자군전쟁과 몽골 침략은 쇠락을 재촉했다. 훗날 오스만제국은 그 잿더미 속에서 피어난 새로운 불씨였다. 오늘날 투르크메니스탄 메르브에 남은 그의 거대한 영묘는 한때 세상의 중심이던 제국 대신 남은 웅장한 건물로 한 시대의 영광과 쓸쓸한 황혼을 증언하고 있다.

거대한 제국들이 명멸하는 동안에도 민중의 삶은 계속되었다. 억압받는 이들의 가슴속에 태어난 정의로운 영웅, 코로글루. '장님의 아들'이라는 뜻을 지닌 그는 불의한 통치자에 맞서 싸운 투르크멘 민중의 희망이다.

16세기 중반 오스만제국, 볼루의 영주는 뜨겁게 달군 쇠꼬챙이로 말 다루는 자 유수프의 눈을 찔렀다. 술탄에게 바칠 좋은 말을 구해 오라는 영주의 명에 유수프는 망아지 한 마리를 데려왔다. 권력자의 눈에 볼품없고 하찮게 보인 망아지. 기만당했다고 여긴 영주가 분노하며 그 눈을 태워버린 것이다. 눈먼 아버지는 아들 루쉔 알리에게 말했다. 저 망아지를 빛 한 줄기 없는 어두운 헛간에서 키우라고. 소년은 아버지의 말을 따랐다. 어둠 속에서 말은 자라났고, 시간과 함께 소년의 분노도 숙성되었다.

마침내 헛간 문이 열렸다. 허약하던 망아지는 명마로 변해 있었다. 아들 루쉔 알리 역시 더는 평범한 젊은이가 아니었다. 그는 자신을 '코로글루'라

20마나트(코로글루), 2020년 발행

칭했다. '눈먼 자의 아들'이라는 뜻이다. 아버지의 복수는 만인의 해방을 향한 첫걸음이 되었다. 그는 폭군을 공격했고, 빼앗은 재물은 가난한 사람들에게 나눠주었다. 코로글루의 용기에 억압받던 사람들이 모여들었다. 이것이 실제 역사인지, 아니면 민중의 염원이 빚어낸 전설인지는 알 수 없다. 하지만 수백 년 동안 튀르크 사람들은 입에서 입으로 코로글루의 이야기를 전했다. 불의에

맞서는 용기가 그 이름 안에 살아 숨 쉬고 있기 때문이다. 마나트에도 마찬가지다.

 18세기, 흩어져 살던 부족들의 암울한 현실 속에서 투르크멘 민족의 정신을 하나로 모을 거인이 나타났다. 투르크멘 문학이라는 밤하늘에 가장 밝게 빛나는 별, 마흐툼쿨리 피라기(1724~1807)다. 그는 여러 나라를 떠돌며 민중의 고통을 제 눈으로 보았다. 조각난 채 외세에 시달리는 민족의 현실에 가슴 아파한 그의 시는 단순한 문학이 아니었다. '투르크멘'이라는 하나의 정체성을 일깨우는 외침이었다. 강력하고 독립된 나라를 세워야 한다는, 시대를 앞서간 비전이었다. 그는 어려운 페르시아어나 낡은 튀르크 말을 버렸다. 대신 민중이 날마다 쓰는 생생한 투르크멘 언어를 선택했다. 덕분에 보통 사람 누구나 그의 시에 공감할 수 있었다. 그의 선택으로 투르크멘 말은 세련된 문학 언어로 거듭났다. 언어가 비로소 민족의 동질감을 빚어낸 셈이다.

 "흩어지면 모래알이요, 뭉치면 강철이라"

 하지만 역사는 그의 염원대로 흐르지 않았다. 북쪽에서 러시아

10마나트(마흐툼쿨리 피라기), 2017년 발행

제국의 힘이 몰려왔고, 투르크메니스탄은 독립을 잃었다. 길고 긴 침묵의 시간이 흐른 뒤, 마흐툼쿨리의 간절한 꿈은 한 세기가 훌쩍 지나서야 현실이 되었다. 그의 탄생 300주년을 맞은 2024년, 유네스코는 그해를 '마흐툼쿨리 피라기의 해'로 지정했다. 시인의 꿈은 시간을 넘어 세계의 기억 속에 남았다.

5천 마나트(사파르무라트 니야조프), 2005년 발행

1991년, 마침내 소련 해체와 함께 독립 투르크메니스탄 시대가 열렸다. 그 격동의 시대를 이끈 인물은 초대 대통령 사파르무라트 니야조프(1940~2006)다. 한때 거의 모든 구권 지폐를 장식했던 그는 자신을 '투르크멘바시', 모든 투르크멘인의 지도자라 칭하며 강력한 나라를 세웠다. 수도 아슈하바트에는 독립과 중립을 기리는 거대한 탑들이 솟았다. 그의 고향에 세운 웅장한 킵차크 모스크 벽면에는 쿠란 구절과 나란히 자신의 책 《루흐나마》를 새겨 넣었다.

투르크메니스탄의 마나트 지폐는 이처럼 유구한 전설에서 제국을 세운 술탄들, 민족의 혼을 노래한 시인, 그리고 격동의 현대사를 이끈 지도자를 품고 있다. 그 안에는 유목민의 기상과 이슬람 신앙, 독립국가로서 정체성을 찾으려는 노력이 녹아 있다. 이 작은 종이 위 역사의 파편들은 투르크메니스탄이 걸어온 길과 그들이 품은 꿈을 말없이 건넨다.

제국의 영광, 사막의 믿음

이란 · 이라크 · 사우디아라비아

세 형제 같은 나라가 있다. 한 곳은 메마른 모래언덕이 끝없이 펼쳐진다. 그 침묵 속에서 한 예언자가 탄생했고, 그의 목소리는 대륙 끝까지 퍼져나갔다. 다른 한 곳은 기름진 땅을 적시는 두 강이 문명을 낳았다. 인류 최초 문자가 새겨진 점토판과 세계 최초 성문법전이 그 강가에서 발견되었다. 마지막 한 곳은 험준한 산맥이 병풍처럼 둘러싸고 있다. 오래전 사라진 거대 제국의 후예라는 자부심으로, 그들은 이웃과 다른 언어와 시를 노래한다.

 이들은 한때 같은 신을 믿고 같은 방향을 보며 기도했다. 아브라함이라는 한 조상을 공유하기도 한다. 삶의 결도 놀랍게 비슷하다. 시장에서는 향신료와 대추야자 향이 뒤섞이고, 나이 든 남자들은 짙은 커피를 마시며 시를 읊는다. 손님을 융숭히 대접하는 것을 미덕으로 삼고, 가족의 명예를 목숨처럼 소중히 여긴다. 그러나 어느 순간 믿음은 갈라졌고 서로에게 등을 돌렸다. 한 형제가 순리를 따를 때, 다른 형제는 핏줄을 고집했다. 한쪽은 아랍어로 말하고, 다른 이는 페르시아어로 꿈을 꾼다. 이런 작은 다름과 균열은 천 년이 넘는 세월 동안 깊은 골이 되어 오늘날까지 이어지는 불신과 반목의 씨앗을 움트게 했다.

 이 오래된 땅 아래 선물이자 저주가 숨어 있다. 검은 황금, 석유. 인류 문명의 젖줄이던 강과 사막은 이제 현대 산업의 심장을 뛰게 하는 동맥이 되었다. 부와 권력을 안겨준 석유는 동시에 세 나라를 거대한 비극과 욕망의 소용돌이로 몰아넣었다.

 세계사는 이들을 두고 사우디아라비아, 이라크, 이란이라 부른다. 지도 위에는 국경선이 선명하지만, 그들의 이야기는 떼려야 뗄 수 없이 얽혀 있다. 이란의 리알, 이라크의 디나르, 그리고 사우디아라비아의 리얄 화에 담긴 작은 그림들은 수천 년 문명과 종교, 그리고 피로 쓰인 현대사를 압축해 보여준다. 인류에게 찬란한 유산을 남긴 이들의 지혜는 오늘날 어디를 헤매고 있을까? 지폐 위의 도안을 통해 그 깊은 역사 속에 숨겨진 인간의 마음을 따라가며 답을 찾아보려 한다.

페르시아의 영혼, 시아 이슬람을 외치다

 이란을 이해하려면 먼저 하나의 사실을 마음에 새겨야 한다. 이란은 아랍이 아니다. 이 짧은 문장에 수천 년의 역사가 담겼다. 그들은 주변과 닮은 듯 보이지만, 그 향기와 빛깔은 뿌리부터 다르다. 고대 서아시아에서 세계 문명을 이끌었던 수많은 민족 중에서 자신만의 고유한 문화와 독립국가를 오늘까지 지켜온 거의 유일한 이들. 이란 대신 페르시아라 부르면 고개가 끄덕여질까? 그렇다. 바로 페르시아가 이란의 영광스러운 어제다. 지폐 리알을 따라가다 보면 페르시아의 후예들이 걸어온 길이 눈앞에 펼쳐진다.

50만 리알 지폐 뒤편에는 다마반드산이 우뚝 솟아 있다. 이란 신화와 역사를 품은 민족의 뿌리다. 마지막 분화는 7천 년도 더 전의 일이지만, 여전히 산은 살아 숨 쉰다.

50만 리알 뒷면(다마반드산), 2018년 발행

어떤 전설은 대홍수 이후 노아의 방주가 처음 닻을 내린 곳이 여기라고 말한다. 조로아스터교의 믿음이 서린 성지라고도 전한다. 우주 만물 악의 근원인 '앙그라 마이뉴'가 낳은 머리 셋 달린 용, 아지 다하카가 이 산 아래 영원히 묶여 있기 때문이다. 다마반드산은 그렇게 악을 제압한 선의 승리를 상징하며, 시련에 맞서는 이란인의 정신이 되었다.

이란의 인간 역사는 키루스 2세(기원전 590경~530)에게서 시작한다고 해도 지나치지 않다. 사람들은 이 아케메네스왕조 페르시아의 창건자를 대왕이라 부른다. 페르시아의 작은 왕국 안샨의 왕으로 시작해 메디아, 리디아, 신바빌로니아를 차례로 무너뜨리고 통일 제국을 세웠다. 단순한 정복자였다면 그의 이름은 잊혔을지 모른다. 그는 피정복민의 종교와 문화를 존중했다. 바빌론에 포로로 잡혀 있던 유대인을 풀어주고 예루살렘성전 재건을 도왔

50리알 뒷면(키루스 대왕 무덤), 1979년 발행

다. 세계의 중심에서 관용으로 세상을 다스렸던 이 기억은 오늘날 이란인의 핏속을 흐르는 자긍심의 원천이다.

이런 관용의 통치 정신은 다리우스 1세(기원전 550~486) 시대를 거치며 더욱 빛났다. 동으로 인더스강, 서로는 발칸반도에 이르는 거대한 영토가 '왕의 길'로 이어지고, 페르세폴리스에는 각 문명이 어우러졌다. 그리고 그의 시기에 이란의 자부심인 조로아스터교가 왕가의 종교로 뚜렷하게 섰다. 예언자 자라투스트라가 기원전 1500~1000년 경 창시했다고 추정되는 이 오래된 신앙은 세상의 이치를 빛과 어둠, 진실과 거짓의 끝없는 투쟁으로 보았다. 선한 신 아후라 마즈다와 악한 신 앙그라 마이뉴의 대결 속에서 인간은 자신의 자유의지로 선한 생각, 선한 말, 선한 행동을 실천해서 진리의 편에 서야 했다. 선과 악, 천국과 지옥, 최후의 심판까지 유대교, 기독교, 이슬람교에 영향을 주었다고 평가되는 이유다. 다리우스 1세는 베히스툰 비문 등에서 "위대한 신 아후라 마즈다의 은총으로 내가 왕이 되었다"라고 반복해서 밝히며 통치 정당성을 아후라 마즈다로부터 찾았다.

그리스 알렉산드로스 대왕은 이 땅에 거대한 상처를 남겼으나 페르시아의 영혼을 꺾지는 못했다. 불타버린 페르세폴리스 잿더미 위에서 그들은 다시 일어섰다. 사산왕조 페르시아(224~651) 시대, 그들의 정신은 다시 한번 빛났다. 조로아스터교를 더욱 체계화해서 국교로 선포하고, 이를 중심으로 찬란한 제2의 전성기를 누리며 로마와 어깨를 겨룬 것이다. 페르시아인이라는 정체성은 조로아스터교 신앙과 하나가 되어 더욱 견고해졌다. 그 견고한 세계에 균열이 생긴 것은 7세기 아라비아사막에서 불어온 이슬람 때문이었다.

이슬람을 받아들인 페르시아의 운명은 리알 위에 독특한 모습으로 새겨졌다. 리알에는 먼저 모든 무슬림의 심장, 메카의 카바 신전이 등장한다. 세계의 모든 무슬림이 하루 다섯 번 기도하는 방향을 통일하는 구심점인 카바는 오늘날 수니파 맹주를 자처하는 사우디아라비아의 메카

2천 리알 뒷면(메카 카바), 2005년 발행

에 있다. 초기 이슬람제국의 정치적 중심지였던 아라비아반도, 그 역사적 유산은 자연스럽게 수니파의 정통성과 연결된다.

예루살렘의 황금빛 바위의 돔과 알아크사 모스크 역시 마찬가지다. 이곳은 예언자 무함마드가 승천했다고 전해지는 이슬람의 3대 성지 중 하나다. 그러나 이 장대한 건축물을 완공시킨 이들은 우마이야왕조(661~750)다. 예언자의 가문과 대립하며 칼리프 자리를 차지한 이들은 수니파 이슬람의 역사적, 정치적 기틀을 다진

세력이다. 이란이 속한 시아파의 관점에서는 비극적인 역사의 시작을 알린 통치자들이기도 하다. 이처럼 이슬람 수니파의 역사와 권위를 상징하는 장소를 왜 시아파 국가 이란의 리알은 품고 있을까? 이슬람 세계 전체에 대한 이란의 영향력을 과시하고, 분열된 이슬람의 연대를 호소하는 동시에, 자신들이 이 성지들의 진정한 수호자라는 야심을 드러내는 복잡한 메시지는 아닐지.

그러면서도 이맘 알리 이븐 무사 알 레자(766~818)의 영묘가 자리하는 이맘 레자 모스크를 통해 이란은 자신의 정체성 역시 명확히 한다. 이맘 레자는 메디나 출신으로 무함마드의 직계 후손이다. 시아파 8대 이맘(수니파의 칼리프에 해당하는 시아파 최고지도자)이었던 그는 뛰어난 지

2만 리알 뒷면(예루살렘 바위의 돔&알아크사 모스크), 2009년 발행

혜와 관용, 깊은 영성으로 널리 존경받았다. 당시 아바스왕조의 칼리프 알 마문이 그를 경계해 이란의 마슈하드로 오도록 했는데, 이맘 레자는 그곳에서 독살당해 순교한 것으로 전해진다. 그의 순교를 기리기 위해 매년 2천만 명이 넘는 시아파 무슬림 순례자들이 마슈하드로 몰려드는 이유이며, 이곳이 이란 최대의 종교 성지이자 시아파 무슬림의 정신적 고향으로 여겨지는 까닭이다.

이를 리알의 도안으로 새긴 것은 이란이 이슬람 세계에 속하지만 그 안에서 다른 길을 걷겠다는 선언이다. 수니파가 주류인 아

랍 이슬람 국가와는 근본이 다른 시아파 이슬람 공화국이라는 선포다. 이란이 뚜렷하게 시아파의 길을 걷기 시작한 것은 16세기 사파비왕조(1501~1736)의 초대 샤 이스마일 1세 때였다. 사실 7세기 이후 15세기까지 이란고원의 무슬림 대다수는 수니파였고, 다양한 수피즘 교단들 역시 공존하고 있었다. 이스마일 1세는 타브리즈를 정복한 뒤 자신을 이란의 샤(왕)로 선포하며, 시아파 이슬람을 국가의 공식 종교로 널리 밝혔다. 당시 이란 인구 대부분이 수니파였다는 점을 고려할 때, 그의 강제 개종 정책은 매우 급진적이고 대담한 결정이었던 셈이다. 이런 정책은 강력한 이웃 수니파 오스만제국과 우즈베크족으로부터 페르시아인을 구별 짓는 선명한 정체성을 형성하는 결정적인 계기가 되었다.

50만 리알(이맘 레자 모스크), 2002년 발행

 이란이 리알 위에 의학자 이븐 시나(980~1037)의 영묘를 새긴 것도 같은 맥락이다. 서양에서는 라틴어 아비센나로 더 널리 알려진 그는 중세 이슬람 황금기를 대표하는 천재다. 의학, 철학, 수학, 천문학, 논리학, 시 등 다루지 않은 학문 분야가 거의 없을 정도였다. 특히 고대 그리스와 이슬람 의학 지식을 집대성한 의학 백과사전을 집필했는데, 12세기 라틴어로 번역된 이후 유럽 여러 대학에서 표준 의학 교과서로 사용할 만큼 권위를 인정받았다. 이

성과 논리를 통해 신의 존재를 증명하려 했던 그의 철학 체계 역시 이후 스콜라철학에 깊은 영향을 주었다. 이란은 그를 '이슬람 학자'이기 전에 '페르시아 민족이 낳은 위대한 인물'로 기억하고자 했다. 아랍 이슬람 세계와는 구별되는, 페르시아만의 독자적 문명과 지성을 리알 위에 새긴 것이다.

언어에서도 마찬가지였다. 이란은 정복자의 아랍어에 자신들의 페르시아어를 끝내 내어주지 않았다. 그들은 이슬람이라는 거대한 그릇을 받아들이되 그 안에 페르시아의 정신과 문화를 오롯이 채워 넣었다.

200리알 뒷면(이븐 시나 영묘), 1981년 발행

그 대표가 바로 시인 하페즈(1325경~1390경)다. 그의 시는 아랍의 정복 이후 이슬람 문화권 안에서 페르시아어가 어떻게 고유의 정체성을 잃지 않고 오히려 더 풍성한 예술 언어로 승화했는지를 보여주는 최고의 상징이다. 그는 의식적으로 아랍어를 배척했던 초기 시인과 달리 페르시아어의 구조 속에 아랍어 어휘를 자유자재로 녹여내어 페르시아 문학의 아름다움과 깊이를 최고 경지로 끌어올렸다. 그는 특히 이란인에게 단순한 시인을 넘어 정신적 지주로 여겨진다. 이란의 거의 모든 가정에는 쿠란과 함께 하페즈 시집이 놓여 있을 정도다. 문학작품을 넘어 삶의 지혜와 철학이 담긴 경전처럼 여겨지기 때문이다.

그러나 페르시아의 영광은 영원하지 않았다. 19세기, 무능한 카자르왕조(1789~1925) 아래 이란은 길을 잃었다. 북쪽 러시아는 군대를 밀고 내려와 코카서스 지방의 광대한 영토를 강탈했다. 인도를 지키려는 영국은 페르시아 동쪽의 헤라트를 넘보며 결국 아프가니스탄을 떼어내 완충지대로 삼았다.

1만 리알 뒷면(하페즈 영묘), 2017년 발행

이권 침탈은 더 노골적이었다. 담배 독점 판매권이 영국인에게 넘어가 전국적인 불매 운동이 일어나기도 했고, 이란의 미래를 결정지을 석유 채굴권마저 헐값에 영국으로 넘어갔다. 급기야 1907년, 두 제국은 이란의 주인을 앞에 두지 않은 채 이란 땅에 지도 위 선을 그었다. 북쪽은 러시아가, 남동쪽은 영국이 영향력을 행사하는 구역으로 사실상 나라를 나눠 가졌다. 제국주의 열강에 속수무책으로 휘둘렸던 이 쓰

100리알(모하마드 레자 팔라비), 1971년 발행

라린 기억은 이란 사람들의 뼛속에 외세에 대한 깊은 불신과 저항의 정신을 새겨 넣었다.

이 상처와 치욕의 역사 위에서 팔라비왕조(1925~1979)가 세워졌다. 레자 샤 팔라비(1878~1944)와 그의 아들 모하마드 레자 팔

라비(1919~1980)는 강력한 근대국가를 꿈꿨다. 군대는 서구식으로 재편되었고, 여성은 히잡을 벗었으며, 낡은 관습은 타파 대상이었다. 당시 리알에 새겨진 모하마드 레자 팔라비는 서구식 군복을 입고 단호한 시선으로 먼 곳을 응시한다. 그가 꿈꾼 나라는 명확했다. 쏟아져 나오는 석유를 팔아 서양처럼 부강한 나라, 낡은 종교의 속박에서 벗어난 세속적인 현대 국가를 세우는 것이었다.

그런 왕에게 이슬람은 위대한 페르시아 문화의 일부일 뿐 국가의 뿌리가 아니었다. 그는 이란이 이슬람 이전에 이미 찬란한 문명이었음을 끊임없이 강조했다. 페르시아제국 건국 2,500주년 기념식을 성대하게 열고, 그 상징으로 수도 테헤란에 '샤의 기념탑(현 아자디 타워)'을 세운 까닭이다. 옛 지폐 속 거대한 탑은 팔라비왕조의 영광과 페르시아 민족주의를 향한 그의 열망을 보여준다. 그러나 석유로 쌓아 올린 화려한 근대화의 이면에는 깊은 그늘이 있었다. 비밀경찰 사바크의 감시와 탄압은 숨통을 조였고, 서구 문물의 무분별한 유입은 전통 가치를 뒤흔들었다. 부는 소수에게 집중되어 빈부격차가 극심해졌다. 침묵하던 대중의 분노는 들끓기 시작했다.

결국 1979년, 혁명의 불길이 이란 땅의 모든 것을 삼켰다. 왕은 쫓겨났고, 파리 망명지에서 한 노인이 돌아와 새로운 시대의 문을 열었다. 루홀라 호메이니(1902~1989)를 중심으로 한 성직자들은 왕정에 대한 분노, 서구화에 대한 반감, 외세 간섭에 대한 저항, 잃어버린 신앙에 대한 열망을 하나로 엮어냈다. 2,500년을 이어온 군주제는 이란 이슬람 혁명으로 그렇게 하룻밤 사이에 무너졌다. 세계사에서 유례를 찾기 힘든 신정국가 이란 이슬람 공화국이 탄생했다.

모든 것이 바뀌었다. 가장 먼저 리알 도안이었다. 왕의 초상이 사라진 자리에 검은 터번을 쓴 호메이니의 얼굴이 들어섰다. 세상의 모든 가치가 뒤집히며, 세속주의는 죄악이 되었고, 이슬람 율법(샤리아)이 국가의 근본이 되었다. 곧바로 혁명의 칼끝이 향한 곳은 미국이었다. 정부가

10만 리알(루홀라 호메이니), 2021년 발행

세워지자마자 이란 대학생들은 테헤란의 미국 대사관을 점령하고 외교관들을 인질로 삼았다. 3년 동안 이어진 '이란 인질 사건'이었다. 세계는 경악했지만, 이는 이란에 지연된 복수였을 뿐이다. 그들의 기억 속에는 1953년 배신이 생생했다. 당시 민주적으로 선출된 모사데크 총리가 석유 이권을 되찾으려 하자 미국 CIA는 쿠데타를 사주해 그를 축출하고 절대 권력을 꿈꾸던 왕을 다시 밀어주었다. 이란 민주주의의 싹을 짓밟고 독재자의 손을 잡아준 미국. 호메이니가 미국을 '거대한 악마'라 부른 데는 이처럼 피맺힌 역사가 있었다. 이 사건으로 두 나라의 관계는 완전히 단절되었고, 이후 이란은 기나긴 대립과 제재의 시대를 견디고 있다.

오늘의 이란은 이 모든 역사의 지층 위에 서 있다. 고대 페르시

아제국의 자부심, 시아파로서 지켜온 소수의 길, 제국주의 침탈이 남긴 깊은 불신, 그리고 이슬람 혁명이 제시한 이상. 때로는 서로 모순처럼 보이는 이 모든 요소가 뒤섞여, 쉽게 속단할 수 없는 이란이라는 복잡한 존재를 이룬다. 리알을 통해 그들의 겹겹이 쌓인 시간을 이해하는 것은 한 문명이 수천 년간 지켜온 자기 자신에 대한 존엄을 이해하는 여정일 것이다.

두 강 사이 문명, 그 영광과 비극

이라크 역사를 이야기하는 일은 인류가 과거를 회고하는 것과 같다. 그 땅은 기억할 수 없을 만큼 오래전부터 존재했고, 수많은 제국의 요람이자 무덤이었다. 이라크 사람의 영혼 깊은 곳에는 그래서인지 최초의 문명을 일군 자긍심과 모든 것을 잃어본 나라의 깊은 비애가 함께 흐른다. 디나르는 인류사에서 가장 오래된 땅이 겪어낸 영광과 좌절, 그리고 끊임없이 자신을 증명하려 한 치열한 연대기다.

5만 디나르(유프라테스강 수차), 2023년 발행

시작은 메소포타미아였다. 티그리스강과 유프라테스강이 매년 실어 나르는 비옥함은 인류에게 정착을 선물했다. 수천 년간 실어 나른 비옥한 퇴적토 위에서 인류는 처음으로 도시를 세우고, 법을 만들고, 문자를 새겼다. '두 강 사이의 땅'이라는 이름의 이곳이 이라크의 원형이다. 5만 디나르에 새겨진 유프라테스강. 이 땅에 사는 모든 이가 공유하는 최초의 역사, 최초의 기억이다.

수메르인이 세계 최초의 도시와 쐐기 문자를 남긴 그 땅에서, 고대 바빌로니아의 왕 함무라비(기원전 1810~1750)는 돌판에 성문법전을 새겼다. 함무라비법전 기둥 상단에 새겨진, 함무라비 왕이 바빌론의 태양신 샤마시에게서 법전을 받는 모습이 디나르에 등장하는 것은 우연이 아니다. '눈에는 눈, 이에는 이'로 대표되는 함무라비법전은 그동안 개인 간의 자의적 폭력을 국가가 통제하는 질서의 영역으로 가져온 혁신적인 조치였다. 정의를 실현하는 주체

2만 5천 디나르 뒷면(함무라비법전), 2023년 발행

가 개인이나 부족이 아닌 국가와 왕임을 명확히 한 것이다. 282개 조문에 달하는 방대한 양이 완전한 형태로 보존된, 가장 체계적인 고대 법전이 드러내고 있는 엄격한 질서에 대한 갈망은 기나긴 혼돈의 시대를 살아온 이라크인들에게 중요한 정신적 유산이다.

이 땅의 흙먼지 속에는 인류가 만들어낸 거의 모든 '최초'의 기억이 묻혀 있다. 북쪽에서 일어난 아시리아는 당대 서아시아를 통일한 최초의 철기 제국이다. 히타이트에서 시작된 철기가 단지 사용을 넘어 대량으로 생산되어, 대규모 군대를 철제 검과 창, 갑옷

으로 무장시키면서 당시 청동 무기를 사용하던 주변 민족에 압도적인 군사 우위를 점했기 때문이다. 철기 기술을 국가적 차원에서 군사력의 핵심으로 삼아 제국을 건설한 최초의 사례인 셈이다. 궁전 입구를 지키던 날개 달린 황소 '라마수'는 그 힘과 위엄을 보여준다. 이 고대 수호신을 디나르에 새긴 것은 한때 세계를 호령했던 강력한 제국의 후예라는 자

500디나르 뒷면(날개 달린 황소), 2013년 발행

부심의 표현인 듯하다. 이라크가 이슬람 이전에 이미 세계 문명의 중심이었음을 증언하려는 것일지도 모른다.

7세기, 이 땅은 이슬람의 깃발 아래 새로운 시대를 맞이했다. 이슬람 역사상 최전성기 아바스왕조가 수도를 바그다드로 옮겨오면서 이곳은 전 이슬람 세계의 중심이 되었다. 바그다드에는 '지혜의 집(바이트 알 히크마)'이 세워졌고, 세계의 모든 지식이 모여들었다.

이 황금시대의 정신을 상징하는 인물이 광학의 아버지, 이븐 알 하이삼(965~1040)이다. 그는 인류의 가장 근본적인 질문 중 하나에 답했다. 인간은 어떻게 세상을 보는가? 플라톤 이래 천 년간 세상은 눈에서 빛이 나와 사물을 비춘다고 믿었다. 이븐 알 하이삼은 그 통념을 뒤집었다. 사색에 머문 것이 아닌, 암실(카메라 옵스큐라)을 만들고, 빛이 작은 구멍을 통과해 상을 맺는 현상을 직

접 실험했으며, 수학으로 그 원리를 증명해냈다. 사물에서 반사된 빛이 눈으로 들어와 세상을 본다는 것, 오늘날 우리가 '과학적 방법론'이라 부르는 것의 원형이었다.

그의 《광학의 서》는 라틴어로 번역되어 수백 년 뒤 유럽의 레오나르도 다빈치, 케플러 같은 거인들에게 빛의 길을 일러주었다. 지폐에 그의 얼굴을 새긴 것은 이라크가 세상에 이바지한 것이 전쟁과 정복뿐만이 아니라는 선언이다. 이성과 합리, 보편적 지성으로 세계를 이끌었던 가장 빛나는 순간의 기억이 이븐 알 하이삼의 얼굴에 담긴 이라크의 진짜 마음이 아닐까.

아바스왕조의 거대한 야망과 독창성은 사마라의 대모스크에 솟은 미나렛, 말위야에서 절정을 이룬다. 이집트의 툴룬 모스크에도 영향을 주었다고 하는 미나렛. 바깥쪽으로 나선형 경사로가 있는 거대한 원뿔 형태는 전 세계적으로 거의 유례를 찾을 수 없는 독보적인 디자인이다. 고대 메소포타미아의 지구라트에서 직접적인 영감을

1만 디나르(이븐 알 하이삼), 2010년 발행

받았다고 여겨진다. 지구라트는 수메르, 바빌로니아 시대 신에게 제사를 지내기 위해 벽돌로 쌓아 올린 거대한 탑으로, 외부 계단을 통해 꼭대기로 올라가는 구조였기 때문이다. 말위야는 이슬람과 고대 메소포타미아 건축이 만난 기념비적 결과물인 셈이다.

이들은 아바스왕조 9대 칼리프 알 무타와킬이 851년 건설했는데, 당시 사마라는 바그다드를 대신하는 임시 수도였다. 칼리프는 자신의 막강한 권력과 제국의 위상을 과시하기 위해 세계에서 가장 큰 모스크를 지었다. 52미터 높이의 말위야는 사방 수십 킬로미터 밖에서도 보일 정도였다고 한다. 단순히 기도 시간을 알리는 기능을 넘어, 칼리프의 권력이 미치는 광대한 제국의 중심임을 알리는 랜드마크의 역할을 했을 것이다.

250디나르 뒷면(사마라 대모스크&말위야), 2003년 발행

그러나 이 찬란했던 황금기는 영원하지 않았다. 1258년, 몽골의 훌라구가 이끄는 군대가 바그다드를 짓밟았다. 지혜의 집은 불탔고, 티그리스강은 수많은 책의 잉크와 학자들의 피로 검게 물들었다고 전해진다. 이 끔찍한 파괴는 이라크 역사에 지울 수 없는 상처를 남겼고, 그 뒤 이라크는 수백 년간 오스만제국의 지배 아래 기나긴 침체의 터널로 들어선다.

20세기 오스만이 무너지며 이 땅의 운명은 또다시 외세의 손에 넘어갔다. 영국은 인위적으로 국경선을 긋고, 서로 다른 민족, 종교 종파 세 집단인 중부 수니파 아랍인, 남부 시아파 아랍인, 북부의 수니파 쿠르드족을 '이라크'라는 하나의 울타리 안에 밀어 넣었다. 당시 북부 이라크는 프랑스 세력권이었지만, 영국이 이라크 석유회사 지분 25퍼센트를 프랑스에 넘기는 대신 국경선을 강제로 변경해 탄생한 인공 국가였다. 영국은 북부와 남부 유전을 모두 가질 수 있었고, 이 과정을 주도한 윈스턴 처칠은 스스로 예술 작품이라 말했다고 한다. 최초의 국왕 역시 영국의 석유 이익을 위해 앉힌 파이살 국왕으로, 이라크가 아닌 아라비아반도 출신이다. 결국 첫 단추부터 전적으로 잘못 채워진 이 나라는 분열의 씨앗을 품고 있던 셈이다. 왕정은 1958년 군부 쿠데타로 무너졌고, 기나긴 혼란이 뒤따랐다.

사담 후세인(1937~2006)은 그 혼란을 힘으로 잠재우며 등장했다. 티크리트의 가난한 마을에서 태어난 사담 후세인. 티크리트는 십자군전쟁의 이슬람 영웅 살라흐 앗딘이 태어난 곳이기도 하다. 아랍 민족주의를 내세운 바트당의 폭력적인 암투 속에서 권력의 사다리를 올랐다. 1979년부터 시작된 그의 집권 초기 석유에서 나온 막대한 돈은 실제로 이라크를 바꿨다. 문맹은 퇴치되었고, 전국에 도로와 병원이 건설되었다. 국가의 부가 국민에게 돌아가는 듯 보였다.

하지만 그 빛의 이면에는 짙은 어둠이 있었다. 바트당의 철권통치 아래 반대파는 가차 없이 숙청되었다. 그는 시아파의 저항을 피로 짓눌렀고, 독립을 꿈꾸는 북부 쿠르드족에게는 인류 역사상 최악의 범죄 중 하나인 화학무기를 사용했다. 이웃과 가족마저

1만 디나르(사담 후세인), 2002년 발행

믿을 수 없는 공포정치가 일상이 된 가운데 디나르 지폐는 철저히 그의 개인숭배 도구로 변질되었다. 그는 모든 지폐 위에 자신의 얼굴을 박아 넣어, 이라크의 모든 역사가 곧 사담 후세인 자신임을 선포했다.

후세인의 꿈은 지폐 뒷면에 선명히 드러난다. 바그다드 하늘을 찌르는 거대한 칼 '카디시야의 검'은 7세기 이슬람 군대가 페르시아제국을 꺾은 전투를 기념한다. 이란과 8년 전쟁 중 세워진 이 기념물은 전쟁에서 죽은 이라크 병사들의 총을 녹여 칼을 만들고, 전장에서 빼앗은 이란 병사의 헬멧들로 그 아래를 장식했다고 한다. 칼을 쥔 손의 모델은 사담 후세인 자신이다. 이 기념물로 그는 자신이 페르시아의 후예 이란을 격파한 현대 아랍의 영웅임을 과시하려 했다. 그러나 미국이 정한 선을 넘어버린 그의 야망은 이란과 8년 전쟁을 거쳐 쿠웨이트 침공, 연이은 걸프전으로 이어지며 나라를 끝없는 수렁으로 밀어 넣었다.

2003년 대량살상무기 제거라는 명분을 내세운 미국 주도의 이라크전쟁은 결국 위태롭던 울타리를 완전히 무너뜨렸다. 그의 끝은 그가 쌓아 올린 신화만큼이나 극적이었다. 8개월 도피 끝에 독재자는 결국 고향 티크리트의 한 농가, 거미줄 친 땅굴 속에서 초라하게 발견되었다. 교수형이 집행된 죄목은 두자일 마을의 시아파 주민 학살이었다. 그의 암살을 시도했던 마을을 보복해 마을 주민 148명을 학살하고 고문하고 추방한, '인도에 반한 죄'였다.

한때 지폐 위에서 신처럼 군림하던 그의 마지막 모습은 이라크

현대사의 비극 그 자체다. 독재라는 굴레가 사라지자 그 동안 억눌렸던 종파 갈등과 민족 문제가 시한폭탄처럼 터져 나왔다. 형제가 서로 총

100디나르 뒷면(카디시야의 검), 1991년 발행

을 겨누었고, 이슬람국가(ISIS) 같은 극단주의 세력이 그 폐허 속에서 자라났다. 이라크 디나르의 변천사는 폐허 속에서 자신의 진짜 정체성을 찾으려는 한 문명의 여정이다. 역사의 장자가 겪어야 했던 모든 영광과 다른 나라에 의해 인위적으로 세워진 국가가 필연적으로 감수해야 하는 비극을 통과하고 있는 역사 기록이다.

사우디 왕가, 수니파 이슬람 그리고 석유

사우디아라비아 화폐 리얄은 이란의 리얄이나 이라크의 디나르와 그 결이 완전히 다르다. 이란 지폐가 페르시아와 이슬람의 힘 겨루기를 드러냈다면, 이라크 지폐는 고대 영광과 현대 비극 사이에서 방황했다. 그러나 사우디 리얄은 흔들리지 않는다. 앞면에는 언제나 국왕의 초상이, 뒷면에는 이슬람의 가장 성스러운 장소가 새겨졌다. 이는 지난 한 세기 동안 사우디아라비아라는 나라가 지켜온 강력한 계약서다. 수니파 이슬람 종주국 사우디아라비아. 샤리아가 굳건한 표준인 곳에서 사우드 왕가는 믿음을 수호하고, 믿

음은 왕가에 권위를 부여한다.

　모래바람이 모든 것을 지우고 시작하기를 반복하는 땅. 이슬람이 탄생하기 이전의 아라비아반도는 '자힐리야', 즉 '무지의 시대'라 불렸다. 통일된 국가도, 하나의 신도 없이 수많은 부족이 척박한 사막에서 서로 피를 부르며 생존했다. 그 어둠을 걷어낸 것은 610년경 한 예언자였다.

　메카의 상인 무함마드(570~632)는 어느 날 빛의 산 히라 동굴에서 유일신 알라의 계시를 받았다. 그는 부족들이 섬기던 온갖 우상을 파괴하고 유일신 알라만 섬길 것을 선포했다. 그가 던진 메시지는 단순하고도 혁명적이었다.

　"신은 오직 하나뿐이다!"

　이는 모든 우상을 무너뜨렸고, 부족과 혈연을 넘어 '믿음의 형제'라는 거대한 공동체 '움마'를 탄생시켰다. 360개가 넘는 우상의 집결지였던 메카의 카바는 그렇게 이슬람 유일신의 가장 성스러운 공간으로 다시 태어났다. '카바'는 아랍어로 '사각'이라는 뜻이다.

500리얄(메카 카바&압둘아지즈 이븐 사우드), 1961년 발행

17세기 키브라(예배의 방향)를 정하는 직사각형의 검은 돌을 모신 무슬림의 신전으로 변모할 터였다.

　이 새로운 믿음은 아라비아를 넘었다. 이슬람은 거대한 불길처럼 번져나가 제국을 이룬 것이다. 2007년부터 발행된 1리얄에는

7세기에 발행된 최초의 이슬람 디나르 금화가 사우디 6대 국왕 압둘라 빈 압둘아지즈 초상과 함께 새겨 있다. 우마이야왕조 시절 다마스쿠스에서 주조된 이 금화는 칼리프의 권위와 이슬람 문명의 자신감을 상징했다. 그러나 정작 혁명의 진원지였던 아라비아반도는 제국의 중심이 바그다드와 다마스쿠스로 옮겨가면서 점차 역사의 뒷전으로 밀려나 잊힌 땅이 되었다.

1리얄(디나르 금화&압둘라 빈 압둘아지즈 알 사우드), 2007년 발행

그 수백 년의 침묵을 깨운 것은 18세기 중반, 두 남자의 운명적인 만남이었다. 그중 한 명은 이슬람 초기의 순수함으로 돌아가야 한다면서 엄격한 개혁을 외친 신학자 무함마드 이븐 압둘 와하브(1703~1792)이며. 다른 한 명은 작은 토후였던 무함마드 빈 사우드(1710~1765)다. 사우드 가문이 '칼'을 제공해 영토를 확장하고, 와하브의 가르침이 '믿음'을 제공해 그 통치에 신성한 정당성을 부여했다. 다른 걸프 지역 왕정국가들이 교역과 해양 활동을 통해 성장한 것과 달리 사우디의 정체성은 처음부터 순수한 신앙 동맹에 뿌리박고 있었다.

이 위태로운 동맹의 약속을 완성한 영웅이 20세기 초에 등장한다. 사우디아라비아 국부, 압둘아지즈 이븐 사우드(1875~1953)가 바로 그였다. 경쟁자에게 모든 것을 잃고 쿠웨이트에서 망명

생활을 하던 청년은 1902년 불과 40여 명의 동지를 이끌고 조상의 땅 리야드를 기습 탈환하는 무모한 도전을 감행했다. 칠흑 같은 밤, 마스막 요새의 성벽을 기어오른 그의 성공은 사우드 가문의 부활을 알리는 신호탄이었다.

'헤지라'는 이슬람이라는 거대한 종교 세계 탄생의 서막이었지만, '리야드 탈환'은 '사우디아라비아'라는 현대 국가의 탄생을 알리는, 훨씬 더 개인적이고 극적인 순간이다. 리야드는 오늘날 사우디아라비아의 수도로, 단순한 행정 중심지를 넘어 사우디 왕국의 부활이 시작된 상징적인 공간이 되었다. 그는 흩어져 있던 사막 부족들을 차례로 복속시켰다. 마침내 1932년 이슬람의 두 성지 메카와 메디나를 안고 자신의 가문 이름을 딴 '사우디아라비아 왕국'을 선포했다. 리얄에 담긴 이븐 사우드의 초상은 곧 국가 그 자체의 탄생이었다.

200리얄(압둘아지즈 이븐 사우드), 1999년 발행

200리얄 뒷면(리야드 마스막 요새), 1999년 발행

그때부터 사우디의 모든 지폐 앞면에는 한결같이 국왕의 얼굴이, 뒷면에는 메카의 그랜드 모스크와 메디나의 예언자 모스크, 예루살렘 알아크사 모스크가 액면에 따라 자리 잡았다. 왕가는 분열된 사막을 통일하고 지키는

유일한 힘이며, 그 독보적인 정당성은 이슬람 세계의 심장인 '두 성지의 수호자'라는 책임감에서 나온다는 무언의 선언이다. 리얄 지폐의 뒷면은 전 세계 20억 무슬림의 정신적 고향을 지키고 관리하는 막중한 책임을 증명하는 공간이다. 거기에 이슬람 제3의 성지인 예루살렘 바위의 돔까지 등장시키는 것은 팔레스타인 문제에 대한 사우디의 태도를 추측하게 한다. 아랍과 이슬람 세계 전체의 지도자임을 자처하는 정치적 야망이 아닐까.

500리얄 뒷면(메카 그랜드 모스크), 2016년 발행

100리얄 뒷면(메디나 예언자 모스크), 2012년 발행

이 거룩한 수호자의 역할을 현실적으로 가능하게 한 힘의 원천은 석유였다. 미국의 석유회사 아람코가 세워지고, 땅속에서 뿜어져 나온 검은 황금은 이 나라의 운명을 송두리째 바꿨다. 사막의 유목민 국가는 순식간에 세계 경제를 움직이는 거부가 되었다. 그것은 축복이자 시험이었다. 막대한 부는 국가를 현대화했지만, 엄격한 신앙을 지켜야 하는 이들에게 거대한 세속적 유혹이 되기도 했다. 오래된 믿음과 새로운 부. 양립할 수 없을 것 같은 두 가치가 이 사막 왕국의 기둥이 되는 역설이 시작되었다.

그 역설의 한가운데 오늘날 사우디아라비아가 서 있다. 젊은 왕

세자 무함마드 빈 살만이 추진하는 '비전 2030'은 거대한 변화의 신호탄이다. 석유 의존적인 경제구조를 탈피하고 사회 문화적으로 개방을 확대하려는 야심 찬 국가 개혁 프로젝트. 여성은 운전대를 잡았고, 관광객을 맞이하며, 네옴시티 같은 초현실적 미래 도시를 꿈꾼다. 석유 이후의 시대를 준비하는 필사적인 몸부림이다.

5리얄 뒷면(정유 시설), 1961년 발행

그러나 그의 개혁은 한 손에 든 당근일 뿐, 다른 손에는 여전히 날카로운 칼이 들려 있다. 이런 변화 이면에 있는 인권 탄압과 독재 강화를 비판한 언론인 자말 카슈끄지 암살 사건이 보여주듯 개방의 바람 뒤에는 여전히 서슬 퍼런 절대 왕권의 그림자가 드리워져 있다. 그는 과연 사우디를 진정으로 바꾸려는 것일까, 아니면 왕권을 더욱 공고히 하기 위해 변화라는 겉옷만 덧입은 것일까?

사우디 리얄은 결국 매우 정직한 돈이다. 앞면의 왕은 뒷면의 성지를 지킬 것을 약속한다. 그리고 그 모든 것을 뒷받침하는 석유의 힘은 이 계약을 현실로 만든다. 왕권과 신앙, 그리고 자본, 이 세 요소가 결합해 만들어낸 사막 왕국의 단단한 초상화다. 리얄화는 사막의 부족국가가 어떻게 탄생했으며, 무엇을 믿고, 어떤 힘으로 세계무대에 섰는지, 그리고 이제 어떤 미래와 마주하고 있는지를 보여주고 있다.

지폐도 화해하지 못하는 땅

시리아 · 레바논 · 이스라엘

'레반트'. 해가 뜨는 동쪽 땅. 고대 그리스와 이집트가 바라보던 지중해 중심에서 동쪽에 있다고 해서 붙은 이름이다. 아랍 사람들은 같은 곳을 '마슈리크'라 불렀다. 이곳은 이집트와 메소포타미아, 두 위대한 문명을 잇는 길목이었다. 시리아, 레바논, 이스라엘, 그리고 팔레스타인과 요르단까지 지도 위에서는 한 뼘 거리이지만 그들 마음 사이에는 수천 년 간격이 흐른다.

불과 1세기 전, 이곳에는 오늘날 우리가 아는 국경이 없었다. 거대한 오스만제국의 그늘 아래, 지난 수백 년 세월이 그랬듯 모든 것은 더디게 움직였다. 때로는 그런 느낌이 평화를 의미하기도 했다. 그러나 제1차 세계대전이 터지자 늙은 제국은 거대한 몸체로 쓰러졌고, 굶주린 승자들이 그 위로 달려들었다.

프랑스는 시리아와 레바논을, 영국은 팔레스타인 지역을 자기 몫으로 삼았다. 위임통치라는 새로운 이름의 지배였다. 훗날 시리아와 레바논이 프랑스 화폐와 이어진 리브르와 리라를, 이스라엘이 영국의 파운드를 잠시나마 쓰게 된 이유가 여기에 있다.

오늘날 이 땅을 뒤덮은 모든 혼란과 불신, 그 뿌리는 제1차 세계대전 속 영국의 외교문서 안에 잠들어 있다. 전쟁 승리라는 단 하나의 목표 아래 영국은 서로 모순되는 세 갈래 약속을 남발했다. 아랍 지도자 후세인에게는 오스만제국에 맞서 싸우면 독립국가를 안겨주겠다고 속삭였다. 동맹인 프랑스와는 비밀리에 그 아랍 땅을 나눠 가질 지도를 그렸다. 마지막으로 자금을 쥔 유대인 부호들에게는 팔레스타인에 민족국가를 세우도록 돕겠다고 약속했다. 한 땅을 두고 주인 없는 약속이 셋이나 포개졌다. 모든 비극은 여기서 시작되었다.

런던 외교관들에게 이 땅은 체스판 위에 놓인 말에 불과했다. 그들의 목표는 오직 하나, 인도로 가는 생명선 수에즈운하를 지키는 일이었다. 운하 주변을 경쟁자인 프랑스나 러시아에 내어줄 수는 없었다. 그들에게 아랍과 유대의 민족 문제는 성가신 부차적 변수였다. 서로를 이웃으로 여기던 땅에 '아랍 대 유대'라는 이전에는 없던 대립 구도가 뿌리내리고, 그 증오가 시리아와 레바논의 내전으로 번지리라고는 상상하지 못했다.

제2차 세계대전 후 지쳐버린 제국 영국은 이 골치 아픈 땅에서 발을 뺐다. 남겨진 것은 주인을 잃은 땅과 세 개의 엇갈린 약속뿐이었다. 유대인과 아랍인은 지구상 가장 깊고 폭력적인 갈등 속으로 내던져졌다. 그 참혹한 과정에서 이스라엘은 살아남았고, 나아가 '실리콘 와디'로 불리는 첨단기술 강국이자 중동 최강 군사 대국으로 성장했다. 눈부신 성공 이면에는 팔레스타인의 깊은 상처와 아랍 세계의 씁쓸한 분열이 그림자처럼 드리워 있다.

인류 역사상 가장 오래된 문명이 싹튼 곳. 그리고 오늘날 가장 지독한 갈등이 계속되는 땅. 이제 우리는 지폐 도안을 따라 세계 역사를 걸어온 그 긴 여정의 종착점에 다다랐다.

모든 길은 다마스쿠스로

우리는 이미 시리아를 알고 있다. '문명의 새벽 메소포타미아', '다마스쿠스로 가는 길 위의 사도 바울', '십자군을 무찌른 영웅 살라흐 앗딘'. 이 익숙한 이름들의 실제 무대가 시리아라는 사실을 떠올리는 순간 이 나라는 더 이상 낯선 뉴스의 배경이 아닌, 인류 역사의 주요 무대로 다가온다. 시리아의 역사는 그들만의 이야기가 아니다. 그것은 고대부터 지금까지 세상의 길이 교차하고 모든 욕망이 부딪힌 거대한 교차로의 기록이다.

시리아파운드 역시 마찬가지다. 그 단위 변천뿐 아니라 도안 역시 고고학 발굴 현장에서 막 출토된 유물 같다. 한 시대의 그림 위로 다른 시대의 흔적이 덧씌워지고, 승자의 얼굴 옆에 패자의 상처가 어른거린다. 이 땅의 역사는 너무나 많은 주인을 거쳐 갔다. 시리아파운드를 읽는다는 것은 그 수많은 주인이 남기고 간 기억을 하나씩 호명하는 일이다.

시리아의 파운드. 사실 제1차 세계대전 후 프랑스의 위임통치하에서는 시리아리브르가 사용되었다. 아랍어로는 시리아리라. 그러나 1946년 독립 후 화폐에서 프랑스의 영향력을 지워나갔다. 현재 공식 명칭은 아랍어로는 여전히 시리아리라, 영어로는 시리아파운드다. 시리아인들은 예나 지금이나 자신의 돈을 '리라'라고 부르지만, 국제적으로는 파운드로 통용되는 셈이다. 대만 사람들이 자국의 돈을 위안이라고 부르지만, 국제적으로는 대만달러로 통용되는 것과 같은 맥락이라고나 할까.

모든 이야기의 시작은 이곳에서도 강이었다. 유프라테스강 동쪽 기슭은 메소포타미아문명을 낳았고, 그 강물은 서쪽으로 흘러 시리아의 초원을 적셨다. 이 땅에서 인류는 위대한 발명을 해냈다. 서쪽 지중해 연안 고대 도시 우가리트 유적(기원전 14세기경)에서는 쐐기문자를 개량한 세계 최초의 음소문자가

50시리아파운드(우가리트 점토판 알파벳), 2009년 발행

발견되었다. 당시 상인들이 복잡한 그림문자 대신 소리 하나에 글자 하나를 대응시키는 혁신을 이룬 것이다. 인류 최초의 알파벳이 시리아 해안에서 태어난 순간이다. 누군가의 얼굴도, 화려한 건물도 아닌 이 쐐기문자 도안이 지폐의 한 자리를 차지하는 이유는 명확하다. 시리아가 단순한 제국의 변방이 아닌, 인류 지성사의 첫 페이지를 쓴 문명의 발원지라는 자부심이다.

시리아는 메소포타미아와 이집트 문명이 교차하는 길목에 있다. 이 전략적 위치 때문에 늘 강대국의 첫 번째 목표물이었다. 이집

트 파라오와 히타이트의 전차가 이곳에서 맞붙었고, 아시리아와 페르시아 군대가 이 땅을 휩쓸고 지나갔다. 대왕 알렉산드로스는 그리스 문화를 심었고, 로마는 이곳을 제국의 가장 부유한 속주로 삼았다.

로마제국 시대 시리아는 제국의 중요한 일부였다. 심지어 이곳 출신이 로마의 황제가 되기도 했다. 별칭인 필리푸스 아라부스, 즉 '아랍인 필리푸스'로 널리 알려진 마르쿠스 율리우스 필리푸스는 로마 황제 자리에 오른 시리아 사람이다. 그의 고향에 세워진 보스라의 거대한 원형극장은 시리아가 로마 시대의 영광과 세계의 중심에 섰던 기억을 고스란히 간직한다.

1천 시리아파운드(보스라 원형극장), 2013년 발행

로마 시대, 기독교가 전파되면서 다마스쿠스는 중요한 종교 중심지가 되었다. 신약성경 속 사도 바울이 극적인 회심을 체험한 곳이 바로 다마스쿠스로 향하던 길 위였다. 이 땅의 역사는 성경의 역사와 깊게 얽혀 있다. 다마스쿠스를 시리아의 중심이라고 많은 이들이 말하는 이유일 것이다.

그러나 시리아가 역사의 변방에서 중심으로 도약한 결정적인 순간은 7세기 이슬람의 깃발 아래 찾아왔다. 우마이야왕조는 수도를 머나먼 아라비아사막이 아닌, 비옥하고 유서 깊은 다마스쿠스로 정했다. 다마스쿠스는 에스파냐부터 인도까지 뻗어 나간 거대

제국의 심장으로, 명실상부한 이슬람 세계의 중심이 되었다. 그리고 그 시절 꽃피운 찬란한 문화와 예술의 한가운데 우마이야 모스크, 즉 다마스쿠스 대사원(715)이 있다.

이 건물은 시리아 역사 그 자체다. 원래 이곳은 아람인의 '비의 신'을 모시는 신전이었다. 로마 시대에는 유피테르(제우스)신전이 되었고, 비잔티움 시대에는 세례 요한의 교회가 되었다. 전승에 따르면 그의 머리가 지금도 이곳에 묻혀 있다고 한다. 우마이야왕조는 이곳에 이슬람 역사상 가장 아름다운 모스크를 세웠다. 한 장소에 이토록 다른 신의 이름이 겹겹이 쌓인 곳이 또 있을까? 1파운드 속 대사원의 모습은 단순한 종교 건물이 아니다. 그것은 이 땅을 스쳐간 문명과 종교를 품어 안은, 시리아의 정체성 그 자체다.

하지만 이슬람 세계의 중심은 오래 지나지 않아 바그다드로 옮겨갔고, 시리아는 다시 주인을 기다리는 땅이 되었다. 11세기, 유럽에서 십자군전쟁의 광풍이 불어왔다. 성지를 탈환하겠다는 명분 아래 유럽의 기사들이 몰려와 해안가에 요새를 세우고 살육을 저질렀다.

1시리아파운드(우마이야 모스크), 1977년 발행

25파운드 정면에 그려진 크락 데 슈발리에 성(11~13세기)은 십자군이 세운 가장 견고하고 아름다운 요새다. 칼릴 산 정상에 외성, 내성의 이중 구조로 된 성채와 몇 년 치 식량이 비축 가능한 곡식 저장고, 거대한 물 저장소, 예배소 등을 갖춘, 단 한 번의 함락도 허락한 적이 없는 성. 이슬람군의 반격으로 십자군 성들이 함락되어 갈 때도 이 성만은 무너지지 않았다고 한다. 십자군의 안전한 퇴각을 보장하는 조건으로 스스로 성을 넘긴 이후에야 점령할 수 있었던 철옹성.

25시리아파운드(크락 데 슈발리에 성&살라흐 앗딘), 1991년 발행

침략자의 성채가 오늘날 시리아 지폐에 새겨진 것은 역사의 아이러니다.

십자군의 위협에 맞서 이슬람 세계를 하나로 묶고 예루살렘을 탈환한, 이슬람 최고의 영웅이자 수호자로 불리는 살라흐 앗딘(1138~1193). 본명은 살라흐 앗딘 유수프 이븐 아이유브로, '욥의 아들이며 정의로운 신앙인 요셉'이라는 뜻이다. 쿠르드족 출신인 그는 이집트와 시리아를 통일하고 예루살렘을 되찾았다. 메소포타미아에 이르는 광대한 제국을 건설하고, 이슬람의 통일까지 이룬 위대한 인물이었지만, 극도로 청빈했던 삶처럼 다마스쿠스 구시가지의 우마이야 사원 옆 그의 영묘 역시 소박하다.

다마스쿠스에 잠들어 있는 살라흐 앗딘의 기억과 함께 시리아 북부 고대도시 알레포에 우뚝 솟은 거대한 성채는 외세의 침략에 맞서 싸웠던 이슬람 저항의 역사를 증언한다. 세계에서 가장 오래되고 거대한 성 중 하나인 알레포. 특히 200여 년간 이어진 십자군전쟁에서 북부 시리아의 중요한 전략적 요충지였다.

살라흐 앗딘의 아들 알 자히르 가지는 성채를 대대적으로 재건해 십자군에 맞서는 강력한 방어 거점으로 삼았다. 견고한 입구에 철옹성 같은 성벽, 단순한 성을 넘어 하나의 완결된 요새 도시로, 내부에는 궁전, 모스크, 공중목욕탕(하맘), 병기고, 훈련장, 곡물 창고와 물 저장고 등 도시 생활에 필요한 모든 시설이 있었다. 오랜 역사의 풍파를 견뎌냈지만, 안타깝게도 21세기 초 시리아내전과 튀르키예 시리아 대지진으로 심각한 피해를 입었다고 한다.

십자군의 시대가 지나가고 몽골 침략을 거쳐 오랫동안 오스만제국의 지배 아래 있던 시리아의 운명은 제1차 세계대전으로 또 한 번 뒤바뀐다. 영국과 프랑스는 오스만에 맞서 독립을 약속했지만, 전쟁이 끝나자 사이크스-피코 비밀 협정대로 땅을 나눠 가졌다. 시리아는 프랑스의 식민지가 되었다. 이 배신의 기억은 시리아인에게 서방 세계에 대한 깊은 불신을 새겼다.

프랑스 식민 통치를 거쳐 독립한 시리아의 현대사는 깊은 혼돈과 쿠데타로 점철되었다.

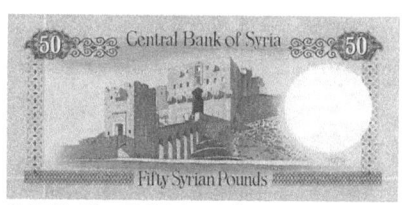
50시리아파운드 뒷면(알레포 성채), 1978년 발행

권력은 며칠, 몇 달을 넘기지 못하고 주인을 갈아치웠다. 끊임없는 쿠데타와 정변의 소용돌이를 압도적인 힘으로 잠재운 인물이 등장한다. 1970년 '시정 운동'이라는 이름의 무혈쿠데타로 권좌에 오른 공군 사령관 하페즈 알 아사드(1930~2000)다. 그는 전체

인구의 10여 퍼센트에 불과한 소수 종파 알라위파 출신이었지만, 수니파가 절대다수인 나라를 30년간 철권으로 틀어쥐었다.

그는 겉으로 아랍의 단결을 외치는 민족주의자면서도 속내는 냉혹한 현실주의자였다. 모스크바에 손을 내밀어 소련의 무기와 원조를 얻어내면서, 이라크가 쿠웨이트를 침공하자 미국이 주도한 다국적군의 편에 서는 것을 주저하지 않았다. 사람들은 그런 그의 책략과 정치 감각을 보며 '아랍의 비스마르크'라 불렀다. 그는 시리아 민중에게 암묵적인 거래를 제안했다. 지긋지긋한 혼란을 끝내는 대신 절대적인 복종을 요구한 것이다. 안정을 가져온 대가는 무거웠다. 어느 순간부터 그는 국가와 자신, 자신의 가문을 동일시하기 시작했다. 한 나라의 자랑스러운 기억을 담은 지폐에 한 사람의 얼굴이 새겨졌다. 모든 기억은 현재의 권력에 종속되는 법일까?

아버지 하페즈 알 아사드의 철권통치가 막을 내리고, 안과 의사였던 아들 바샤르 알 아사드가 권력을 승계한 2000년. 시리아에는 잠시 개혁의 바람, 이른바 '다마스쿠의 봄'에 대한 희미한 기대감이 감돌았다. 그러나 그 희망은 신기루에 불과했다.

2011년, 튀니지에서 시작된 아랍의 봄 물결이 시리아 남부 도시 다라에 닿았다. 벽에 반정부 낙서를 한 10대들이 체포되어 고

1천 시리아파운드(우마이야 모스크&하페즈 알 아사드), 1997년 발행

문당한 사건은 잠자던 시리아 민중의 분노에 불을 붙였다. 평화롭게 시작된 민주화 요구 시위는 아사드 정권의 무자비한 유혈진압에 부딪혔고, 시리아는 이내 걷잡을 수 없는 잔혹한 내전의 소용돌이 속으로 빨려 들어갔다.

이내 전장은 복잡하게 뒤엉켰다. 러시아와 이란의 지원을 받는 정부군, 미국과 튀르키예, 걸프 군주국들의 지원을 받는 자유 시리아군을 위시한 반군 세력, 그리고 이라크에서 넘어와 칼리프 국가를 선포한 극단주의 세력 ISIS가 시리아 땅을 조각내며 싸우는, 거대한 대리전의 무대가 된 것이다. 고대 로마의 숨결이 깃든 팔미라 유적과 세계에서 가장 오래된 시장인 알레포의 수크는 잿더미로 변했고, 50만 명에 가까운 이들이 목숨을 잃었다. 전쟁 전 인구의 절반이 넘는 1,300만 명 이상이 집을 잃고 국내외를 떠도는 난민이 되었다.

이 핏빛 폐허 속에서 시리아파운드 도안은 시대의 변화를 증언한다. 오랫동안 1천 파운드를 지켜온 하페즈 초상을 지우고, 2천 파운드에 바샤르 알 아사드를 새겨 승전과 권력의 공고함을 선언했다. 최고액권 5천 파운드 도안에 우마이야 사원, 시리아 군인의 모습도 새겼다. 이는 지독한 내전을 이겨냈다는 상징이자 국가의 정체성을 다시 오래된 역사와 민족 전체에서 찾으려는 시도일 것이다. 시리아의 지폐는 여전히 묻고 있다. 우리는 과연 누구인가? 로마의 후예인가, 우마이야의 자손인가, 아니면 살라흐 앗딘의 병사인가? 교차로 위에 선 시리아는 이 답을 찾는 여정이 계속이다.

빈 얼굴의 지폐, 주인은 누구인가

　때로는 그곳에 무엇이 '있는지'보다 무엇이 '없는지'가 더 많은 이야기를 들려주곤 한다. 레바논의 리브르. 왕도, 영웅도, 혁명가도 없다. 지폐 위에는 오직 낡은 돌기둥과 오래된 궁전, 무너진 성채만이 침묵을 지키고 있을 뿐이다. 왜 레바논은 지폐에 사람의 얼굴을 새기지 않았을까? 빈 얼굴 지폐야말로 그 어떤 영웅의 초상보다 더 절절하게 그들의 분열된 역사와 위태로운 공존의 지혜를 증언한다. 레바논 리브르에 인물 초상이 없는 것은 이 나라가 너무 많은 주인을 거쳤고, 지금도 너무 많은 주인이 함께 살고 있어 단 한 명의 영웅을 합의할 수 없는 땅이기 때문이다.

　레바논의 이야기는 정복이 아닌, 교역에서 시작한다. 고대 페니키아인들은 레바논의 해안 도시 티레, 비블로스, 시돈을 근거지로 삼아 지중해를 누볐다. 그들의 힘이 나온 곳은 칼이 아니라 뛰어난 항해술과 상술. 다양한 민족을 만나고, 협상하고, 이익을 나누는 일, 이것이 페니키아인이 세상에 남긴 유산이자 오늘날 레바논 사람들의 핏속에 흐르는 DNA다.

　지폐에 새긴 로마 시대의 유적들은 바로 그 페니키아의 도시 터 위에 세워진 것이다. 티레는 부와 권력을 상징하는 보라색 염료로 명성을 떨쳤다. 지중해에서 가장 오래된 유적 도시 중 한 곳에는 도로, 극장, 신전, 경기장 등의 기단이 남아 있다. 가운데 서 있는 높이 20미터 아치가 있는 문은 셉티무스 개선문이다. 비블로스는 페니키아 3대 항구도시 중 하나였다. 파피루스를 뜻하는 그리스어에서 도시 이름이 유래되었을 만큼 이집트산 파피루스 교역의 중심지였다. 성경(Bible)은 '파피루스로 만든 책'을 뜻하는 비블로스에서 유래되었다.

페니키아인은 제국을 세우는 대신 길을 열었다. 그리고 그 길 위에서 가장 효율적인 소통 도구인 알파벳을 완성했다. 페니키아의 유산은 영토가 아닌 정신에 있다. 그런 까닭에 레바논 사람들은 뼛속 깊이 계산에 능하고, 여러 문화에 개방적이며, 중개자 역할을 자처하는 실용적인 상인의 피가 흐른다. 이집트 신을 섬겼고, 그리스 철학을 받아들였으며, 로마제국의 일부가 되어 번영했다. 그들만의 제국을 만드는 대신 유연한 네트워크를 선호했다. 이것이 훗날 레바논이 가진 최대의 강점이자 치명적인 약점이 된다. '중동의 스위스'라 불리는 금융과 문화의 중심지가 되지만 동시에 외세가 개입하기 좋은 통로가 되기도 했기 때문이다.

로마, 비잔티움을 지나, 7세기 이슬람제국이 이곳을 스쳐 지나갔다. 하지만 레바논의 운명을 결정적으로 바꾼 것은 해안 도시가 아니라 내륙의 험준한 레바논산맥이었다. 이 산맥

250레바논리브르(티레 고대 유적지), 1983년 발행

은 역사의 박해를 피해 달아난 소수자들의 거대한 피난처가 되었다. 이슬람 세계 내에서 이단으로 몰린 시아파와 드루즈파가 산골

짜기에 공동체를 이룬 것이다. 산은 그들을 지켜주었지만 동시에 그들을 고립시켰다. 각 종파는 좁은 계곡 안에서 자신들만의 지도자를 중심으로 똘똘 뭉쳤고, 외부 세계와는 거리를 두었다. 이들에게 '국가'란 멀리 있는 관념일 뿐, 믿고 의지할 수 있는 것은 오직 피와 종교로 묶인 자신들의 공동체뿐이었다.

11세기, 유럽의 십자군이 몰려와 북부 트리폴리에 레이몬드 생 질 성채를 세웠다. 십자군원정을 이끌었던 툴루즈 백작 레이몬드 생 질이 트리폴리를 점령하기 위해 1103년 바위가 많은 산등성이에 지은 성이다. 본래 시아파의 묘지였으나 십자군이 이를 파괴하고 요새를 건설한 것이다. 이후 십자군을 몰아낸 이집트 맘루크들과 레바논을 점령한 오스만제국의 영향으로 성채에는 900년에 걸친 역사와 함께 십자군, 맘루크, 오스만이 각각 세운 세 개의 관문이 남아 있다. 현재는 레바논군이 일부를 사용하며, 내부에 박물관도 자리한다. 단순히 오래된 건축물을 넘어, 레바논의 다층적인 역사를 대표하는 상징물로 지폐에 남아 있다.

오스만제국 시절 레바논의 험준한 산악지대는 술탄의 권력이 온전히 미치지 못하는 자치구였다. 토착 영주 '아미르'들은 이곳에 자신들만의 왕국을 꾸렸다. 19세기 초 아미르 바시르 2세가 지은 베이테딘 궁전은 바로 그 시대의 상징이다. '믿음의 집'이라는 뜻의 이 건축물은 천장의 장식과 다채로운 대리석 모자이크 바닥, 호화스러운 튀르크식 욕실과 규방 가구들, 아름답게 단장된 정원을 품고 있다. 오스만이 점령하던 시기 정부 관저로 사용되었고,

독립 이후에는 대통령의 여름 별장으로 사용되기도 했으며, 현재는 봉건시대의 무기, 의복, 귀금속 등과 고고학 유물이 전시되는 박물관으로 사용된다. 아랍의 전통과 이탈리아 양식이 기묘하게 뒤섞여 동양과 서양이 만나는 레바논 그 자체를 보여주는 듯하다.

이 시기 레바논산맥은 오랜 세월 박해받던 소수 종파의 마지막 안식처였다. 십자군전쟁의 여파로 쫓겨난 기독교 마론파, 이슬람 시아파, 그리고 독특한 신앙을 가진 드루즈파까지 서로 다른 믿음을 가진 공동체들

100레바논리브르(베이테딘 궁전), 1985년 발행

은 좁은 산골짜기에 기대어 아슬아슬한 공존을 이어갔다. 오스만 제국이 무너진 뒤 이 땅을 차지한 프랑스는 그 위에 인위적인 선을 그었다. 기독교 마론파를 중심으로 하는 '대레바논'이라는 국가를 만들어 중동 정책의 교두보로 삼으려 한 것이다.

이 위태로운 구상 위에서 독립을 앞둔 레바논의 지도자들은 1943년 역사에 남을 대타협을 이룬다. '국민 협약'이 그것이다. 대통령은 마론파 기독교도가, 총리는 수니파 무슬림이, 국회의장은 시아파 무슬림이 맡기로 한 약속이다. 그것은 평화를 위한 천재적인 발상이었지만 동시에 인구 구성 변화라는 작은 충격에도 깨질 수 있는 살얼음판 같은 합의였다.

놀랍게도 이 약속 위에서 레바논은 기적을 피워냈다. 자유로운

경제와 개방적인 문화 덕에 수도 베이루트는 '중동의 스위스', '중동의 파리'로 불리며 눈부신 황금기를 맞았다. 아랍의 석유 부호들이 이곳 은행에 돈을 맡겼고, 유럽의 지식인들이 해변 카페에서 자유를 논했다. 그러나 평화는 오래가지 못했다. 균형을 무너뜨린 것은 이웃 팔레스타인의 비극이었다. 1948년 이스라엘 건국으로 터전을 잃은 팔레스타인 난민들이 레바논으로 밀려들었다. 결정타는 1970년, 요르단에서마저 쫓겨난 팔레스타인해방기구(PLO)가 베이루트에 자리를 잡으면서였다. 무장한 PLO는 레바논 안에 '국가 속 국가'를 만들었고, 국민 협약의 기반이던 종파 간 인구 균형을 송두리째 흔들었다. 불안이 임계점에 달했다.

1975년 4월 13일, 마침내 살얼음판이 깨졌다. 기독교 민병대가 팔레스타인 사람들이 탄 버스를 공격했다. 이 한 발의 총성으로 15년간 이어진 끔찍한 레바논내전의 막이 올랐다. 이웃은 서로에게 총부리를 겨눴고, 공동체는 갈가리 찢어졌다. 시리아와 이스라엘은 각자의 이익을 위해 군대를 보내 불난 집에 부채질했다. 한때 중동의 낙원이라 불렸던 베이루트는 그렇게 폐허가 되었다.

레바논리브르에 얼굴이 없는 이유는 바로 여기에 있다. 누구를 영웅으로 내세울 것인가? 마론파 기독교도 영웅은 무슬림에게는 적일 수 있다. 반대도 마찬가지다. 어떤 인물도 모든 공동체를 대표할 수 없다. 그래서 레바논은 인물 대신 모두가 공유하는 유적, 아무 말 없이 서 있는 돌과 성채를 지폐에 담기로 한 것인지도 모른다. 빈 얼굴의 지폐. 그것은 특정 영웅을 기리는 대신 모든 공동체의 공존을 택한, 레바논의 슬프고도 현명한 선택이자 끝나지 않은 역사의 증언이다. 그 선택은 우리에게 묻는다. 서로 다른 신념을 가진 사람들이 하나의 땅에서 함께 살기 위해 필요한 것은 과연 무엇인가?

귀환의 꿈, 상실의 기록

이스라엘 화폐 셰켈은 그저 돈이 아니다. 그것은 하나의 선언문이자 기도이며, 지워지지 않는 기억의 증표다. 2천 년의 기다림과 눈물이 셰켈이라는 이름 아래 응축되었다. 세계에서 유일하게 자국 조폐공사가 아닌 한국과 스위스에서 돈을 만들어 쓴다는 사실마저 나라 없이 흩어져 살아야 했던 이 민족의 특수한 운명을 상징한다. 셰켈의 모든 도안은 단 하나의 질문을 향한다.

"우리는 누구이며, 왜 이곳으로 돌아와야 했는가?"

그 답을 찾는 여정은 성경의 첫 페이지에서 시작한다.

모든 시작은 '약속'이었다. 여호와가 아브라함에게 약속한 땅, 젖과 꿀이 흐르는 가나안.

1000이스라엘리라 뒷면(메노라), 1968년 발행

이집트의 노예로 살던 유대 민족은 모세의 인도로 이 땅에 이스라엘 왕국(기원전 11세기경)을 세웠다. 다윗과 솔로몬 시대, 예루살렘을 수도로 통일 왕국을 이루며 황금기를 누렸다. 셰켈로 바뀌기 전 100리라 지폐 뒷면에 그려진, 일곱 촛대 '메노라'와 12지파의 상징은 유대 민족에게 이 약속을 기억하게 한다.

그러나 영광은 짧았다. 왕국은 남북으로 분열되고, 아시리아와 바빌로니아에 의해 차례로 멸망하며 수많은 사람이 이 땅을 떠나야 했다. 로마제국 시절, 유대인들의 끈질긴 저항에 돌아온 것은 성전 파괴(70)와 추방령이었다. 예루살렘성전 벽에서 녹아내린 황금을 얻으려 로마 병사들이 돌 하나하나를 파헤치는 동안 유대 민족은 여호와와 이어진 연결고리이자 삶의 중심이던 성전을 잃었다. 2천 년에 걸친 유랑 '디아스포라(대이산)'는 그렇게 시작되었다.

흩어진 유대인은 강력한 신앙 공동체를 통해 정체성을 지켰지만, 그 역사는 동시에 십자군, 공직 추방령, 반유대주의 등으로 이어진 박해와 학살의 기록이었다. 사실 프랑스혁명 이후 19세기 유럽 각국이 유대 해방령을 차례로 반포하면서 유대교도는 기독교도와 평등한 시민이 된다. 그럼에도 유대인은 개종했다 하더라도 끝까지 유대인으로 남을 것이라는 인종주의적 생각이 퍼졌다. 새로운 형태의 반유대주의, 즉 유대인을 차별 배척하려는 인식이 생겨난 것이다. 사회진화론

10셰켈(테오도어 헤르츨), 1978년 발행

과 인종론, 우생론 등 유사 과학적 의견이 퍼지면서 유대교도 역시 유대인 인종으로 여겨지며, 인종차별이 정당화되었다. 그러나 19세기 말, 동유럽과 러시아를 휩쓴 유대인 집단 박해 '포그롬'은 절망 속에서 새로운 희망을 잉태했다. 바로 시오니즘이었다. '시온의 언덕(예루살렘에 있는 언덕으로 이스라엘 땅의 비유적 표현)' 예루살렘으로 돌아가 국가를 세우자는 이 민족주의 운동은 유대인들이 유럽 사회에 동화되려 했던 꿈을 마침내 포기하면서 시작되었다.

500세켈(에드몽 드 로스차일드), 1982년 발행

5세켈(하임 바이츠만), 1978년 발행

이 막연한 열망에 정치적 생명을 불어넣은 인물이 테오도어 헤르츨(1860~1904)이다. 그는 신문사 특파원으로 파리에 머물다 '드레퓌스 사건'을 목격했다. 드레퓌스 사건은 1894년 프랑스군 참모본부에서 근무하던 유대인 대위 알프레드 드레퓌스가 독일군 첩자라는 누명을 쓰고 체포된 사건이다. 이를 계기로 프랑스 민중 사이에 반유대주의가 퍼지면서 프랑스의 국론은 양분되었다. 에밀 졸라가 〈나는 고발한다〉로 드레퓌스를 옹호하며 반향을 불러일으킨 것은 유명하다. 자유와 평등을 외치던 프랑스 공화국마저 뿌리 깊은 반유대주의에서 벗어나지 못했다는 사실은 그에게 엄청난 충격을 주었다. 그는 펜을 들어 《유대인 국가》를 썼고, 시오니스트 회의를 소집해 흩어진 민족의 꿈을 하나의 구체적인 목표로 집결시켰다. 그의 얼굴이 지폐에 새겨진 이유다.

꿈을 현실로 바꾸려면 돈과 외교가 필요했다. 프랑스의 유대계 금융 가문 출신 거부 에드몽 드 로스차일드(1845~1934)는 막대한 자금으로 팔레스타인 땅을 사들이고 유대인 정착촌을 건설했다. 그가 시온주의의 경제적 뿌리를 내렸다면, 외교적 결실을 본 인물은 화학자 출신의 정치가 하임 바이츠만(1874~1952)이다. 그는 맨체스터대학에서 영국이 필요로 하던 아세톤 대량 생산법을 발명해 영국군에 공헌했고, 그 신뢰를 바탕으로 같은 맨체스터 선거구에서 친교를 맺은 외무장관 밸푸어로부터 약속을 얻어냈다. 팔레스타인에 유대인을 위한 '민족적 고향'을 지지한다는 '밸푸어 선언'이 그것이다. 영국이 이미 아랍 민족에게 독립을 약속한 땅 위에 포갠 또 하나의 약속이었다. 훗날 모든 비극을 예고한 선언문이었다.

50세켈(다비드 벤구리온), 1978년 발행

영국은 제2차 세계대전 직전 팔레스타인 정책을 완전히 전환해 밸푸어 선언을 사실상 파기했다. 아랍 국가를 자기편에 두기 위해 친아랍 정책을 취했고, 궁지에 몰린 시오니스트들은 미국이라는 활로를 찾아냈다. 결국 1942년 5월 미국의 지지를 얻은 시오니스트들은 영국의 반대에도 불구하고 팔레스타인에 무제한 유대인 이민과 유대인 공화국 설립이라는 결의를 끌어냈다. 이스라엘 초대 총리가 될 다비드 벤구리온(1886~1973)의 성과였다.

제2차 세계대전이 끝나고 홀로코스트의 참상이 알려지자 국제 여론은 유대인에게 동정적이었다. 영국이 팔레스타인 문제를 UN에 넘겼고, 1947년 기적이 일어났다. 팔레스타인을 유대 국가와 아랍 국가로 나누는 UN 분할안에 냉전으로 대립하던 미국과 소련이 동시에 찬성표를 던진 것이다. 미국은 국내 유대인 사회를 의식했고, 소련은 중동에서 영국의 영향력을 몰아낼 기회를 보았다. 찰나의 이해관계 일치가 역사를 바꿨다. 마침내 1948년 5월 14일, 다비드 벤구리온은 텔아비브에서 이스라엘 독립을 선포했다.

10뉴셰켈 뒷면(유대인들의 귀환), 1985년 발행

벤구리온을 비롯한 건국 지도자들의 초상이 지폐를 장식한 것은 이 나라가 수많은 사람의 헌신으로 세워졌음을 보여준다.

그러나 독립 선포는 곧 전쟁의 시작이었다. 다음날 아랍 연합군이 침공했고, 이스라엘은 모두의 예상을 깨고 살아남았다. 1967년 '6일전쟁'에서는 압도적인 승리를 거두며 동예루살렘과 요르단강 서안 지구까지 차지했다. 이 기적적인 승리는 약속이 실현된 증거였지만 '점령'이라는 풀 수 없는 족쇄를 스스로 찬 계기이기도 했다. 시온주의자들이 '주인 없는 땅'이라 불렀던 그곳에는 이미 수백 년간 살아온 팔레스타인 사람들이 있었기 때문이다.

이스라엘 지폐에 군인 대신 학자와 사상가가 유독 많은 것은 이

나라가 정복이 아닌 '귀환'의 역사임을 끊임없이 말하려는 몸짓이다. 초대 여성 총리 골다 메이어가 새겨진 10뉴셰켈 뒷면에는 소련 유대인들의 귀환 행렬이 그려져 있다. 이스라엘은 전 세계에 흩어진 모든 유대인이 귀환할 안식처라는 국가 정체성을 명확히 하려는 걸까?

셰켈의 일련의 도안들은 이 땅에 대한 이스라엘인의 역사적 권리를 웅변한다. 갈릴리 호수, 사해 문서, 그리고 로마시대의 박해와 오랜 세월 속에서도 수천 년간 유대인 공동체가 끊이지 않고 유지되어 온 고대 마을 페킨의 풍경까지. 이스라엘은 오래전 약속의 땅을 되찾았을 뿐이라고 외치고 있는 듯하다.

이스라엘 역사는 아마도 가장 논쟁적이고, 가장 뜨거우며, 가장 아픈 서사일 것이다. 그 역사가 담긴 셰켈 역시 세상에서 가장 이중적인 돈이다. 누구에게는 2천 년 기도에 대한 응답이자 기적적인 귀환의 증표이지만, 그 땅에 살던 또 다른 이에게는 모든 것을 잃어버린 '나크바(대재앙)'의 선언문이다. 이 땅에서 두 민족의 시간이 화해하지 못하는 한 셰켈은 아물지 않는 두 개의 역사를 품은 채 계속 발행될 것이다. 한 민족의 성스러운 꿈이 다른 민족의 현실을 어떻게 파괴할 수 있는지, 인류 역사상 가장 아프고 복잡한 질문을 세계사 속에 던지는 채로.

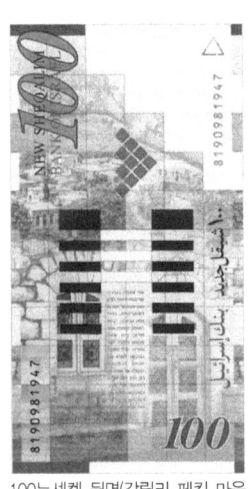
100뉴셰켈 뒷면(갈릴리 페킨 마을 전경&유대교 회당), 2007년 발행

에필로그

이 책은 손에 잡히는 가장 작은 역사, 지폐 도안이 말해주는 두 번째 이야기다. 한 나라의 자부심과 정체성이 흐르는 작은 캔버스이자, 자랑스러운 자연과 인물, 문화적 성취를 담아낸 움직이는 박물관. 자국의 역사를 지켜내고 스스로 서고자 몸부림쳐 온 사람들의 기쁨과 눈물이 손바닥 속 종이 한 장에 그토록 장하고 선명하게 배어 있을 수가 없다.

지난번 발칸반도의 그리스에서 시작한 걸음은 서쪽 유럽으로 향하며 인류의 요람 아프리카 대륙에서 마침표를 찍었다. 다시 내디딘 길은 대서양을 건너 북과 남아메리카를 지나 오세아니아와 태평양으로 났고, 아시아를 거쳐 끝내는 처음 출발했던 그리스를 건너다보는 레반트에서 긴 걸음을 접었다. 아메리카에서 시작한 지구 반 바퀴를 돈 이번의 여정. 그 길 위에서 무엇을 보았을까?

세계경제라는 제국을 다스리듯 달러 위에서 근엄하게 내려다보는 미국 건국의 아버지들을 만났다. 세계 최초의 폴리머 지폐를 선보인 영연방 국가의 정체성을 묻는 물음을, 빼앗긴 영광을 페소에 새겨 넣어 처연한 자부심을 외치는 라틴아메리카의 눈물을 보았다. 서로 닮은 듯 다른 얼굴로 무섭도록 자존심을 세우는 동북아시아 삼국의 역사를 읽었고, 인도 대륙과 1만 개가 넘는 섬에서 터져 나오는 독립과 자부심의 함성을 들었다.

중앙아시아의 드넓은 지폐 위에는 여러 시대의 신앙과 서사가 층층이 쌓여 빛을 뿜었다. 이슬람과 조로아스터교가, 수니파와 시아파가 서로의 위대함을 웅변했고, 쐐기문자와 알파벳은 저마다 유구한 시간을 증언했다. 마침내 당도한 서아시아 위에는 성지(聖地)의 역사와 석유의 욕망, 제국주의가 남긴 상처가 하나의 지층처럼 겹쳐 있었다. 이런 광대한 공간과 시간 속, 지폐 위 단호한 눈빛의 초상과 색색의 문양, 첨단기술과 조악한 디자인이 뒤섞인 기특한 과거들이 사랑스럽고도 아팠다.

배는 항구에 닿았으나, 마음은 미처 들르지 못한 곳에 아쉬움처럼 머문다. 미국의 코앞에서 물러서지 않았던 나라 쿠바. 다른 라틴아메리카 국가들처럼 쿠바 역시 혁명의 영웅들을 지폐에 새겼다. 특히 3페소 위의 체 게바라, '영원한 혁명가'라는 신화가 된 아르헨티나 의사의 얼굴은 국적을 넘어선 혁명 정신 그 자체를 보여주고 있다.

돈이 아니라 체제 선언문에 가까운 북한 화폐도 다루지 못했다. 망치 든 노동자와 쇠스랑을 든 농민이 주인이 되었음을 알리던 첫 '원'의 얼굴은, 이내 '민족의 태양'이라 불리는 한 사람, 고액권에 어김없이 새겨진 김일성의 얼굴 아래 종속되었다. 통치 이념이 바뀔 때마다 대학생과 학자, 군인, 노동자, 농민 등 각계각층의 지폐 속 인민의 얼굴과 구호도 따라 바뀌었다. 그들의 원화에는 우리가 미처 알지 못하는 북녘의 시간이 흐른다.

모든 권종 앞면에 단 한 사람을 새긴 나라들을 더 이야기하지 못한 것도 아쉬움이다. '호 아저씨' 호찌민을 통해 통일 국가의 자부심을 다지는 베트남. 술탄의 시대를 끝내고 공화국의 길을 연 국부 아타튀르크의 초상으로 세속주의 국가의 정체성을 선언하는 튀르키예. 그들의 지폐는 한 인물을 구심점으로 국민적 단결을 호소하는 강력한 상징이며 교육 자료다.

　무수한 나라의 지폐를 살피며 깨달은 사실이 있다. 한 나라가 어떤 인물을 지폐에 올리고 지우는가를 통해 그 나라가 지금 어떤 얼굴로 서 있는지 짐작할 수 있다는 것. 마오쩌둥과 간디, 진나처럼 남은 얼굴이 있고, 사담 후세인처럼 지워진 얼굴이 있다. 누군가의 얼굴을 차마 올릴 수가 없는 자리, 자연이나 동물, 건축물이 대신하기도 한다. 어쩌면 지폐 도안과 그 변화 속에서만 역사는 승자의 기록이 아닌 진실의 기록으로 남는지 모르겠다.

　"가장 정확한 것은 신의 심판, 가장 무서운 심판은 역사의 심판"이라는 경구를 떠올린다. 자유로운 정신이 깃든 사회는 역사를 과거가 아닌 미래의 심판관으로 여기며 두려워할 줄 안다. 역사를 한눈에 가늠할 수 있는 지폐, 이들이 사라질지도 모를 미래가 못내 아쉬운 이유다. 편리를 향한 열망은 거스를 수 없는 흐름일 것이다. 하지만 우리는 늘 무언가를 얻는 대신 무언가를 잃어왔다. 불편함이 사라지는 대가로 우리는 무엇을 내주어야 할까? 손으로 만지고, 주머니 속에서 구겨지고, 빛에 비춰 보던 그 사소한 행위와 함께 사라질 사유의 시간은 무엇으로 어떻게 보상받을 수 있을까?

　유럽, 아프리카 지폐의 시간과 마찬가지로 헤아릴 수 없는 지폐들 속에서 그 역사를 찾아 헤매도록 허락된 시간은 더없는 행복이었다. 지폐라는 손에 잡히는 역사가 스마트 사회라는 거대한 파도에 밀려 그 존재마저 희미해지는 지금, 이렇게 기억으로 남길 기회를 얻어 감사할 뿐이다. 이 책이 누군가의 손끝에서, 지폐가 품은 그 묵직한 시간만큼 오래도록 살아남아 두고두고 지혜와 위로가 되기를 바란다. 하여 긴 여정 함께 해준 모든 분께 다시 한번 깊은 고마움을 전한다.

● 참고문헌

도서

가노 마사나오, 이애숙·하종문 옮김, 《근대 일본의 사상가들》, 삼천리, 2009.
가토 요코, 양지연 옮김, 《왜 전쟁까지: 일본 제국주의의 논리와 '세계의 길' 사이에서》, 사계절, 2018.
강문식 외, 《15세기 조선의 때 이른 절정》, 민음사, 2014.
강석영·최영수, 《스페인·포르투갈사》, 대한교과서주식회사, 2005.
강응천 외, 《16세기 성리학 유토피아》, 민음사, 2014.
고마쓰 히사오 외, 이평래 옮김, 《중앙 유라시아의 역사》, 소나무, 2005.
고미 후미히코 외, 한은미 옮김, 《(2천 년 일본사를 만든) 일본인 이야기》, 이손, 2003.
고혜선, 《메스티소의 나라들》, 단국대학교출판부, 1998.
공재영 외, 중앙아시아언어문화연구소 엮음, 《중앙아시아와 이슬람》, 마루, 2024.
곽재성·우석균, 《라틴아메리카사를 찾아서》, 민음사, 2000.
김상원 외, 《(캐나다·호주·뉴질랜드) 6·25전쟁 참전사》, 국가보훈처, 2015.
김시영·김상언, 《(화폐 속 역사) 팝: 화폐에 숨겨진 그들의 이야기를 엿보는 시간!》, 좋은땅, 2012.
김우택 편, 《라틴아메리카의 역사와 문화》, 소화, 2003.
김철, 《인디언의 길: 노스아메리카 인디언의 500년 수난사》, 세창미디어, 2015.
나창주, 《새로 쓰는 중국 혁명사 1911~1949: 국민혁명에서 모택동혁명까지》, 들녘, 2019.
남궁문, 《멕시코 벽화운동》, 시공사, 2000.
남기성, 《난생 처음 페루》, 메이트북스, 2018.
남태우, 《이야기로 돌아보는 유럽 여행: 스페인》, 해성, 2019.
너새니얼 필브릭, 황정아 옮김, 《메이플라워: 미국은 한 척의 배에서 시작되었다》, 바다, 2009.
다미앤 르미유·줄리아나 츠베트코바, 심태은 옮김, 《세계 문화 여행: 캐나다》, 시그마북스, 2023.
대너 린더만·카일 워드 엮음, 박거용 옮김, 《역지사지 미국사: 세계의 교과서로 읽는 미국사 50장면》, 이매진, 2009.
데스몬드 머턴, 문영석·이유진 옮김, 《캐나다의 역사》, 숙명여자대학교출판국, 2001.
데이비드 프롬킨, 이순호 옮김, 《현대 중동의 탄생》, 갈라파고스, 2015.
라윤도, 《대통령문화와 민주주의: 미국 13개 대통령도서관을 찾아서》, 좋은땅, 2021.
레너드 버나도·제니퍼 와이스, 이종인 옮김, 《(조지 워싱턴부터 아들 부시까지 퇴임 후로 본) 미국 대통령의 역사》, 시대의창, 2012.
로스 클라크, 이정미 옮김, 《현금 없는 사회》, 시그마북스, 2019.
류모세, 《유대인 바로보기》, 두란노, 2010.
류모세, 《이슬람 바로보기》, 두란노, 2010.
마노 에이지 외, 현승수 옮김, 《교양인을 위한 중앙아시아사》, 책과함께, 2009.
마르틴 침머만, 김희상·황재희 옮김, 《청소년을 위한 지식사전》, 랜덤하우스중앙, 2006.
마오옌보, 홍민경 옮김, 《돈의 탄생》, 현대지성, 2021.
마이클 우드, 장석봉·이민아 옮김, 《태양의 제국, 잉카의 마지막 운명》, 랜덤하우스중앙, 2005.
마이클 킹, 구본규 옮김, 《뉴질랜드사》, 경북대학교출판부, 2018.
모지현, 《꿈꾸는 사과》, 이다북스, 2021.
모지현, 《사건으로 보는 한국현대사: 3·1운동부터 세계의 K-컬처 신드롬까지》, 더좋은책, 2022.
모지현, 《청년을 위한 세계사 강의: 세상을 해석한다》 1~2, 들녘, 2016.
무적핑크 외, 《세계사록》 4·5, 위즈덤하우스, 2020.
미야자키 마사카쓰, 송은애 옮김, 《돈의 흐름으로 보는 세계사》, 한국경제신문, 2019.
미야자키 마사카츠, 서수지 옮김, 《처음 읽는 돈의 세계사》, 탐나는책, 2021.
미야자키 이치사다, 조병한 옮김, 《중국통사》, 서커스, 2016.

바버라 멧캐프·토마스 멧캐프, 장성민 옮김, 《다시 일어서는 코끼리, 인도 근현대사》, 민속원, 2023.
박구재, 《지폐, 꿈꾸는 자들의 초상: 세계 화폐 인물열전》, 황소자리, 2006.
박금표, 《다시 읽는 인도사 108장면》, HUINE, 2018.
박상철 외, 《꿈은 소멸하지 않는다: 스파르타쿠스에서 아옌데까지 다시 보는 세계의 혁명가들》, 한겨레출판, 2007.
박선미·김희순, 《빈곤의 연대기》, 갈라파고스, 2015.
백종국, 《멕시코 혁명사》, 한길사
벤자민 퀄스, 조성훈·이미숙 옮김, 《미국흑인사》, 백산서당, 2002.
벤자민 킨·키스 헤인즈, 김원중·이성훈 옮김, 《라틴아메리카의 역사》 상, 그린비, 2014.
벤저민 프랭클린, 이계영 옮김, 《프랭클린 자서전》, 김영사, 2001.
사이먼 킴, 《(영혼의 안식처) 뉴질랜드》, 한솜미디어, 2011.
사카이야 다이치, 양억관 옮김, 《일본을 이끌어 온 12인물》, 자유포럼, 1997.
서현섭, 《(요시다 쇼인부터 아베 신조까지) 일본 극우의 탄생 메이지 유신 이야기》, 라의눈, 2019.
성동기, 《우즈베키스탄의 역사》, 우물이있는집, 2021.
셰저칭, 김경숙 옮김, 《지폐의 세계사》, 마음서재, 2019.
송기도, 《콜럼버스에서 룰라까지: 중남미의 재발견》, 개마고원, 2003.
시토미 유조, 정애영 옮김, 《아라비아의 역사: 중동의 3천년 역사를 이해한다》, AK, 2024.
신봉섭, 《호주사: 다이제스트100》, 가람기획,
신정환·전용갑, 《두 개의 스페인: 알타미라에서 코로나19까지: 우리가 몰랐던 스페인의 두 얼굴》, HUINE, 2020
알렉산더 융 편저, 송휘재 옮김, 《화폐 스캔들》, 한국경제신문, 2012.
알파고 시나씨, 《화폐 인물로 만나는 시대의 도전자들: 누구를 기억할 것인가》, 헤이북스, 2016.
앨런 브링클리, 황혜성 외 옮김, 《있는 그대로의 미국사》 1~3, 휴머니스트, 2011.
야마모토 시치헤이, 고정문 옮김, 《일본인이란 무엇인가》, 페이퍼로드, 2012.
양승윤, 《인도네시아: 많이 알려지지 않은 이야기들》, HUINE, 2017.
에밀리 S.로젠버그 외, 조행복·이순호 옮김, 《하버드 C.H.베크 세계사 1870~1945: 하나로 연결되는 세계》, 민음사, 2018.
엘렌 H. 브라운, 이재황 옮김, 《달러》, AK, 2009.
와다 하루키, 서동만·남기정 옮김, 《북조선: 유격대국가에서 정규군국가로》, 돌베개, 2002.
우덕룡 외, 《라틴아메리카: 마야, 잉카로부터 현재까지의 역사와 문화》, 송산출판사, 2000.
우스키 아키라, 김윤정 옮김, 《세계사 속 팔레스타인 문제》, 글항아리, 2015.
우지앙·장용·왕영차이, 노경아 옮김, 《미국대통령家의 가훈》, 문학수첩리틀북스, 2007.
우치무라 간조, 조양욱 옮김, 《(우치무라 간조의) 인물 日本史》, 아침바다, 2003.
월터 아이작슨, 윤미나 옮김, 《인생의 발견: 벤저민 프랭클린》, 21세기북스, 2006.
윌리엄 T. 로, 기세찬 옮김, 《하버드 중국사 청: 중국 최후의 제국》, 너머북스, 2014.
유성태, 《알기 쉬운 세계사와 기념주화: 世界史(99선)와 記念鑄貨》, 천풍, 2008.
유인선, 《베트남의 역사: 고대에서 현대까지》, 이산, 2018.
이강혁, 《라틴아메리카 역사: 다이제스트 100》, 가람기획, 2008.
이강혁, 《처음 만나는 스페인 이야기 37: 천의 얼굴을 가진 이베리아반도의 뜨거운 심장》, 지식프레임, 2018.
이경욱, 《호주, 숨겨진 보물》, 예영커뮤니케이션, 2013.
이광수, 《인도 100문 100답》, 엘피, 2018.
이봉, 이성희 옮김, 《황금의 시대》, 프롬북스, 2010.
이유진, 《알고 싶은 나라, 캐나다》, 숙명여자대학교출판부, 2004.
이정욱, 《화폐 제국의 숨결》, 시대가치, 2019.
임준기, 《뉴질랜드스토리》, 코리아쇼케이스, 2007.
자와할랄 네루, 김종철 옮김, 《인도의 발견》, 우물이있는집, 2003.
장병옥, 《이란 들여다보기》, HUEBOOKS, 2012.
전국역사교사모임, 《처음 읽는 일본사》, 휴머니스트, 2018.

전용갑 외, 《라틴아메리카 역사 산책: 올메카문명에서 쿠바혁명까지》, HUEBOOKs, 2018.
전주람, 《한 권으로 읽는 라틴아메리카 이야기》, 상상출판, 2024.
정만득, 《미국의 청교도 사회: 정착 초기의 역사》, 비봉, 2001.
정창현, 《인물로 본 북한 현대사: 김일성에서 김정은까지》, 선인, 2011.
정희정, 《호주에 건네는 인사: 감춰져 있던 오스트레일리아 새롭게 읽기》, 이담북스, 2016.
제이컵 골드스타인, 장진영 옮김, 《돈의 탄생 돈의 현재 돈의 미래》, 비즈니스북스, 2021.
제임스 터랜토 · 레너드 레오, 최광열 옮김, 《미국의 대통령》, 바움, 2008.
조관희, 《(조관희 교수의) 중국 현대사: 신해혁명부터 홍콩 반환까지》, 청아, 2019.
조너선 윌리엄스 편저, 이인철 옮김, 《돈의 세계사》, 까치, 1998.
존 H. 엘리엇 편집, 김원중 외 옮김, 《히스패닉 세계: 스페인과 라틴아메리카의 역사와 문화》, 새물결, 2003.
존 찰스 채스틴, 박구병 외 옮김, 《아메리카노: 라틴아메리카의 독립투쟁》, 길, 2011.
주디스 코핀 · 로버트 스테이시, 손세호 옮김, 《새로운 서양 문명의 역사 (하): 근대 유럽에서 지구화에 이르기까지》, 소나무, 2014.
진 테일러, 여운경 옮김, 《인도네시아: 사람들과 역사들》, 진인진, 2023.
차기열 외, 《이지남미 멕시코+쿠바: 페루 · 볼리비아 · 칠레 · 아르헨티나 · 브라질》, 피그마리온, 2020.
최희During, 《캐나다역사: 다이제스트 100》, 가람, 2014.
카를로스 푸엔테스, 서성철 옮김, 《라틴아메리카의 역사》, 까치, 2009.
캐서린 이글턴 · 조너선 윌리암스 외, 양영철 · 김수진 옮김, 《MONEY ; 화폐의 역사》, 말글빛냄, 2008.
케네스 데이비스, 김은숙 옮김, 《미국의 운명을 결정한 여섯 가지 이야기》, 휴머니스트, 2010.
케네스 데이비스, 이순호 옮김, 《미국에 대해 알아야 할 모든 것, 미국사》, 책과함께, 2004.
퀘벡학연구모임, 《키워드로 풀어보는 퀘벡 이야기》, 아모르문디, 2014.
클라우스 뮐러, 김대웅 옮김, 《돈과 인간의 역사》, 이마고, 2004.
킴 매쿼리, 최유나 옮김, 《잉카 최후의 날》, 옥당, 2010.
토머스 웨버, 김병순 옮김, 《제자 간디, 스승으로 죽다》, 낮은산, 2013.
폴 로프, 강창훈 옮김, 《옥스퍼드 중국사 수업: 세계사의 맥락에서 중국을 공부하는 법》, 유유, 2016.
폴 존슨, 명병훈 옮김, 《미국인의 역사》 Ⅰ · Ⅱ, 살림, 2016.
프란시스 휘트니 외, 이경식 옮김, 《미국의 역사》, 주한 미국대사관 공보과, 2004.
피터 B.골든, 이주엽 옮김, 《중앙아시아사: 볼가강에서 몽골까지》, 책과함께, 2021.
필립 지강테스 지음, 강미경 옮김, 《권력과 탐욕의 역사》, 이마고, 2004.
하워드 진, 조선혜 옮김, 《미국민중저항사》 Ⅰ · Ⅱ, 일월서각, 1986.
하워드 진 · 레베카 스테포프, 김영진 옮김, 《살아있는 미국 역사》, 추수밭, 2008.
한국사특강편찬위원회, 《한국사특강》, 서울대학교출판문화원, 2008.
한국외국어대학교 중앙아시아연구소 편, 《투르크-중앙아시아: 이해를 넘어 상생으로》, 프리하, 2014.
한국외국어대학교 중앙아시아연구소 편, 《투르크-중앙아시아: 투르크 민족의 문화 이야기》, 다해, 2015.
한국은행 화폐연구팀, 《세계 주요국의 화폐》, 한국은행, 2020.
한명훈, 《그림으로 보는 돈의 역사》, 지식의숲, 2021.
홍익희, 《달러 이야기: 달러의 탄생과 세계 지배의 역사》, 한스미디어, 2014.
홍종경, 《실크로드의 땅, 중앙아시아 인문학 여행: 우즈베키스탄, 카자흐스탄, 키르기스스탄》, 좋은땅, 2024.
J.M.로버츠 · O.A.베스타, 노경덕 외 옮김, 《세계사》 Ⅰ · Ⅱ, 까치, 2015.

사이트
세계 화폐박물관
위키피디아
한국은행 화폐박물관
한국조폐공사